王朝拐点系列

隋末唐初大变局

姜越◎编著

辽宁人民出版社

图书在版编目（CIP）数据

隋末唐初大变局 / 姜越编著.—沈阳：辽宁人民
出版社，2018.1
（"王朝拐点"系列）
ISBN 978-7-205-09205-4

Ⅰ.①隋… Ⅱ.①姜… Ⅲ.①中国历史—隋唐时代—
通俗读物 Ⅳ.①K241.09

中国版本图书馆CIP数据核字（2017）第300086号

出版发行：**辽宁人民出版社**
　　　　　地址：沈阳市和平区十一纬路25号　邮编：110003
　　　　　电话：024-23284321（邮　购）　024-23284324（发行部）
　　　　　传真：024-23284191（发行部）　024-23284304（办公室）
　　　　　http://www.lnpph.com.cn
印　　刷：三河市航远印刷有限公司
幅面尺寸：170mm×240mm
印　　张：15
字　　数：220千字
出版时间：2018年1月第1版
印刷时间：2018年1月第1次印刷
责任编辑：祁雪芬
封面设计：侯　泰
版式设计：姚　雪
责任校对：解炎武
书　　号：ISBN 978-7-205-09205-4

定　　价：43.80元

前　言

　　公元 604 年 7 月，杨广杀其父杨坚，又杀其兄杨勇，登上了帝位，是为隋炀帝。为了向全国人民和四邻国家显示淫威，隋炀帝经常外出巡游，直至公元 618 年被绞死。

　　隋炀帝时期，大兴土木，穷奢极欲。从公元 605—611 年，隋炀帝不断地征发农民掘长堑，筑西苑，营建东都，开凿运河，修筑长城，缮治离宫，伐木造船，凿山通道等。每项工程，大的要常年役使一二百万人，较小的也要征发一二十万人。隋炀帝还穷兵黩武，先后发动了三次大规模的进攻高句丽的战争。结果没有达到目的，惨败而归。

　　公元 611 年 1 月，王薄领导农民在山东长白山起义。王薄自称"知世郎"，还作了一首《无向辽东浪死歌》，号召农民参加起义队伍。公元 613 年 6 月，上层统治集团中的杨玄感于黎阳起兵，隋朝的达官子弟纷纷参加。正在前线的隋炀帝，听到杨玄感起兵的消息，惊恐万状，急忙下令撤退。炀帝回军后，很快就把杨玄感镇压下去，并下令对百姓大肆屠杀。农民起义席卷全国。到公元 617 年前后，全国形成了三支主要的农民起义力量，即瓦岗军、河北起义军和江淮起义军。翟让、李密领导的瓦岗军，是河南一带起义军里最强大的一支。江淮

起义军是战斗在东南地区的主力，领导者是杜伏威、辅公拓。

隋末，关陇贵族李渊任太原留守。当时，各地农民起义汹涌澎湃，隋朝的垮台已成定局。公元 617 年，李渊集团在晋阳起兵。率三万人由晋阳出发，向关中进军。年底，李渊攻克长安，公元 618 年，隋炀帝被杀，李渊在长安称帝，是为唐高祖。唐朝建立后，即着手进行统一全国的战争。在李渊的指挥下，李建成、李世民、李元吉奋勇杀敌，从公元 618—628 年先后消灭关中的三大割据势力：隋将王世充，河北的起义军辅公拓起义军，割据两湖、江西、岭南、朔方的前朝势力，大体上统一了全国。

隋朝的统一，结束了长期分裂的局面，促进了社会经济的发展。大运河的开凿显示了我国古代劳动人民的智慧和力量，促进了南北经济交流。它是世界上最伟大的工程之一。隋炀帝的残暴统治激起了大规模的农民起义。以瓦岗军为主力的起义军，瓦解了隋政权，推动了历史发展。

唐太宗李世民认识到农民起义的威力，接受了隋亡的教训，善于用人，善于纳谏，并进一步调整了统治政策，采取了加强中央集权和发展社会生产的政治经济措施，因而出现了比较清明的封建统治——"贞观之治"。

本书从杨广篡位写到"贞观之治"，将隋末唐初的纷争统收其中，故事详尽，分析明确，内容丰富，材料真实。本书参考了大量的史书，将历史的真相展现在读者的面前。仁者见仁，智者见智，"读史使人明智"，只有对历史有深刻了解并有自己独特的见解分析，才能更加清醒地面对今天，更加自信地走向明天。

第一章　弑父杀兄，杨广篡位

杨广在他的五个兄弟中排行老二，按照常理来讲，杨广是做不了皇帝的。按周礼旧制，杨坚当皇帝后，册封长子杨勇为太子，封13岁的杨广为晋王、柱国、并州总管、武卫大将军、河北道行台尚书令。然而作为太子的杨勇，才识中等，性又索直，不事修饰，待人接物大大咧咧，生活又奢侈，极好声色犬马。这对于历来提倡以俭治家、治国的杨坚来说，太子的所作所为与自己一贯的倡导大相径庭，于是就训斥杨勇："自古有哪个皇帝好奢侈还能长久治安的，你身为太子，应当以节俭为重，才能继承宗庙和社稷。"但杨勇就是改不了。

杨勇的母亲独孤氏又最讨厌男人喜声色犬马和多蓄内宠，所以她也很讨厌杨勇，曾多次对杨坚说："太子好奢侈、声色，恐怕不可能处理国事。"最终，杨勇被废，杨广做了太子。

第二章 骄奢淫逸，穷兵黩武

杨广登基以后，开通大运河，击败吐谷浑、突厥、高句丽、契丹等国，为经济文化发展作出了贡献。但他刚愎自用，拒绝进谏，晚年重用奸佞，生活上骄奢残暴，大兴土木，为营建东都洛阳，又搜罗大江以南、五岭以北奇材、异石，下令各地贡献草木花果、奇禽异兽，征调大量劳力，给人民带来深重灾难。他穷兵黩武，三次远征高句丽，终于导致民不聊生和农民起义爆发。

第三章 烽火连天，群雄并起

大业七年（611年），山东长白山农民首先发动起义，全国各地纷纷响应，其中翟让在瓦岗寨起义。大业十二年（616年），李密前来投奔，在李密的谋划下，瓦岗军攻下金堤关，又在荥阳重创隋军。次年，攻下兴洛仓，开仓赈济饥民。

后来，翟让让位给李密。李密称魏公，建元永平。此后，瓦岗军接连攻下回洛仓、黎阳仓及附近郡县，直逼洛阳城下。他们还发布檄文，声讨隋炀帝的十大罪状。瓦岗军屡败洛阳敌军，声威大振，力量不断壮大起来。

第四章 父子兴兵，一统天下

大业十二年（616年），李渊担任太原留守，并于第二年乘农民大起义之机起兵反隋，攻取长安。次年，隋将司马德勘等在江都发动兵变，推举宇文化及为丞相，缢杀了隋炀帝，繁盛一时的隋王朝覆灭了。

隋恭帝义宁二年（618年）五月，李渊在长安即位称皇帝，建立唐朝，改元武德。

他采取诱降与武力并举，远交近攻，各个击破等策略，在以后7年间，先西北，后东南，陆续消灭薛举、李轨、李密、王世充、窦建德等众多割据政权，基本控制了全国。至唐太宗贞观二年（628年）统一了全国。

第五章 玄武兵变，改元贞观

　　唐高祖李渊跟窦皇后共生了四个儿子，其中三子元霸早夭。其他三位分别是长子李建成、次子李世民和四子李元吉。这些兄弟中最有才能的要算李世民。当初李渊任太原留守时，李世民就深观远察，立下建业之心，他不但自己文武双全，而且折节下士，手下召集了一大批能人志士、武将谋臣。李渊在太原树旗起兵，起用李世民为统兵大将，进军长安之前，李渊对他许下承诺："事若有成，一定立你为太子。"

　　攻陷隋都长安后，李渊即位成为唐高祖，封李世民为秦王，拜尚书令。由于当时群雄四起，天下未定，李世民必须率兵南征北讨，成就统一天下之大业；若这时立他为太子，按朝规就必须谨言守身，留在东宫韬养资望，所以形势让李渊无法当即履行他的诺言。

第六章 纳谏如流，贞观之治

李渊自逐鹿中原的群雄中崛起，建立唐朝，定都长安。唐朝为胡汉融合的政权，因此对外来文化采取兼容并包的态度，是中国历史上国力强盛、经济繁荣、文化灿烂的王朝，是我国封建社会发展史上的一座高峰。

唐太宗即皇帝位后，为政崇尚清静，偃武修文，轻徭薄赋，宽仁慎刑，终于迎来了年丰谷贱，政治清平。历史表明，唐太宗以文治国的政治路线，是在他的大臣们协助下制定和执行的，是他"任贤良，受谏诤"的贤人政治的必然结果。

第一章

弑父杀兄，杨广篡位

杨广在他的五个兄弟中排行老二，按照常理来讲，杨广是做不了皇帝的。按周礼旧制，杨坚当皇帝后，册封长子杨勇为太子，封13岁的杨广为晋王、柱国、并州总管、武卫大将军、河北道行台尚书令。然而作为太子的杨勇，才识中等，性又索直，不事修饰，待人接物大大咧咧，生活又奢侈，极好声色犬马。这对于历来提倡以俭治家、治国的杨坚来说，太子的所作所为与自己一贯倡导的大相径庭，于是就训斥杨勇："自古有哪个皇帝好奢侈还能长久治安的，你身为太子，应当以节俭为重，才能继承宗庙和社稷。"但杨勇就是改不了。

杨勇的母亲独孤氏又最讨厌男人喜声色犬马和多蓄内宠，所以她也很讨厌杨勇，曾多次对杨坚说："太子好奢侈、声色，恐怕不可能处理国事。"最终，杨勇被废，杨广做了太子。

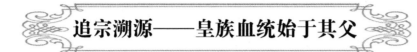

追宗溯源——皇族血统始于其父

杨广所以能够当上皇帝，成为历史上的隋炀帝，得益于他的父亲杨坚，也就是隋朝的开国天子隋文帝。

杨坚于西魏大统七年 (541 年) 六月一夜生于同州 (今陕西大荔县) 般若寺 (如今此处街名唤作"龙兴里")。开皇七年 (587 年) 十一月，隋文帝曾驾幸此地。

《隋书·高祖本纪》记载说，杨坚降生时的"紫气亢庭"显然预示着他将大吉大利、大富大贵。

次日天明，一位名叫智仙的尼姑从河东 (黄河之东) 来到般若寺 (一说她就是吕氏当晚生产时的接生婆)，她见了小杨坚后对吕氏说："这孩子来历很特别，不可以在民间抚养。"

杨坚遂被智仙留在般若寺中抚养，智仙也就成了杨坚的养母。

据称，杨坚长着一副"龙颜"：额头上有五根光枝通天，目光外射，掌纹呈"王"字形，上身长，下身短，表情深沉庄重。从头到脚，从身躯到神态，怎么看都是"真龙天子"。

杨坚十六岁时，由于父亲杨忠成了北周开国功臣，他进而因父勋被北周孝闵帝宇文觉迁升为原骑大将军。孝闵帝在第一次见到他之后说："此儿风骨非同一般，不像经常出现的人物。"

同年，周明帝即位，杨坚又被授为右小宫伯，进封大兴邵公。

但他的"不一般"很快便引起了周明帝的警觉，周明帝曾密派一个叫赵昭的相士暗相杨坚之面。赵昭相面后对周明帝说："此人顶多能成为柱国将军罢了。"转而他又去密告杨坚："你可以成为一国之君，但必须经过大诛杀而后才能得天下。"

十九岁时，周武帝即位，杨坚被任命为随州刺史，进位大将军。在随州任上，杨坚同骠骑将军庞晃是莫逆之交。一次，庞晃说："公的相貌异于常人，可能有帝王之命，若做了皇帝，但愿不要忘记我。"杨坚笑而答道："这是什么话!"杨坚长相的出众不凡可能是真的，但有关他的种种"神话"，很可能是杨坚当上了皇帝之后，被人杜撰出来的；如果时人的种种预言确有其事的话，那么，一个从小到大被吹捧为注定要成为天子的人都不是做皇帝的料儿，没有做皇帝的命，他也不可能不想做皇帝了。何况，南北朝时期，南朝由宋而齐、而梁、陈；北朝先是北魏分为东魏、西魏，后是北齐、北周分别取而代之，最后北齐又灭于北周，朝兴朝亡，皇帝如走马灯似的上上下下，已没有了一统天下时的神圣，给人的感觉已不是可望而不可即的事。当一个人位极人臣时，想做皇帝也就不是什么非分之想了。但想做是一回事，能否心想事成则又是另一回事。如果说杨坚命中注定要以隋代周成为天子的话，那也绝不是他有什么帝王之命，只要考察他一步步荣登大宝的经历，就会发现是他的家庭在其中起了决定性的作用。

杨坚的父亲杨忠是北周政权的开国元勋，是西魏十二大将军之一，战功赫赫，官至柱国，封随国公。杨坚十四岁就开始了仕途生涯，杨忠死后，杨坚袭父爵。后来娶大将军独孤信之女为妻，使他又多了一个雄厚的政治后盾。

杨坚作为军事统帅战功卓越，周宣帝即位后，他又升为上柱国、大司马。经过二十多年经营，北周大象二年（580年），杨坚爬升到骠骑大将军、大兴郡公的位置，其女也成为北周宣帝的皇后。

北周宣帝病死后，年幼的静帝即位，杨坚勾结近臣伪造遗诏，以"入宫辅政"为由，取得了辅政大臣之职，总揽朝政，总揽军政大权，号称"假黄钺左大丞相"，都督内外军事。这时杨坚夺取北周政权已成"骑虎难下"之势。他安插亲信，部署力量，积极准备。在铲除了北周宗室中最有实力的"五王"之后，又镇压了尉迟迥、司马消难等人的兵变。

581年，杨坚逼迫北周静帝禅位，二月甲子日，周静帝以杨坚众望有归下诏宣布禅让。杨坚三让而受天命，定国号为大隋，改元开皇，宣布大赦天下。

杨坚称帝，即历史上的隋文帝，他因父亲为随国公，自己乃由承爵随国公起家，最后进称随王，所以夺周之后，据封爵而定国号为"随"，因"随"字有走字底，与"走"同义，征兆国家政权不稳，遂改"随"为"隋"。仍以长安为都，改元开皇，公元581年即隋朝开皇元年。

一个新的朝代从此拉开了大幕。这年，隋文帝杨坚四十岁。

也许是一种巧合：杨坚在般若寺生活了十三年，承爵随国公后，又经历了十三年而得天下；帝位后被他称帝时年龄十三岁的杨广所得。

杨广像

无视五伦——精心策划长幼之序

晋王杨广生来本与皇位是无缘的，原因很简单，他在家中排行老二，父皇黄袍加身时，已立长子杨勇为自己的继承人了。只要父皇一朝驾崩，太子杨勇作为储君，就要成为新皇帝。杨广不应该有任何非分之想，他的三弟、四弟、五弟更不应该有什么想不开的。他们唯一应该做的，就是接受命运的安排，将来在长兄面前俯首称臣。

杨广的三位弟弟暂且不说，而他自己是接受命运的安排，还是向命运挑战？

隋朝建立近二十年来，杨广已由一个快乐的少年皇子，成长为一位颇有一番阅历的青年王爷，他到了而立之年时，已赢得了仁、孝、贤、俭的美誉，并已有相当可观的文治武功可以夸耀。在诸兄弟中，他已是脱颖而出，独领风骚，即便太子杨勇和他比起来，也显得相形见绌了。

达到这种程度，换了谁可能都无法再"安分守己"了。

杨广的这种心理恐怕更为强烈，他不甘心有朝一日在并不如自己的皇兄面前俯首称臣，三叩九拜，窝窝囊囊地虚度一生。但他面对着的，却是历史的难题：神圣不可侵犯的皇位继承制度。

历朝历代的皇（王）位继承制，大体上都是按照长幼有序、嫡庶有别的制度进行的，也就是通常情况下，皇（王）位由正妻所生的嫡长子继承；如嫡长子早逝，则由嫡长子的长子、次子按顺序继承；如嫡长子无子，则由嫡次子、三子继承。只有在正妻无子的情况下，才能轮到侧妃庶生之子，也按照长幼的顺序进行继承。

　　在这一制度下，够条件的皇子当然只能有一人，只要不痴不傻，不哑不瞎，就可以被立为皇太子，等父皇千秋万岁后，继承大宝。其他十几人甚至是几十人，任你仁贤至极、聪明绝顶，想当太子，想做皇帝，只能是白日做梦。

　　隋文帝也正是按照这千年的"一贯"制度将长子杨勇立为皇太子的。

　　今天看来，这太不公平，也太不合理，更是太有弊端了；但在当时，它无疑是最佳的皇位更迭"法"，因为大多数皇帝的女人太多了，嫡生、庶生的儿子也太多了，既然专制制度本身决定了对皇位继承不可能在众子中搞民主选举或竞选，那么，唯一的出路只能按照长幼有序、嫡庶有别的方法进行，不然就乱套了。

　　但制度是死的，人是活的，貌似神圣不可侵犯的皇位继承制度，在历史上常有被打破的时候。杨广要当太子做皇帝，也绝非毫无可能，这一历史现象出现的原因，大体上有五种或单独或相关联的因素在起作用：

　　一是皇帝（有时也包括皇后在内），本身从"家天下"的命运考虑，不肯把皇位传给该被（或已被）立为太子却难付重托的皇子，不得不另有所托。

　　二是皇帝感情用事，爱屋及乌，要把皇位传给本不该传的宠幸女人之子，导致"子以母贵"的现象。

　　三是由于"母以子贵"现象的存在，没得宠的妃子想得宠，得宠的妃子想固宠，所以不择手段地要立自己小儿子为太子、当皇帝。

　　四是大臣们在"一朝天子一朝臣"规律的驱使下，为了永葆权贵，或直接左右皇帝，或与皇后（宠妃）互相勾结，极力地拥立对己有利的皇子继承皇位。

　　五是有的皇子在获得了超过太子的名誉和势力后，不肯接受命运的安排，一心想要从太子手中夺嫡。

　　现在，晋王杨广就不肯接受命运的安排了，他要从长兄太子杨勇那里夺嫡，他要继承皇位。皇位对于他来说，原本就有一线希望，他

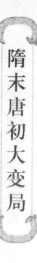

也有可能把皇太子的位置据为己有。

但他的家庭结构无疑为他的夺宗增加了更大的难度，这是他面对的又一个难题：他与长兄太子勇及三个弟弟秦王俊、蜀王秀、汉王谅，全为独孤皇后一母所生。这在寻常百姓家中很寻常，但在中国千年皇室中却是"只此一家，别无分店"。据说，隋文帝当年与独孤皇后结婚时曾发誓决不纳妾而有"异生之子"。他真的言行一致地说到做到了。他为此曾自鸣得意地对臣下说："前代帝王，沉溺于宠幸之中，并由此引发了废立太子的事端。朕没有其他宠妃，五子同母，可以说是真正的同胞兄弟，哪像前代帝王多宠多子，以至嫡庶长幼诸子纷争不已，而走上了亡国之道！"

这意味着，杨广如果要夺宗当太子，似乎并不能得到父皇母后的支持，隋文帝没有必要无事生非地在这么神圣的问题上瞎折腾，独孤皇后也不需要靠儿子来固宠。

但是，杨广的家庭结构，只是排除了重新废立太子的部分可能，而并没有排除所有的可能，到头来，杨广面对的历史难题与家庭难题，全都迎刃而解了。

巧于伪装——杨广讨父母欢心

北周大定元年（581 年），权臣杨坚废周敬帝自立，改国号隋，他就是隋文帝。隋文帝即位后，几年间北逐强胡，南灭残陈，统一了全国，结束了中国自三国两晋南北朝以来近 400 年的大分裂局面，建立起了一个强大的、统一的帝国。

隋文帝和独孤皇后感情非常好。独孤皇后是鲜卑大贵族的后裔，有一定政治能力。隋文帝想通过她收揽鲜卑贵族，因此畏惧她三分，让她参与政事，宫中称为"二圣"。独孤皇后对隋文帝管束很严，因此隋文帝不敢接近别的妃嫔。

隋文帝共有五个儿子，都是独孤皇后所生。长子杨勇被立为太子，次子杨广被封为晋王，其余三个儿子也被分封为王。隋文帝原以为君无姬侍可避免嫡庶纷争，但他完全没有料到，正是自己的亲生儿子使自己亡国丧身，并演出了一幕幕骨肉相残的历史丑剧。

隋文帝从孤儿寡母手中夺得天下，自己也感到太容易了些。他怕人心不服，长存警戒之心，力求保国的方法。他总结历史经验，得出两条保国的方法，其中最重要的一条就是要节俭。从辅政时期开始，隋文帝便提倡节俭生活，积久成为风尚。当时一般读书人便服多用布帛，饰带只用铜铁骨角，不用金玉。隋文帝本人生活也很俭朴。连皇后都没有华丽的服饰。有一次，他患痢疾，需要配制止痢药，要用胡粉一两，宫中竟找不到胡粉。独孤皇后想起赐给某大臣的妻子一件织成的衣领，宫中也找不到。秦王杨俊（隋文帝第三个儿子）因生活奢侈，多造宫室，被隋文帝发觉，被勒令禁闭。大臣杨素劝谏，说罚得过重。隋文帝说："法不可违，皇子和百姓只有一个法律，照你说来，为什么不另造一个皇子法律？"并没有接受杨素的意见。

隋文帝曾教训太子杨勇说："历观前代帝王，没有喜好奢华而能长久的。你当太子，应该崇尚节俭。"然而，杨勇却辜负了他的希望。

隋文帝称帝那年，即立杨勇为太子。杨勇性格宽厚、直率，处理问题也有一定的能力，随文帝起初还是很信任他的。但后来杨勇便逐渐奢侈起来，声色犬马，无所不为。有一年冬至，百官到东宫朝贺。杨勇违反礼治，大讲排场，张乐受贺。隋文帝知道后，对朝臣说："内外百官，都到东宫去朝贺，这成什么礼？"从此，他对太子的恩宠有所衰减。

杨勇不仅奢侈，还很好色。他有很多内宠，其中云妃是他最喜欢的。本来，这在古代也不是什么大不了的事儿，但却犯了独孤皇后的大忌，太子妃元氏不为杨勇所喜爱，每天郁郁寡欢，后来生病去世了。

元氏是独孤皇后为杨勇挑选的，很受她的喜爱。独孤皇后听说元氏突然死了，便怀疑是云妃给害死的。于是对太子也开始产生不满。

隋文帝次子晋王杨广于开皇九年（589 年）率军灭陈，拥有很大的势力。他很有野心，一心想取太子的地位而代之。杨广非常善于伪装。他做出种种姿态，竭力讨隋文帝和独孤皇后的欢心。

隋文帝反对奢侈，杨广外表就装得十分节俭，室内摆设用具和衣着都很不讲究，车马侍从也非常俭朴。独孤后限制隋文帝亲近妃子和宫女，杨广就装出一副不好女色的样子，除了和晋王妃萧氏生的孩子外，把和其他妃子生的孩子都偷偷害死。有一次，隋文帝和独孤后到他府里去，他事先得到消息，把府中的美女都藏起来，只留一些又老又丑的宫女出来侍候。他还故意把乐器弄得残缺不全。隋文帝来后，看见乐器的弦断了，上面又有很多灰尘，好像许久不用了，以为杨广不好声色，对杨广十分满意。

隋文帝和独孤后每次派身边的人到杨广那里去，不论地位高低，杨广和萧氏都亲自迎接，热情款待，送以厚礼。所以这些人都称其仁孝。杨广还经常送重礼给隋文帝的宠妃陈氏，后来杨广能当上太子，她起了很大作用。

杨广时刻不忘伪装自己。他率军灭陈后，将府库封存，资财无所取，天下称贤。他倾心结交朝臣，对读书人也很礼敬，甚至对普通士兵也注意拉拢。有一次打猎遇雨，身边的人要给他披上雨衣，他说："士卒们都被雨淋着，为什么单单让我披雨衣？"让人把雨衣拿走。这些表演蒙蔽了很多人，使他的声望越来越高，远远超过其他诸王。隋文帝和独孤后也越来越喜欢他了。

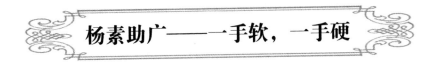

杨素助广——一手软，一手硬

　　杨广为了能够成为父皇的继承人，不安已位，计夺东宫，在扬州与张衡、宇文述、郭衍等亲信谋划的"一手软，一手硬"的夺宗之计，很可能是差前差后、按照"两手一起抓"的精神，予以具体展开和实施的。

　　宇文述带着大量金宝来到京师长安后，一场策划周密的阴谋在天子脚下悄悄展开了。他首先与大理少卿 (司法次长) 杨约相见。

　　首先，对杨素、杨约两兄弟加以介绍，杨素乃"弘农华阴人也"，从其籍贯看来看，他与杨广五百年前还是一家子呢。杨素是犄门之子，才貌双全，文武兼备，有胆有识，亦凶亦奸，在隋朝建立及以后的一系列战事中，忠心耿耿，屡立战功，当世即有"猛将"之名；隋文帝辅周之时，已进位上柱国 (从一品)，封清河郡公 (四等爵)；到杨广阴谋夺宗，张衡、宇文述献计献策，认为"能移主上者，唯杨素耳"之时，他已被封为越因公 (三等爵)、任尚书右仆射多年，与上柱国、尚书左仆射、齐国公高颎"专掌朝政"。

　　杨约是杨素的异母弟弟，幼时爬树玩耍，不慎坠落受伤成了"太监"，他是沾了杨素的光，才得以成为现在的大理少卿。他远没有杨素那么多才，但寸有所长，尺有所短，他"内多届诈"，在这一点上，杨素在他面前却是小巫见大巫了。所以，杨素对他相当看重，当他有什么想法时，肯定先找杨约筹划。

　　宇文述正是深知杨素、杨约是这样一对兄弟，所以与杨广所定的夺宗之计定在了杨约的身上。《隋书·杨约传》称："其时，皇太子无宠，而晋王广暗欲夺宗，因杨素受皇上宠幸，而杨素雅信杨约，于是用张衡计，派宇文述以大量金宝贿赂杨约。"

宇文述是在官场上混"明白"的人，相当精通"行贿术"。先是与杨约大吃大喝，后是与杨约大赌，把所带的金宝全输给了杨约。

杨约拿出一副不好意思的样子，称谢了一声便收下了。

宇文述说："有何可谢？此乃晋王所赐，让我与你欢乐一场而已。"

杨约这才知道宇文述所输是假，输的后面另有隐情，不禁大吃一惊，问："所为何事？"

宇文述于是全盘托出了杨广的意图，说道："坚守正常规范，固然是臣居行事的常理，但违反经典，却合正义，亦是见识通达者的最高谋略。自古以来，贤人君子，无不与时代脉搏相呼应，以避祸免患。你们兄弟虽然功名盖世、当权执政已有年月，但朝中文武百官被你们冤屈凌辱者，不可胜数。更为严重的是，皇太子因所欲之事不能如愿，对当权高官痛恨切齿。你们虽然受到皇上宠幸，但要害你们的，确实很多。皇上一旦弃群臣而去，你们还可以谁为庇护？如今皇太子失爱于皇后，皇上也早有废黜皇太子之心，这是你所知道的。现在，请求改立晋王，就在贤兄之口了。如果你们真能因此事而建立大功，晋王感恩，将永刻骨髓，你们就可由身处累卵之危而变成安如泰山了。"

宇文述这番话足以打动杨约的心，至于独孤后在杨广辞别时与杨广所言，他也如耳闻目睹般地而又夸大其词地——告之。

常言说："识时务者为俊杰。"其实，一切奸佞也很少有不识时务者。

杨约认为宇文述的话很有道理，立即转告杨素。

杨素听后大喜，并自叹不如地搓着手道："我的智慧，想不到这一层，全靠你提醒！"但他对宇文述相告的独孤后所言却半信半疑，所以又说："但不知皇后意思究竟如何？真如宇文述所言，我又何乐而不为。"

杨约遂道："皇后的话，皇上没有不听的，应抓住机会，早做打算，事成，就可长保荣华富贵，相传子孙。而晋王声名日盛且有主上之风，杨约料之，必能安定天下。兄若迟疑，一旦有变，使皇太子即位，大祸临头也就为期不远了。"

杨素听信了他的话，并且按照计策开始行动。

"一朝天子一朝臣"是封建时代皇位变更后的普遍现象，新皇帝即位，往往有一大批朝臣面临新的宦海沉浮，而另一帮新皇帝即位前的身边人物跟着上台。为了保住自己在朝中的地位，有的权臣——往往是奸臣，杨素也正是以"大忠"而呈其大奸的奸臣，所以他也早做打算，对能够容纳自己的"候补皇帝"皇太子极力保护、攀附，反之，则极力打击、排除，另立对己有利的新太子。所以，历史上的皇太子废立，总少不了权臣及被立者心腹的参与，其中有的甚至就是权臣所引发的。而这种事，直接关系到自己的荣华富贵，甚至是身家性命，不参与则罢，一旦参与，无不全身心地投入，从没有一个人敢以心不在焉的态度敷衍其事的。宇文述、张衡、郭衍之辈是这样，杨约、杨素兄弟也是这样。

现在，杨广身在扬州，躲在幕后，通过宇文述出面施展软的一手，已成功地把朝廷重臣杨素拉入自己的一伙了。这是杨广整个夺嫡计划中最关键的一步棋，因为当时朝中"专掌朝政"的一级重臣，只有他与高颎二人；高颎肯定反对，这一点，杨广和他的亲信们心里早就有数——杨勇的女儿是他的儿媳，两人是儿女亲家。

杨素助杨广，杨广夺宗的计划几乎可以说已经成功了一半。

隋朝·脸谱

诬陷兄长——阴谋图得东宫位

　　有一次，隋文帝秘密让人给几个儿子看相。看相人说："晋王眉上双骨隆起，贵不可言。"隋文帝又问大臣韦鼎："我的几个儿子，谁能够继承我？"韦鼎说："皇帝和皇后最喜爱谁，谁就应该继承皇位，这不是我所敢于预料的。"隋文帝笑着说："你不肯明说吧！"

　　杨广看出父母不喜欢太子却喜欢自己，于是就抓住时机加紧活动。一次，他入朝后要返回扬州总管任上，便进宫向独孤皇后辞行，说："臣虽然愚鲁，但很注意维护兄弟间的情谊。也不知因为什么得罪了太子，他总想暗算我。"说着，哭泣不止。独孤后相信了他，也泪流满面，愤愤地说："太子越来越不像话了。我为他娶元家姑娘，他竟不以夫妇之礼对待她，专宠阿云。以前毒死太子妃，我还没治他们的罪，现在又要来暗算你！我在世时尚且如此，我死后他还不把你整死！"杨广又拜伏在地，呜咽不止，独孤后也悲不自胜。从此，独孤后拿定主意要废掉杨勇，改立杨广为太子。

　　杨广和安州总管宇文述非常要好。一次，他向宇文述问计。宇文述说："皇太子失爱已久，令德不闻于天下。大王以仁孝著称，才能盖世，南平残陈，北伐突厥，屡建大功。皇上和皇后都很钟爱您，四海之望，实归大王。但废立太子是国家大事，骨肉之间，实在不容易谋划。越国公杨素，深得皇上信任。当今能劝说皇上废立太子的，只有杨素一人。而杨素所信任的人，只有他的弟弟杨约。我很了解杨约这个人，请允许我到京师找他商量，共图大事。"杨广听罢大喜，给了宇文述很多珠宝，让他见机行事。

　　过了一些日子，杨素到宫中侍宴。席间，他屡次提到晋王仁孝谦恭，以此来试探皇后。独孤后哭着对他说："你说得很对，我这个儿子非常孝顺，每当和人说起自己远离父母，都痛哭流涕，不像太子终日和云妃欢宴，专门亲近小人，猜疑兄弟。我之所以越发疼爱晋王，是怕太子要暗算他。"说着，她给了杨素一些金子，让他劝说隋文帝废掉杨勇，改立杨广为太子。

杨勇多少知道他们的密谋后，非常恐惧，不知如何是好，时常有反常表现。隋文帝让杨素去查看杨勇动静。杨素来到东宫，故意拖延时间，让杨勇等了许久。见面后，杨勇不免埋怨他一通。杨素回来对隋文帝说："太子怨望，恐有他变，应该加以防备。"隋文帝听了，对杨勇更加疏远。

独孤后时常派人窥视东宫，搜集杨勇丑闻，然后添油加醋地向隋文帝报告。

杨广又令亲信段达收买东宫近臣姬妾，让他诬告太子图谋不轨。

在独孤后的屡次劝说之下，隋文帝终于拿定主意。开皇二十年（600 年）十月，隋文帝在武德殿召集诸王和文武百官，当众宣布废掉杨勇，改立杨广为太子。

杨勇被废后囚禁在东宫，隋文帝令太子杨广看管他。杨勇自以为废掉他不是因为他的罪，屡次要求面见隋文帝申诉冤情，都被杨广阻止。杨勇于是爬到树上大喊大叫，想让隋文帝听到后接见他。杨素对隋文帝说，杨勇被鬼神附体，已经神志昏乱，不可救药了。隋文帝竟信以为真，杨勇从此再也没见过隋文帝。

居安思危——先发制人除后患

《隋书》作者在隋文帝的勇、俊、秀、谅四子合传中，曾感叹地说："隋文帝五个儿子，没有一个能终其天命，真是奇异啊！"

可以说，在中国千年皇室悲剧史中，杨家父子曾作了扣人心弦的表演。皇太子的废立，让原本相安无事的帝王之家骨肉相残，正由于隋文帝、独孤后的宠爱，导致了杨广心理失衡而恃宠夺宗，杨勇被废、杨广被立，导致了杨家其他皇子们的心理失衡。于是，惨剧还在继续上演。

但秦王杨俊已在杨勇被废前的六月二十日死了。他从扬州总管与杨广对调到并州总管后，起初的表现相当不错，但不久之后便"渐奢侈"、"总违制"、"颇好内"，以至引祸上身：先是被因其"好内"而吃醋的王妃崔氏在瓜中投毒暗害，虽然没死，但却因此中毒患病；随后，被父皇征回京师免官，身体有病，心里窝囊，三十岁左右便死了。

这样，杨广被立为皇太子后，需要摆平的只剩下四弟蜀王杨秀、五弟汉王杨谅了——他首先要对付的则是担任益州（今四川省成都）总管的杨秀。

杨秀长得相貌堂堂，而且胆子大，有魄力，好武艺，在朝中为官时，文武百官都怕他。隋文帝早就看出了杨秀不会安分的苗头，曾对独孤后说："蜀王一定不会有好下场，我在时他不敢，等他兄弟当政，他必定反叛。"

生性如此的杨秀，对杨广被立为皇太子当然愤愤不平。

即便杨秀不说什么，多年处心积虑的杨广对他的态度也能猜出个八九不离十。杨广不能不暗自思量：蜀王素来骄横，父皇的命令他有时也不理，将来轮到我做皇帝，他必然与我作对，不如趁早剪除，免得日后麻烦。

杨广是懂得"安莫志危"这个道理的。杨秀好不容易被立为太子，如果掉以轻心，功亏一篑，那就惨了。经过夺宗之变后，杨素与杨广已结为一党，过从甚密。杨广搞垮杨勇，多亏有杨素出力，现在要搞垮杨秀，更少不了杨素的帮忙。史称：杨广担心杨秀终将成为后患，遂让杨素寻求其罪过，向隋文帝密进谗言。

隋文帝对杨秀素无好感，他自己也确实不怎么样，常言道："脚上的泡是自己走的。"杨秀没少干犯法违制的事情，他甚至忘了他是谁了，浑天仪这种观察天象的天文仪器，只有天子才可以拥有，以观测天象凶吉，而杨秀竟敢也造了一个。他还大量逮捕山狼部落的男子将他们阉割后，充当后宫太监，所用车辆马匹、衣服装饰等，也都跟天子的一样。

这样的人，太容易为人陷害了。

隋文帝得杨素进言，遂征召杨秀返回京师，这事发生在仁寿二年(602年)春季。但杨秀迟迟不肯动身。至七月十二日，隋文帝怕生变故，命原州总管(总部设于今宁夏固原市)独孤楷飞奔前往益州接替他，劝他速回京师。事情到了这种地步，他仍不肯起程，在独孤楷的一再劝说下，过几日才离开了益州，但在走了四十余里后，他又想带军杀回去，只因派兵回返侦察，发现独孤楷已有防备，才不得不打消了这个恶念。

杨秀对父皇尚敢如此，杨广称帝，他必反无疑。

隋文帝看透了他，太子杨广自然也不会对他抱有幻想。他想，自己称帝后，蜀王必然造反，若与汉王联起手来，如何处之？唯一上策，只能是在父皇还健在时，借父皇之手除掉他。

可以说，杨广居安思危，先发制人，作为一个统治者，确实已经相当成熟了。单凭这点，他也确实比被赶下台的前太子杨勇，更适合做杨家的"掌门人"。

二人相争，既然不发于杨广，总有一天也要发于杨秀，所以，

以他那么一副德性，被杨广构陷也实在是不值得同情了，杨广此举也无可厚非。

杨秀抵达京师长安后，当即入宫拜见父皇。

隋文帝没跟他说一句话。

次日，隋文帝命使节对杨秀严厉责备。杨秀承认有罪，请求父亲宽恕。杨广在金銮殿上也假意流泪，帮着哀求。

隋文帝不为所动，将其交给杨素等调查审理。

至此，杨秀已经是"死"定了。

为了加重其罪行，杨广令人做了两个木人，用绳子绑住双手，并用铁钉钉在木人心上，又加上了脚镣手铐和重重枷锁。

两个木人，一个身上写着"杨坚"，一个写着"杨谅"，并又写上："请西岳华山慈父圣母，派神兵九亿万骑，收杨坚/杨谅/魂神，照这个样子把他们关闭在华山，不让他们到处游荡。"

杨广派人把这两个木人偷偷埋在了西岳华山下。

不久，杨素得到杨秀身边人的密告，说蜀王杨秀如此如此、这般这般。杨素遂派人前往挖掘，果如其言。

杨广还令人伪造了一个杨秀准备发兵反叛的檄文，夹在杨秀的文集里，自然也被查出。

杨秀这些"罪行"当然不会是一种孤立的现象，类似的还有厌恶父皇和皇太子，父皇一有病，他便祈求，希望父皇一病不起；假托妖言，妄称鬼怪，诅咒太子"不终其位"、"不得入宫"，并说自己骨相并非人臣，德业堪承帝位……不一而足。

杨素审理出杨秀这些连真带假的罪证，遂上奏隋文帝，隋文帝气愤地说："天下竟有这种事！"

杨秀被召回长安正值母丧，对他的审理、处理可能主要是在闰十月二十八日安葬了独孤皇后之后。而杨广在母丧中，也不可能认识不到已经年过花甲的父皇离这一天的到来也为期不远了。所以，为了彻底整垮杨秀，便运用了歹毒的手段，加重其罪。

十二月二十日，隋文帝下诏将杨秀废为庶人，侍省 (宦官署)。

成为太子只有两年的杨广又一次获得了成功，除掉了剩下的两个兄弟中最大的一患。没有此举，平定汉王杨谅的反叛，就不可能那么容易了。

弑父杀兄——篡权称帝显原形

仁寿二年（602年）八月，独孤后病死。当着隋文帝及太监宫女们的面，杨广哭得死去活来，好像非常伤心。但回到自己的私室，饮食言笑和平常一样。

独孤后和隋文帝的感情很好，对他管束得也很严，限制他亲近妃子和宫女。一次，隋文帝见到一个宫女长得很美，就临幸了她。独孤后知道后很生气，趁隋文帝上朝时，把那个宫女杀了。隋文帝闻讯大怒，骑马从后苑跑出，信马由缰，深入山谷二十多里。经高颎、杨素等大臣扣马苦谏，半夜才返回皇宫。他曾叹息着说："我贵为天子，而不得自由！"

这回，独孤后死了，没有人管束他了，隋文帝便开始纵情声色。无奈岁月不饶人，六十多岁的隋文帝，终因纵欲过度而病倒了。

仁寿四年（604）四月，隋文帝卧病仁寿宫。七月，病情加重。这时，他才有些后悔，对身边的侍者说："若是皇后还健在，我不至于此。"

隋文帝自知不起。乃召太子杨广入居大宝殿，随时侍奉。杨广拜见父皇，故作愁容，详问病状，隋文帝略略相告。尚书左仆射杨素、兵部尚书柳述、黄门侍郎元岩等也都入阁侍疾。隋文帝与众臣握手辞决，自言凶多吉少，众臣皆出言相慰。

　　杨广见父亲病重，料想父亲死期不远，心里十分高兴。他即位心切，就给杨素写信，向他咨询皇帝一旦驾崩，应该注意哪些事情。杨素将注意事项一一写清，封好后吩咐宫女送给太子。

　　偏偏事有凑巧，那个宫女误将杨素的回信送到隋文帝那里。隋文帝看后大怒，心想自己还没死太子就准备即位登基了，心肠也太狠毒了。一时肝气上冲，喘息异常。当时在旁侍疾的宠妃陈夫人和蔡夫人慌忙上前救护。一阵忙乱过去，隋文帝才渐渐平复原状，悲叹数声，蒙眬睡去。半夜醒来时，见两个宠妃仍在旁侍候，隋文帝有些不忍，遂令二人更衣休息。

　　天色微明，隋文帝正在闭目养神。忽见一人抢入门来，定睛看时，原来是陈夫人。隋文帝见她神色有异，顿生疑窦，忙问原因。陈夫人欲言又止，经隋文帝一再诘问，她不禁泣下，呜呜咽咽地说出"太子无理"四个字。

　　原来这陈夫人本是南朝陈宣帝之女，生得国色天香，且性情聪慧。陈亡后，被隋文帝纳入后宫。独孤后性情奇妒，后宫罕得进御，唯陈夫人有宠。等到独孤后病逝，陈夫人进位为贵人，专房擅宠，主断内事，六宫无人能比。杨广慕她美貌，早已垂涎三尺。陈夫人今晨出去更衣，被杨广撞见，便欲行奸污。陈夫人极力挣扎，才得免于受辱。

　　隋文帝听罢，跃然而起，用手捶床道："畜生怎么能托付大事？独孤误我！"说着，即呼内侍入室，令其速召柳述、元岩。二人奉诏而来，隋文帝一边喘一边说："快召我儿！"二人将呼太子，隋文帝道："不是杨广，是杨勇！"

　　柳述、元岩出阁，找来纸笔，草拟诏书，切磋多时，才写好。他们正要派人去召杨勇，不料外面跑进许多卫士，不由分说，将二人捆绑起来。不一会儿，只见宇文述手执诏书赶到。诏书中说柳述、元岩二人侍疾谋变，图害东宫，应逮捕这二人。两人如同做梦一般，便被关进大狱中，关押起来。

　　原来，隋文帝令柳述、元岩草拟诏书一事，早已为杨素侦知。他赶忙告诉杨广。杨广闻言大惊，急忙伪造圣旨，逮捕了柳述和元岩。

又派心腹刘恕、郭衍率卫士包围仁寿宫，禁止出入。再派心腹张衡入殿问疾，同时密嘱一番。

张衡进入内殿，将陈夫人、蔡夫人和众宫女一律赶出。众人走不多远，就听里面传来隋文帝喊痛之声，一阵高似一阵。过了一会儿，声息皆无。张衡出来报告太子，说是皇上驾崩。杨广率众人入内检视。果然见隋文帝一命呜呼，气息全无，只是双眼圆睁，甚是恐怖。屏风上溅有斑斑血迹，不知为何。杨广派心腹守住殿门，不准妃嫔、内侍等进入。

陈夫人等闻变，顿时失去方寸。晚饭后，杨广派人送来一个小金盒子，赐给陈夫人。陈夫人见了，非常害怕，以为要让她服毒。经来众宫女再三催促，陈夫人才将盒子打开，只见里面有同心结数枚。众宫女见了，都很高兴，说："这下可以免死了！"陈夫人很生气，不肯拜谢，经众人催逼，才叩头谢恩。当夜，杨广就前来奸污了她。

乙卯这一天，为隋文帝发丧，杨广即皇帝位，是为隋炀帝。不久，他伪造隋文帝遗诏，将杨勇及其十个儿子全部处死。后来，又杀了他的其他

隋朝《白瓷鸡首壶》

弟弟。至于那个为杨广谋杀亲父的张衡，后来也被杨广借故处死。临死前他大声叫道："我为人做了何等大逆不道的事情，哪能奢望久活人世！"

杨广即位那一年，陈朝的亡国之君陈后主恰好死去。杨广给他拟

了一个恶谥叫"炀"。谥法上云：好内远礼曰炀；逆天虐民曰炀。他做梦也没有想到：十四年以后，他被臣下处死，也戴上了他自己制定的"炀帝"的丑名。

第二章

骄奢淫逸，穷兵黩武

杨广登基以后，开通大运河，击败吐谷浑、突厥、高句丽、契丹等国，创建进士科。为经济文化发展作出了贡献。但他刚愎自用，拒绝进谏，晚年重用奸佞，生活上骄奢残暴，大兴土木，为营建东都洛阳，又搜罗大江以南、五岭以北奇材、异石，下令各地贡献草木花果、奇禽异兽，征调大量劳力，给人民带来深重灾难。他穷兵黩武，三次远征高句丽，终于导致民不聊生和农民起义爆发。

毁誉参半——功过是非任评说

　　杨广登基的那一年，即大业元年 (605 年) 八月，他坐船去游江都，第二年四月回到洛阳。大业三年 (607 年) 又北巡榆林，至突厥启民可汗帐。大业四年 (608 年)，又到五原，出长城巡行到塞外。大业五年 (609 年)，西行到张掖，接见了许多西域的使者。大业六年初 (610 年)，再游江都。大业七年 (611 年) 到十年 (614 年)，三次亲征高句丽。大业十一年 (615 年)，又北巡长城，被突厥始毕可汗围困于雁门。解围回来的第二年 (616 年)，又三游江都。直到隋朝灭亡，这期间，他几乎是马不停蹄地到处巡游，待在京城长安的时间，总计还不足一年。

　　为了巡游江都方便，杨广征调民夫 100 余万人开通济渠 (今河南荥阳到江苏淮安间运河)，10 余万人开邗沟 (今江苏淮安到扬州间运河)。这些河渠南北连通，就是历史上有名的大运河。大运河从北方的涿郡 (今河北涿州) 到达南方的余杭 (今浙江杭州)，南北蜿蜒长达五千多里，成为一条很重要的水运大动脉。沿着运河建皇宫四十余所，称为 "离宫"。命江南赶造龙舟，龙舟完成之前，杨广不甘寂寞，先在洛阳西郊兴建西苑，面积 300 平方公里，内有人工湖和连绵不断的假山，山上宫殿林立，曲折盘旋。另有人工小运河，由人工湖通到洛水，沿小运河两岸，建皇宫十六所，称为 "十六院"，每院美女两三百人，布置豪华，犹如天堂。

　　杨广每次出游赏月，骑马随驾的宫女就有数千人之多。杨广出游，仅皇家所乘龙舟就有数千艘，不用桨篙，而用纤夫，纤夫就有八万余人。禁卫军乘坐的军舰也有数千艘，但由军士自己拉纤。一万余艘船只，首尾相衔100余公里。骑兵夹岸护卫，万马奔腾，旌旗遍野，十分壮观。饮食供应由215公里以内地方政府奉献，宫人们无法吃完，临走时一概丢弃。杨广宣称他喜欢江都，其实他在江都仍居深宫，从没有跟南中国江山如画的大自然"亲密接触"。他之所以喜欢江都，正是喜欢沿途这种使人惊心动魄的场面。

大业三年（607年），杨广北巡到突厥汗国启民可汗的王庭，无意中见到高句丽王国派到突厥汗国的使节，杨广吩咐使节说，他将于大业七年（611年）前往涿郡，命高句丽王高元亲自到涿郡朝见。

杨广于大业七年（611年）真的前往涿郡，高元却没有到。杨广感到没有面子，下令讨伐高句丽，动员全国士兵集中涿郡，粮秣集中在辽西郡（今辽宁义县）。军令紧急，造舰工匠站在水中，昼夜加工，腰部以下都生满蛆虫，半数死亡。官仓粮食和兵器盔甲，也紧急运往辽西，车船衔接，路上川流不息的有10余万人，病死饿死，无人收葬，尸体横陈数百公里。而这一年，黄河南北都发大水，30余郡成为泽国，饥民纷纷投奔荒山大泽。但民间征粮，毫不放松，朴实的老农赶着牛车，带着自备干粮，踽踽上道，大多数连人带牛死于途中。没有牛车的人，二人合推一辆小车，可载米三石。沿途用米充饥，到达辽西时，已无剩余，无法缴纳，只好避罪逃亡。官府指称他们是"盗贼"，一面派兵征剿，一面逮捕他们的家属处刑，以期达到杀一儆百的效果。于是，人民纷纷武装抗暴，集结起来，杀死官员，抢夺富户食粮，天下大乱。

第二年（612年），集中于涿郡的兵力已达113万。杨广御驾亲征。辽东（今辽宁辽阳）是高句丽王国西境第一大城，在隋军兵团猛烈攻击下，城垣塌陷，高句丽守军悬白旗乞降。可是将领们没有杨广旨意，既不敢接受，也不敢继续攻击，只好停战，急向御营报告杨广。等到指示回来，守军已把缺口填住，恢复抵抗。一连三次，都被耽误，以致那个并不坚固的孤城，竟不可动摇。加之渡鸭绿江深入高句丽国境的另一支军队失败，杨广只好狼狈撤退。第一次东征，损失30万人。

第三年（613年），杨广第二次御驾东征。这一次辽东城绝不可能再支持下去，可是由于杨素的儿子杨玄感叛乱，杨广只得放弃辽东，回军迎战，第二次东征也草草结束。杨玄感兵败而死，杨广因此设立特别法庭，展开大规模逮捕处决，促使民变更加激烈，不可遏止。

第四年（614年），全国已经一片沸腾，农民起义风起云涌，四方响应。可是杨广仍作第三次东征，高句丽王国一连三年受到攻击，已筋疲力尽，只好求和。杨广总算争到一点面子。可是杨广回到洛阳后，征召高元入朝，高元仍然不来，杨广火冒三丈，下令准备第四次东征。

大业十一年（615年），杨广从洛阳出发，先到汾阳宫（今山西宁武）避暑，避暑已毕，再悠悠北进，打算顺着御道前往涿郡，开始第四次军事行动。突厥汗国始毕可汗得到消息，亲统骑兵十余万，向杨广突袭。杨广退到雁门，被突厥军队团团围住，猛烈攻城，流箭堕到杨广面前，城内存粮仅仅够20余日。杨广登城巡视，向守城将士说："各位努力杀贼，只要能够脱险，凡随驾官兵，不要发愁不富贵。"幸亏守城将士坚守，城池一直未被攻破。后来突厥北方发生事变，始毕可汗才解围而去。杨广回到洛阳，心神稍定，对当初所作的重赏有功将士的承诺，全部不认账，尽失人心。

远征高句丽的战争，使隋朝的统治迅速崩溃。百姓受不了为发动战争进行的残酷剥削和暴虐驱使，纷纷起义。大业七年（611年），王薄在长白山（今山东章丘，不是东北）首举义旗，山东、河北广大地区的人民纷起响应，起义军"多者十余万，少者数万人。"

一个众所周知的事实是：隋炀帝自伴随亡隋的败迹黯然辞世起，便有盖棺定论，被公认是中国历史上最坏的皇帝，千百年来，铁案如山。但他又是中国封建社会历史上建树最多的皇帝之一，那一段历史，曾是中国历史上最有光彩的　页!

虽然我们不能指望从瓦岗寨上下来、又是抱着"以隋为鉴"宗旨撰史的魏徵能给我们留下一部公允地评述隋炀帝的《隋书》，但我们差不多可以说，秦始皇做过的事，他多半也做了，但是他没有焚书坑儒；我们还可以说，隋炀帝做过的事，唐太宗多半也做了，但是唐太宗贞观时代远不及隋炀帝大业前期富庶。然而，秦始皇、唐太宗都有"千古一帝"的美誉，隋炀帝却落了个万世唾骂的恶名。

纵观杨广的一生，他能文能武，有勇有谋，绝顶聪明，但性格中却有作为一个帝王最致命的许多弱点。其一就是虚荣心。杨广非常爱面子，他奢靡浪费到了极点，其实不光是图享受，更是为了讲排场、摆阔气，显示帝国的富有和帝王的威严。

比如与西域的贸易应该是双方互利的，但在杨广朝贡式贸易的思想指导下，主要是向西域炫耀隋朝的富有，所以隋朝政府基本上是赔钱的。大业六年（610年）正月，隋炀帝在洛阳大演百戏，招待西域商人，前后达一个月之久。洛阳的店铺都用帷帐装饰，让西域的商人们免费吃饭、免费住宿。隋炀帝用巨额财富赚取空洞的名声，用钱引诱西域各国商人和使者来朝贺，面子赚足了，钱也赔大了。

杨广发动对高句丽的战争，其实也是面子问题。为了一点虚荣心，接连发动三次远征，导致帝国迅速崩溃，实在是有些得不偿失。好大喜功，必然导致穷兵黩武。

除了虚荣心外，杨广的嫉妒心也极强。自己的诗写得好，于是只要碰到诗比他写得还好的大臣，一定要找借口杀掉。当时内史侍郎薛道衡才名冠绝南北，著作郎王胄文词为天下准则，杨广就恨得牙痒痒，找点小错就把他们杀掉了。

杨广最大的弱点，是听不得任何反对意见。他曾对大臣宣称："我天性不喜欢听相反的意见，对所谓敢言直谏的人，人们都说他们忠诚，但我最不能忍耐。你们如果想加官晋爵，一定要听话。"这样一搞，谁还敢说真话？包围在他身边的必然是一帮奸佞小人，这恐怕是他与李世民的最大区别。李世民与魏徵君臣相得的千古佳话，是李世民作为明君的最有力的佐证。一个帝王，未必要多么聪明，但一定要有宽广的胸怀和磁石一样的凝聚力。像刘邦，像朱元璋，读的书远远比不上杨广，但他们的胸怀和凝聚力，则与杨广的偏狭小气恰成对比。

大业十二年（616年）前后，各地农民起义军逐渐会合为三大主力，即河北起义军、瓦岗起义军和江淮起义军。河北起义军的领袖是窦建德。在三大农民起义军中，瓦岗军的力量最为强大，其创始人是翟让。他们攻下兴洛仓（洛口仓），开仓赈济饥民，四方归之如流，队伍迅速发展到数十万人。还发布檄文，声讨隋炀帝的十大罪状，文曰："罄南山之竹，书罪未穷；决东海之波，流恶难尽。"瓦岗军屡败洛阳敌军，声威大震。江淮起义军的领袖是杜伏威。他们大败隋军，接连攻克高邮、历阳（今安徽和县）、丹阳（今江苏南京），控制了江淮流域的广大地区，并直接威胁隋朝的军事重镇江都。

隋朝白瓷双腹龙柄传瓶

这时全国三分之二的郡县都陷落到"盗匪"手中，杨广对付"盗匪"的方法，跟嬴胡亥、王莽、胡太后相同，即根本不愿听到"盗匪"。但他已不能再在涿郡集结兵力。东征既然不行，于是他改作第三次出游江都。很多大臣泣涕劝阻他，他把他们一律斩首。临出发时，还作了一首诗告别留守在洛阳的宫女，诗上说："我爱江都好，征辽亦偶然。"到了江都后，各地官员朝见，杨广从不问他们的政绩，只问他们奉献多少礼物钱粮，多的升官，少的贬黜。有些官员搜刮民女进贡，马上受到奖赏。于是地方官员更暴虐，"盗匪"也更多。

杨广一直守在江都，不能再回洛阳。他预感到世界末日即将到来，于是变本加厉地享乐。皇宫内分一百余房，称为"迷宫"，跟洛阳十六院一样，每房有美女数百人，由地位最高的一位美女主持，每天由一房作主人，杨广和随驾的一千余宫女做客人，酒不离口，宾主全醉。

仅江都宫美女，至少三万人。如连同其他各宫，全国供杨广一人享乐的美女，总在十五万人以上。但杨广心中十分恐惧，总是睡不着觉，一定要几位美女做全身按摩，他才能睡一小会儿。他常对着镜子说："好头颅，由谁来砍!"萧皇后安慰他，他又说要面子的话："贵贱苦乐，互相交换，没有什么好伤心的!"有时他又希望，自己将来完蛋了，还能像陈叔宝一样被封个公爵。他不敢面对现实，当他的禁卫军密谋叛变，一个宫女得到消息，向他报告时，他因无法处理而大怒，竟把宫女处斩。

大业十四年（618年），杨广最亲信的大将宇文化及率领禁卫军入宫。杨广逃到一个小房间躲藏，被一名恨透了他的宫女指出所在。禁卫军把他拖出来，杨广还恬不知耻地说："我有什么罪，要这样对我?"禁卫军当面把他最心爱的幼子12岁的杨杲杀掉。杨广这时才发现已没有希望，他要求服毒自杀，禁卫军不愿浪费时间，将他勒死，这年他正好50岁。

尽管杨广是历史上有名的暴君，但他做的好事，我们也不能一笔抹杀。有些事当时劳民伤财，但对后代子孙也有些好处，该肯定的还是要肯定。隋炀帝开凿南北大运河与秦始皇修筑万里长城一样，是名垂千古的伟大功业。万里长城现在每年能挣外汇，而大运河1500年来一直是中国南北运输的主要航道，也是中国经济的"输血管"。唐、宋、元、明、清历朝，从大运河里捞到了多少实惠，实在是无法统计。

杨广营造东都洛阳，意在控制中原，是强化中央政府控制能力的必要措施。其他如掘长堑、置关防、修驰道、筑长城等大型工程，都旨在加强国防。客观上都有一定积极作用，也造福了后人。至于置仓储粮、三巡江都，也沟通加强了南北的经济文化联系。隋炀帝又出塞北至草原牧场，巡抚突厥，亲临青海，击破吐谷浑，于其地设置郡县，为后来的唐朝西出玉门关经营丝绸之路打下了基础。

隋炀帝还是一个出色的诗人，自小善属文，诗赋雄丽；又倡导艺术，赏析书画，繁盛百戏。在文治方面，创设进士科，正式确立科举取士制度，并且兴办学校，敦奖名教，统一经学，整理图籍，将儒、道、佛三教并重，积极影响了中国古代思想文化的发展。特别是正式确立科举取士制度，对后世的影响实在太深远了。

声色犬马——朝欢暮乐只一时

萧妃，即后来的萧皇后，天生就是一个人间尤物。她出生时，当时著名的占卜奇人袁天纲曾为她的相貌惊奇不已，仔细推算了她的生辰八字，最后得出了八个字的结论——"母仪天下，命带桃花"。萧皇后以后的人生经历似乎恰好印证了这八个字。她自13岁做了晋王妃后，便开始不断地被迫更换身份，历经了隋炀帝的皇后、宇文化及的淑妃、窦建德的宠妃、两代突厥番王的王妃，最后又成了唐太宗李世民后宫中的昭容。千般沧桑、万种风流，全融进了她几十岁的生命历程，使她成为一个命运奇特的女人。

萧皇后是南朝梁明帝的女儿。出生于南梁国都江陵。此女天生丽质，娇媚迷人。就在萧皇后出生的那年（581年），北周杨坚接受静帝禅位而当了隋文帝，八年以后隋军攻入建康，统一了全国。隋文帝的二儿子晋王杨广在平陈战争中功绩显赫，为了表彰他，文帝除了给他加官晋爵外，还下诏天下名门世家，将家中未出嫁女儿的生辰八字呈报朝廷，以便为年方21岁的杨广选一相配的王妃。谁知挑来挑去，年龄相当的姑娘们不是这个不合，就是那个又相克，最终唯独刚满9岁的萧氏女的生辰八字与杨广的八字合在一起才是大吉，于是选定了她。因为萧氏女年纪太小，接入宫中后并未马上成婚，独孤皇后对这个稚嫩可人的小媳妇十分喜欢，把她当成是自己的女儿抚养，并为她请了许多师傅，教她读书、作文、绘画、弹筝。聪明过人的萧氏学什么像什么，往往一点就通，四五年下来，她不但出落成一个明艳秀丽的小美人，而且知书达理，多才多艺。

晋王杨广此时正驻守扬州，按朝规他每年进京朝见一次，这一次他便能见到他将来的妻子萧氏，见到萧氏一年年长成，又出落得如此动人，他的心荡漾不已。隋文帝与独孤皇后商议决定，在开皇十三年（593 年）杨广入朝时，为他和萧氏女完成了婚事。杨广这年 25 岁，新娘才刚满 13 岁。

有了萧妃这颗希望之星，原本不曾对皇位作妄想的杨广，开始有计划地与大哥杨勇展开储位之争了。他们夫妻的一唱一和最终打动了独孤皇后的心，终于废除了杨勇的太子之位，把杨广推上了太子宝座。这时距离杨广与萧妃完婚已经 7 年了，也就是说，这对颇有心计的小夫妻，在母亲独孤皇后前面整整演了 7 年的苦情戏。

杨广除了自己在生活上矫情伪饰以骗取父亲的信任外，采取的第一个行动就是交结朝中大臣，让其在朝廷上能替自己说话。

放眼满朝文武，杨广觉得对自己最有利、又能得父亲信任的唯有宰相、大将军杨素。同时，他也知道杨素的为人是喜钱财、权势。于是就派人给杨素送上价值千金的礼物。杨素一见，心中暗想：晋王平时很少与自己来往，现送千金，其中必有缘故，肯定是为了东宫之事。而此时能与杨广拉上关系，就不愁自己及子孙不富贵，于是就收下了大礼。

于是，杨广与杨素串通一气，内外勾结，彼此密谋以夺东宫。经过十几年的处心积虑地谋划，又有宫内太监替自己说话，又有父母对自己的好感，还有大臣杨素从中推波助澜，再加上杨勇自己不争气，杨广的太子位置终于得到了。相传，杨广被立为太子的当天晚上，长安郊外的大兴等三县突降大雪，烈风迅猛，地震山崩，许多老百姓的家具被毁，压死数百人。

杨勇被废后，杨广怕杨勇向父亲陈述实情，于己不利，就把杨勇软禁起来，不许任何人接近他。杨勇没办法，只好爬上树，对着杨坚的住处方向大喊冤枉。杨坚听闻杨勇的行为后，就问杨广。杨广说："杨勇被废，心中怨恨，已经疯了，不要理他。"就把杨勇关起来，每天只派一小太监从墙壁的小孔中给他送饭，因此，杨勇到死也没能再见到自己的父亲。

杨广登太子位一年后，独孤皇后因病而死，隋文帝摆脱了妻子的约束，开始沉溺于酒色，无心管理朝政，把行政大权托付给了太子杨广。事实上，从仁寿二年（602 年）以后，太子杨广就开始掌有皇帝之权了。

隋文帝暮年入花丛，哪里经得起众多佳丽蜜蜂般地轮番吸吮，很快就精力殆尽。仁寿四年（604 年）七月，隋文帝杨坚在外打猎时，身染重疾，在仁寿宫一病不起。作为皇太子的杨广，在父皇病重之际，理所当然要去仁寿宫照料。

第二天举哀发丧，丧事完毕，太子杨广换上冕服即位而为隋炀帝，萧妃自然也就成了皇后，从而印证了袁天纲说她将"母仪天下"的预言。这时杨广 36 岁，萧皇后才 24 岁。隋炀帝觊觎已久的皇位终于到手，再也没有谁能约束他了，因此就彻底露出他贪欢好色的面目。

纵情声色——宫女遭殃幽宫怨

隋炀帝一面下诏广征天下美女，一面派宇文恺总管营建东都洛阳，先建显仁宫，后修西苑，广泛搜罗海内外奇材异石、佳木珍宝充实其中，准备安置好美女后，他便可以在那里尽享人间乐趣了。

他当晋王时，为了夺嫡东宫，矫情伪饰，刻苦朴素压抑自己以邀声誉。当上皇帝，就伪装尽去，毫无顾忌。每年定期去民间选美，大

的 18 岁,小的十二三岁不等。

这些宫女分别在洛阳、长安,各置一小馆,杨广每天轮流做主人,与宫女饮酒取乐,不理政事;出游时,把宫中美女置于船上,每两人置一小屋,隔以帐幔,杨广每天就在这些美女中穿梭般地鬼混不止。精力不支,就命人制丹药以壮阳,这是一种以雄黄为基础的化学制品,对人体极为有害,但杨广离不了它,每天喝酒、服淫药不止,身体大坏。

俗话说:"家花不如野花香。"萧皇后纵然有天仙般的美貌,但隋炀帝早已司空见惯,不足为奇了,所以一心征选新的美女入宫。而萧皇后深知这个风流的皇帝丈夫,不会像他父亲那样容易就范,自己也没有独孤皇后那样的专制本事,再说皇帝拥有三宫六院、嫔妃成群又素无节制;因此只好放宽心思,睁一只眼闭一只眼地识趣了。其实,这不能不说萧皇后这是明智的举措,至高无上的皇帝反正谁也管不了,不去惹他反而保全了自己。正因为萧皇后的忍让大度,所以沉溺于酒色的隋炀帝对她一直十分礼敬,自己享乐也不忘了萧皇后。

西苑的十六院已建成,但尚缺少美女主持其中,于是隋炀帝与萧皇后一起从应征而来的天下美女中,选出品端貌美的 16 人,封为四品夫人,分别主持各院,这十六院分别是:景明院、迎辉院、栖弯院、晨光院、明霞院、翠华院、义安院、积珍院、影纹院、仪风院、仁智院、清修院、宝林院、和明院、绪阴院和降阳院;接着又选出 320 名美女学习吹弹歌舞;次一等的则分为十人一组,分配到各处亭台楼榭充当职役。

隋炀帝陪同萧皇后在西苑的湖面上泛舟,在亭树间赏花,在海山殿上饮宴并欣赏歌舞,在嫩草如茵的草坪上驰马追逐嬉戏,其乐融融,惹人羡慕。然而,待到华灯初上时,十六院的女主人,个个打扮得花枝招展,由宫女簇拥着站在院门前由隋炀帝挑选,隋炀帝与萧皇后同车浏览,隋炀帝看到中意的便下车到该院留宿,与该院主人欢度良宵。这时,萧皇后就独自乘舟知趣地走开,回到海山殿独守空房。

玩腻了十六院,隋炀帝又命人建造了一座精巧别致的"迷楼",楼内分为四阁，分别为"散春愁"、"醉忘归"、"夜酣香"、"迫秋月"；更选三千童贞女子轮番入阁值夜，隋炀帝任意寝宿，真可谓是日日新婚、夜夜洞房，乐不可支，把一切军国大事，尽抛脑后。萧皇后对此实在是看不下去了，就作了一篇《述志赋》，婉转地规劝丈夫有所节制、用心国政，然而一点效果也没有。

在洛阳郊外的西苑之中，隋炀帝极尽奢华淫乐之能事，设置了诸如"如意车"、"神秘镜"、"长枕大被"、"剪彩为花"等许多穷奢极欲的花招。

"如意车"外表看来只不过是一辆装饰华丽的马车而已，里面的装置却大有文章。车篷上悬有许多精巧无比的金铃和玉片，车行时叮当有声，仿佛闪烁一般；车内安有宽大舒适的床榻，隋炀帝可以和宫女们在车中为所欲为；四周张以绫罗锦幔，上面绣着活灵活现的龙凤，既能装饰车马，又能遮掩住车内的小天地，不必担心春光外泄。

其实春光外泄也无所谓，像隋炀帝那样大权在握又极贪淫乐的人，根本不在乎什么羞耻，甚至还带有一份浓烈的"暴露癖"，不但想炫耀自己的权势、财物，也想好好地展现自己的艳遇，甚至赤裸裸的身体。

"神秘镜"就是这种暴露心态下应运而生的产物。当时用的镜子还是铜镜，隋炀帝命人铸造了一些六尺见方的大铜板，打磨得极其平整光亮，然后悬挂在寝宫的四周，每当与宫人缠绵于床笫之际，铜镜中就一览无余地映照出他们的淫乐之形，如此取乐，可谓荒淫至极。

至于"长枕大被"则是萧后想出来的花样，她根据寺院禅床的灵感，命人制作了一个硕大的床，再配以异常宽大的被褥和枕头，一夜可容数十美女与隋炀帝同寝，隋炀帝辗转美女之间，像是蝴蝶旋飞于百花丛中一般，乐不可言。

更妙的还有"剪彩为花"一项，因为秋冬时草木凋零、园中萧瑟，隋炀帝为之闷闷不乐。当时西苑十六院的众妃嫔们集体商量出一策，用五彩绸缎剪制成鲜花嫩叶，点缀在树木枝梢之间，红娇绿嫩，恍如春满人间。

上有所好，下必应之。内侍何稠为博得杨广的欢心，还竭尽心思造了一辆名为"迷魂车"的小车。车内布置机关，只要宫女一进入里面，四肢马上就被勾住，动弹不得，让杨广在里面肆意妄为。一试，杨广大喜，就赐何稠开府仪同三司的高官，而他自己每天就在"迷魂车"里寻欢作乐，乐不可支，朝廷大事，百姓疾苦，他一概不管。

宫廷的淫乐生涯，嫔妃宫女是必不可少的工具。这些宫中女子想在炀帝面前竭尽自己的姿色、风情、才华和心计，争宠献媚，以便得到荣华富贵。她们中间的幸运者备受恩宠，甚至福泽荫及家庭，所谓"一人得道，鸡犬升天"；而大多数却只能冷落幽宫，在无尽的期盼中耗尽青春红颜，有的甚至到老死也无缘见上皇帝一面。

暴虐成性——荒淫无道终亡身

"江南多美女"。为了饱览江南秀色，隋炀帝下令凿通了连接苏杭的大运河，然后带领萧皇后及众多佳丽浩浩荡荡幸游江都。

隋炀帝下江南时，只见运河中船只相接绵延两百余里；骑兵沿岸护卫，旌旗蔽野；龙船摇橹拉纤的都是年轻的宫女，柳腰款摆，姿态曼妙，让隋炀帝大饱眼福，谓之"秀色可餐"。而宫女们梳妆洗下的脂粉流满了运河，香气数月都不散尽。大业六年（610 年），扬州的离宫落成，隋炀帝偕同萧皇后再次游幸江都，隋炀帝还写下了著名的《春江花月夜》一诗：

> 暮江平不动，春花满正开。
>
> 流波将月去，潮水共星来。

据统计，他在位 14 年，居京城时间不足 1 年，其余 11 年时间均在游巡玩乐中度过。当时，隋炀帝开凿运河的一个主要目的就是为了

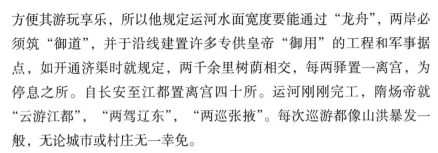

方便其游玩享乐，所以他规定运河水面宽度要能通过"龙舟"，两岸必须筑"御道"，并于沿线建置许多专供皇帝"御用"的工程和军事据点，如开通济渠时就规定，两千余里树荫相交，每两驿置一离宫，为停息之所。自长安至江都置离宫四十所。运河刚刚完工，隋炀帝就"云游江都"，"两驾辽东"，"两巡张掖"。每次巡游都像山洪暴发一般，无论城市或村庄无一幸免。

如大业元年（605年）隋炀帝为"游"江都，命江南造龙舟及杂船数千艘，于六月中旬，亲率皇后、妃嫔、百官、僧尼、道士两万余人起驾去江都，船只前后相衔达两百余里，骑兵夹岸护送。几十万人的队伍水陆并进，旌旗蔽野，照耀川陆。所经州县，五百里内皆令献食。奉办者加官晋爵，不力者严惩不贷。

大业元年（605年）春，隋炀帝命内史舍人宇文恺与封德彝营建洛阳显仁宫，疏浚河道，南接皂涧，北跨洛水，集江南、五岭奇材异石、佳木异草、珍禽怪兽，运入洛阳，充实园苑。大业元年，杨广下诏发200万民工修运河，引谷水、洛水达于黄河，开通洛阳至板渚之间的河道，引黄河水通之；又在山东大梁之东引汴水入泗，最终流入淮河；同时又诏发淮南民工十万开通邗沟、凿通白山阳至扬子江的河道。于是，连接河南、山东、江苏、安徽四省的运河终于开成，全长两千里，历时近十年，但修河民工十不存二，几乎全部饿毙、劳毙在工地上。

杨广在乘船游玩时，突发奇想，在自己所过的地方要羽毛铺地，于是州、县皆争献羽毛，远近鸟兽被网罗无遗；晚上，杨广要看夜景、游山，命州郡捕萤火虫，待夜放之，光遍岩谷。

大业后期，由于隋王朝政治黑暗，贪官遍地，民不聊生，于是隋末农民起义终于爆发了。

但杨广丝毫不以农民起义为忧，而且不准别人在自己面前提起义军之事。大业十二年（616年），新的巨舟造成，大臣宇文述劝杨广去江都，杨广从之。这时，右候卫大将军赵才劝谏说："现在百姓疲乏劳顿，国库空虚，起义的军队风起云涌，他人不遵循禁令。皇上您不适合长时间游玩，应该早些回到都城来安抚天下百姓。"杨广大怒，命人把赵才抓入大牢。第二天，建节尉任宗劝谏杨广以天下为重，语极激切，被杨广当场杀于朝堂。

有一次，杨广问老兵苏威："天下多言盗贼，现盗贼还有多少？"苏威不敢以实对，只好说："天下虽有小股盗贼，赖陛下天威，不久即可平定。"杨广一听，更不悦，对人说："老革进朕，孰不可忍。"意思是这个老兵怠慢了他，就下令格杀，后经人求情，只好把苏威及子孙皆除名。

还有一次，杨广内侍王必对杨广哭谏说："现天下大乱，陛下帝星不明，太原有王气。望陛下以社稷为重，节欲清心宽民举贤，于是则帝星复明，天下可安。"杨广说："别人都想以直谏而邀忠贞之名，朕非常恨之，你不怕死吗？"王必哭着说："我如怕死，就不会说了。"并磕头以致流血。

杨广见王必忠心可嘉，就说："好，我一定改。"于是，就命人把自己与众妃嫔分开，每天清心寡欲，不饮酒，专心政事。这样的日子仅过了 7 天，杨广就受不了，故态复萌，依然如故，更有过之。并对王必说："这样的日子我受不了，人生如白驹过隙，为什么与自己过不去？"继续淫暴如故。

当然，天下已大乱，杨广并非一点不知，只是束手无策，只好得过且过。有一次，他与萧皇后在一起喝酒，一边喝，一边对着镜子摇头晃脑，说："好头颅，谁来砍。"萧后大惊。

杨广说："自古以来，无有不亡的朝代，无有百年不死的君王。外边大有人要杀我，就让他们来杀好了。我们只管喝酒，即使情况再坏，我也能当个陈后主，了却后半生。"杨广心中十分清楚他当时的处境，而且连退路也找好了。

大业十二年（616 年）秋天，隋炀帝准备和萧皇后第三次游江都时，众大臣苦苦劝谏："若再纵情游乐，天下恐生变故！"隋炀帝却心不在焉地说："人生自古谁无死，年过半百不为夭。"他觉得只需自己享尽了繁华，即使国破人亡也不足惜。

第三次来到江都，可惜江都的繁花已看尽，隋炀帝又想东游会稽，命人开凿通会稽的江南河。谁料运河尚未凿成，天下已经大乱。太原留守李渊攻下长安；宇文化及与弟弟宇文智及在扬州起兵造反，率兵进入离宫，刚满50岁的炀帝在寝殿被杀。

营造洛阳——大兴土木惹民怨

隋炀帝在一次巡视中到达洛阳。他听信章仇太翼的谏言，准备营建洛阳城。章仇太翼对隋炀帝说："陛下木命，雍州为破木之冲，不可久居。又谶说：'修治洛阳还晋家。'"隋炀帝为此下了一道诏书：

乾道变化，阴阳所以消息；沿创不同，生灵所以顺叙。若使天意不变，施化何以成四时？人事不易，为政何以厘百姓？《易》不云乎："通其便，使民不倦"；"变则通，通则久。""有德则可久，有功则可大。"朕又闻之，安安而能迁，民用丕变。是故姬邑两周，如武王之意，殷人五徙，成汤后之业。若不因人顺天，功业见乎变，爱人治国者可不谓欤？

然洛邑自古之都，王畿之内，天地之所合，阴阳之所和。控以三河，固以四塞，水陆通，贡赋等。故汉祖曰："吾行天下多矣，惟见洛阳。"自古皇王，何尝不留意，所不都者，盖有由焉。或以九州未一，或以困其府库，作洛之制所以未暇也。我有隋之始，便欲创兹怀洛，日复一日，越暨于今。念兹在兹，兴言感鲠！……

隋炀帝作为一国之君，要营建东都洛阳，自然要引经据典地搬出先贤训词与儒家经典作为理论根据。他的本意显然是要在原本简陋的长安之外另营宫室，以构筑供其纵欲享受的安乐窝，却又要掩人耳目

地说一番俭朴庄重的话来：

夫宫室之制，本以便生，上栋下宇，足避风露，高台广厦，岂曰适形。故《传》云："俭，德之共；侈，恶之大。"宣尼有云："与其不逊也，宁俭。"岂谓瑶台琼室方为宫殿者乎？土阶采椽而非帝王者乎？是知非天下以奉一人，乃一人以主天下也。民惟国本，本固邦宁，百姓足，孰与不足？

今所营构，务从节俭，无令雕墙峻宇复起于当今，欲使卑宫菲食将贻于后世。有司明为条格，称朕意焉。

营建东都洛阳，从地理位置和自然环境来看，的确要比长安更能起到控制全国、会聚四方的作用。至于皇宫的营造，追求俭约大约也是初即帝位的杨广所必须注意的。因为他的父亲文帝就是一个俭约厚朴的人，如果刚登上帝位的杨广，就一反乃父淳厚朴实的风气，显然会招致舆论反对并影响到自己的形象。隋炀帝在他执政的前期，仍然能够继承其父的遗风，节俭厚朴，勤政爱民。

虽然说隋炀帝在诏书上宣称自己营建东都洛阳，仅仅是为了行政方便，以便最大限度地了解全国各地的情况，并宣扬节俭去奢是其愿望的话，但他营建东都的实际情况却是另一码事了。

首先，从隋炀帝营建东都所委派的人选来看，就可了解他对东都的重视。他令最倚重的大臣尚书令杨素、纳言杨达、将作大匠宇文恺总成其事。任用杨素显然是借助其威名；纳言杨达乃皇帝的近臣，随时将工程进展情况向隋炀帝禀报；而将作大匠宇文恺实际上负责宫室设计、谋划、布局、营造等事务。也就是说，真正负责规划设计和营建施工的是宇文恺。宇文恺虽然出身于武将世家，但是他的志趣却与兵戎无缘，"独好学，博览书记，解属文，多技艺，号为名父公子"。宇文恺以其聪颖的头脑和长于构思新奇玩意儿而被杨素推荐为将作大匠，负责营建东都洛阳。宇文恺揣摸隋炀帝嫌弃长安宫室破旧鄙陋，而另建东都一心追求的是宏伟壮丽，因此殚精竭虑地规划设计，务求壮丽豪奢。于是大兴土木，广征力役，遍搜能工巧匠。每月为建造东都洛阳的工匠力役达 200 万之众，耗时两年，洛阳宫方才竣工。不得

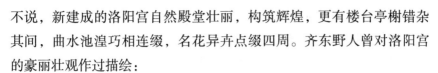

不说，新建成的洛阳宫自然殿堂壮丽，构筑辉煌，更有楼台亭榭错杂其间，曲水池湟巧相连缀，名花异卉点缀四周。齐东野人曾对洛阳宫的豪丽壮观作过描绘：

飞栋冲霄，连盈接汉。画梁直拂星辰，阁道横穿日明。琼门玉户，恍疑阆苑仙家；金陛瑶阶，俨是九天帝阙。帘栊回合，锁万里之祥云；香气氤氲，结一天之瑞霭。红胜绵，白如锦，丹墀内有奇花异草；娇解言，巧能舞，曲槛中有怪兽珍禽。亭榭中红香绿嫩，四季春风吹不谢；楼台上翠绕珠围，一天明月去还来……

隋炀帝看了东都洛阳的宫廷建筑与环境氛围，自然是掩抑不住内心的喜悦。从此以后，他可以在这里拥娇妃，宠宫娥，饮美酒，赏名花，听奇禽婉转，睹怪兽昵戏……

如此的擘画与巧思，这样的制作与布局，大大出乎隋炀帝的最初构想，他立即对有关人员予以升迁、奖赏。将作大匠宇文恺晋升为开府仪同三司。

封建时代的皇帝享有绝对自由和最高权力。为了一定程度上给予这种不受约束、无法监控的皇权以必要的限制，大臣们常常以反话正说的方式来规劝、告诫皇帝。正因为封建王朝的最高统治者——皇帝——掌握着国家的一切权力，因此，皇帝个人的修养与道德品质，在很大程度上决定了皇帝是仁慈还是残暴，是洁身自好还是荒淫无度，是励精图治还是纵情声色……

令人遗憾的是，自从夏禹以"家天下"传长子的方式取代了禅让制之后，江山社稷、国计民生就成了帝王一个人说了算。隋炀帝之所以敢于毫无顾忌地挥霍靡费、尽情享受，说到底，就是专制主义政权结构和封建时代皇帝至高无上的权力和不受监控的绝对自由所造成的必然结果。在隋炀帝穷奢极欲的享受中，有几件大事是十分突出的。首先，隋炀帝刚继皇位，就厌弃陈旧鄙陋、规模狭小的长安宫殿，新建洛阳宫殿。《贞观政要》记载，洛阳宫内的乾元殿富丽堂皇。修建乾元殿所需的名贵木材都出自江西豫章的深山老林。那些几人合抱的参天大树，在古代交通运输十分不便的条件下，往往是"两千人拽一柱，其下施毂（滚动装置），皆以生铁为之，中间若用木轮，动即出火，略计一柱已用数十万"。

洛阳宫中的观文殿前，配置许多间藏书室，每三间开一方户，设置垂缦，在垂缦上配制对称的精美飞仙。在书室之外的地下还配置有控制自如的"机关"。隋炀帝是个喜欢书籍的人，他每次来到书室阅读或者翻检资料时，就有宫女手执香炉为前导，炉中的名贵熏香不仅可以驱散秽浊之气和扰人的飞虫，而且香气氤氲，沁人心脾，提神益智。这时宫人足下踩着"机关"，接着垂缦上所配制的二飞仙就把垂缦徐徐收卷，而书室内所设置的窗子、门扇也随着垂缦的卷起而自动缓慢地打开了。如果皇帝及随从离开书室，前导宫人又踏书室外的"机关"，二飞仙又将垂缦放下，书室内的窗子、门户又慢慢关上，一切又和往常一样。

隋炀帝为什么对书室的配置和环境的布置那么考究呢？这与他喜好读书有密切关系。隋炀帝的读书习惯是从幼年时代就培养起来的。《资治通鉴·隋纪》记载了不少关于隋炀帝的劣迹恶行，却也说："（炀）帝好读书著述，自为扬州总管，置王府学士至百人，常令修撰，以至为帝，前后近二十载，修撰未尝暂停；自经述、文章、兵、农、地理、医、卜、释、道乃至蒲博、鹰狗，皆为新书，无不精洽，共成

隋朝服饰

三十一部，万七千余卷。"

与他的父亲隋文帝相比较，隋炀帝不仅嗜好读书，博览群籍，而且对文化教育也很重视，多次诏令兴学、尊孔、敬老。他在政权已经出现危机的大业十一年（615年），还有兴学校、重修撰的举措。

令人惊异的是，隋炀帝的好学读书并没有为他治理国家提供多少帮助，倒是为他享乐纵欲开启了不少的邪门歪道。宇文恺为他建造的显仁宫，不仅构建得富丽宏伟，而且周围环境也极具匠心；不仅结构宏伟，而且遍采海内奇禽、草木、奇花为之点缀。宫内构筑的"西苑"，周围有100公里之广，内设海渠、缘渠十六院，各以四品夫人为之主管。宫内的奇花异卉一旦到了冬天不免凋零，荒淫的隋炀帝自有从书本上获得的启示和妙法。他命令能工巧匠用彩缎剪制为之，池沼里的荷、芰、菱、芡也用剪彩做成。一旦日久而彩缎色败生尘，又换新制的……为此，他还制作了清夜曲，纵情享受，耗费了大量的民脂民膏。

为了改变新都东京洛阳的人文氛围与居住环境，隋炀帝在大兴土木、广植花卉、搬运奇石、搜采珍奇异兽的同时，又将豫州郭内的居民和全国各地的富商大贾数万户移居洛阳。自此以后，洛阳成为仅次于西京长安大兴城的隋代重镇，也是隋炀帝经常巡幸游玩的地方。

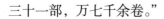

四海巡幸——纵情声色淫乐无度

隋炀帝贪图享乐的重要内容是他巡游天下，三幸江都（今扬州）。隋炀帝在洛阳显仁宫中目睹了自天下各处移来的名花异卉，它们鲜艳异常，娇嫩可爱，这让他感到十分新奇。当了解到最尊贵而艳丽的丹桂、碧莲、金梅、银杏、垂丝弱柳等等均出自江南扬州时，他便有了游览扬州的打算。当臣下向他禀报，扬州蕃厘观的琼花，开花似雪，香闻数十里时，这个贪玩好游的隋炀帝便决定游江都。

为了江都之行，他做了相当充分的准备工作。仅采上等大型木材造龙舟就耗费了大量的人力、物力。《资治通鉴·隋纪》中记载："八月，壬寅，上行幸江都，发显仁宫，王弘遣龙舟奉迎。乙巳，上御小朱航，自漕渠出洛口（洛水入黄河处），御龙舟。龙舟四重（有四层船舱），高四十五尺，长二百丈。上重正殿，内殿，东、西朝堂，中二重有百二十房，皆饰以金玉，下重内侍处之。皇后乘翔螭舟，制度差小，而装饰无异。别有浮景九艘，三重，皆水殿也。又有漾彩、朱鸟、苍螭、白虎、玄武、飞羽、青凫、陵波、五楼、道场、玄坛、板舲、黄篾等数千艘，后宫、诸王、公主、百官、僧、尼、道士、蕃客乘之，及载内外百司供奉之物，共用挽船士八万余人，其挽漾彩以上者九千余人，谓之殿脚，皆以锦彩为袍。又有平乘、青龙、艨艟、八棹、艇舸等数千艘，并十二卫兵乘之，并载兵器帐幕，兵士自引，不给夫。舳舻相接二百余里，照耀川陆，骑兵翊两岸而行，旌旗蔽野。所过州县，五百里内皆令献食，多者一州至百舆，极水陆珍奇；后宫厌饫，将发之际，多弃埋之。"

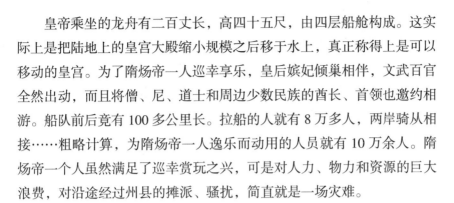

皇帝乘坐的龙舟有二百丈长，高四十五尺，由四层船舱构成。这实际上是把陆地上的皇宫大殿缩小规模之后移于水上，真正称得上是可以移动的皇宫。为了隋炀帝一人巡幸享乐，皇后嫔妃倾巢相伴，文武百官全然出动，而且将僧、尼、道士和周边少数民族的酋长、首领也邀约相游。船队前后竟有100多公里长。拉船的人就有8万多人，两岸骑从相接……粗略计算，为隋炀帝一人逸乐而动用的人员就有10万余人。隋炀帝一个人虽然满足了巡幸赏玩之兴，可是对人力、物力和资源的巨大浪费，对沿途经过州县的摊派、骚扰，简直就是一场灾难。

既然连巡游江都的船队都如此庞大宏丽，江都的宫阙也必须重新修整装饰一番。穷奢极欲的隋炀帝，嫌隋文帝时的仪仗车舆不够光鲜体面，于是诏令吏部尚书牛弘领衔，召集相关官员，议定能够体现隋代文物、衣冠之盛的仪卫制度和舆服等。议决之后，又命开府仪同三司何稠出任太府少卿，按照议定的方案着手营造，然后送到江都备用。隋炀帝任命的何稠，是当时最杰出的"性绝巧，有智思，用意精微"的创造发明家。隋炀帝曾对何稠说："今天下大定，朕承洪业，服章文物，阙略犹多。卿可讨阅图籍，营造舆服羽仪，送至江都也。"

何稠对性喜豪奢的隋炀帝的旨意心领神会。他在保持传统礼仪舆服相应的风貌的同时，自然而巧妙地把隋炀帝尚华艳、重奢靡的意图注入其中。服饰，车舆，仪仗，形状各异、色彩艳丽的日、月、星、辰、龙、鱼、凤、藻以及奇禽异兽的图案，都用当时极名贵而鲜艳的漆纱制作，并且还用珍贵的象牙为之点缀。皇帝、百官的舆服仪仗用漆纱制作，并用象牙为"簪导"，就是何稠的首创，以后的制作都以此为准绳。

何稠为了讨隋炀帝的欢心，还制作了黄麾三万六千人仗，及皇后卤簿，百官仪服等，务为华盛，以称上意。要制作规模如此宏大、数量如此众多的舆服仪仗，丝绸绫绢数量自然惊人。这些舆服仪仗还需要各种禽鸟鲜艳的羽毛，而且数量很大。怎样才能采集到如此众多的羽毛呢？隋炀帝以行政命令的方式，命令各州县以强制性措施向上奉献羽毛，史称"课州县送羽毛，民求捕之，网罗被水陆，禽兽有堪毙

耗之用者，殆无遗类"。隋炀帝为了自己的面子，不仅剥削百姓，连禽兽都不放过。何稠处心积虑地为隋炀帝策划舆服仪仗，所以炀帝每次出巡游幸，竟是"羽仪填街溢路，亘二十余里"。隋炀帝称帝之后，一共有过三次规模巨大的"江都之游"，这就是大业元年（605年）的江都之行和大业六年（610年）的巡幸江南，以及大业十二年（616年）巡幸江都，一直到大业十四年（618年）三月被杀于江都。这三次江都之行是隋炀帝巡幸游玩的典型。此外，隋炀帝为了效法秦始皇巡游天下以观风俗，让四海民众睹其威仪，还进行了另外的巡游。

大业三年（607年）四月，北巡。这次是巡省赵、魏，其意图是"安辑河北"。经过雁门、榆林，入楼烦关，至太原，然后回到东都洛阳，费时半年有余。

大业五年（609年）正月，隋炀帝从东都洛阳出发，经京城长安，然后西巡河右，涉吐谷浑边界。先经扶风旧宅，然后出临津关，渡黄河，至西平。五月大猎于拔延山，九月还京，十一月到东都洛阳。

大业七年（611年），乘龙舟，登钓鱼台，临扬子津，大宴群臣，然后从江都行巡至涿郡，渡黄河，进入永济渠。随行人员三千多人，他们有的徒步跟随船队行走1500多公里，劳瘁饥饿，死去五六百人。

大业八年（612年）四月，隋炀帝伐高句丽，九月才回到东都洛阳。

大业九年（613年）三月，隋炀帝巡幸辽东，经过约半年的时间，九月回到博陵。

大业十年（614年）三月，隋炀帝再到涿郡，东巡至怀远镇。十月，经东都洛阳回到京城长安。十二月，又回到洛阳。

大业十一年（615年）五月，隋炀帝再到太原，巡北塞，被突厥围困于雁门，十月才回到东都洛阳。

隋炀帝虽然在位14年，但他待在京城长安的时间还不到1年。《隋书·食货志》记载，隋炀帝的"从幸宫掖，常十万人，所有供需，皆仰州县。"可以想见，地方上是多么惧怕这样灾难性的巡幸队伍啊！

除了巡游之外，隋炀帝的骄奢淫逸还表现在他对宫室营造的特殊兴趣上。

大业元年（605 年），隋炀帝即皇帝位开始，就大兴土木，命他的重臣杨素、杨达及以巧思奇想闻名的宇文恺为他营建东都洛阳。这是大业元年（605 年）三月开始的浩大工程。

接着，隋炀帝又在大业元年（605 年）五月构筑了宏阔华丽的西苑。西苑周围有 100 公里长，苑内有人工挖掘的"海"，周围有 5 公里多。在"海"中筑有模仿海中三神山的"蓬莱"、"方丈"、"瀛洲"诸海岛，都高出水面百多尺。在这些人工构筑的岛上，建造了许多形态不同、风格迥异的楼台殿阁、亭榭回廊。在西苑的北面有龙鳞渠，将苑外活水源源不断地注入"海"中。以龙鳞渠为轴心，在渠的四周建有十六个庭院，每个庭院的门户都直面龙渠。每院都由宫中四品夫人做院主，随时恭候隋炀帝的"驾临"。十六个庭院无不殿堂辉煌，陈设精雅。

洛阳宫殿尚未竣工，隋炀帝又于大业元年（605 年）在临淮修建都梁宫，并且修建曲河来安置他那大龙舟。

大业三年（607 年）八月，隋炀帝在太原修建晋阳宫；大业四年（608 年），下令在汾州之北的汾水滨修建汾阳宫……

大业十二年（616 年）建毗陵宫。隋炀帝下诏叫毗陵太守路道德调集十郡兵力数万人，在毗陵郡造宫苑，周围 6 公里，"内为十六离宫，大抵仿东都西苑之制，而奇丽过之。又欲筑宫会稽，会乱，不果成。"这还不包括隋炀帝在涿郡修筑的临朔宫，北平的临榆宫，渭南的崇业宫，户县的太平宫、甘泉宫，江南的丹阳宫等等。

所以史家慨叹说："（隋炀）帝无日不治宫室，两京及江都，苑囿亭殿虽多，久而益厌，每游幸，左右顾瞩，无可意者，不知所适。乃备择天下山川之图，躬自历览，以求胜地可置宫苑者。"

隋炀帝是一位不安其位、内心躁动、喜欢不断变换享乐方式的酒色天子。尽管天下宫室已经很多并且又十分壮观富丽，可他仍然感到厌倦；巡游之迹几乎遍及神州大地的名胜古迹，可他仍然觉得乏味。

除了永无休止地营建宫室，隋炀帝还对围猎追逐表现出浓厚的兴趣。大业四年（608年）九月，隋炀帝为了展开一次规模宏大的围猎活动，下诏将天下调驯雄鹰的人，即所谓的"鹰师"1万多人召集起来，展开了一场声势浩大的追鹰捉兔、放马围猎的大型活动。

就在隋炀帝的统治岌岌可危的大业十二年（616年）三月，他撇开国家大事不管，与群臣宴饮于洛阳西苑水上。《资治通鉴·隋纪》中记载："（炀帝）命学士杜宝撰《水饰图经》，采古水事七十二，使朝散大夫黄衮以木为之，间以妓航、酒船，人物自动如生，钟磬筝瑟，能成音曲。"

隋炀帝的聪明才智和充沛精力不是放在治国行政等最为要紧的大事上，而是放在宫室营造、四海巡幸、纵情声色方面。一叶落而知天下秋，观一滴水而知沧海，仅上述几桩重大的事件，就不难想象隋代的前景了。

人间奇迹——修运河，筑长城

在中国历史上，无论从哪一个角度来看，隋炀帝都是一个遭人唾骂、留下极坏形象的淫暴之君。这个多欲躁动、好大喜功、巡幸无度、纵情声色的皇帝，依仗隋朝积累的巨大物质财富，除了营造宫室、四处巡游之外，还做了两件在中国历史影响深远、毁誉参半的大事，就是"修运河"和"筑长城"。

中国的地理形势总体上是西高东低。就山脉而言，也是由西向东海拔逐渐降低，河流的走向也呈由西向东的整体趋势。这样的地理条件虽有不少优越之处，却也导致中国境内除了云贵境内的横断山脉中有几条南北流向的河流之外，其余的河几乎都是由西向东，注入大海。这样的地理形势与山川走向，对于以水运为主的古代交通自然很不便利。针对这种情况，在隋代以前，已经有人注意到这个问题，但是限于工程浩大，在生产力不够发达和物质积累不够丰富的条件下，这也只能是某些人的理想而已。

其实，隋文帝在位时，就已经有开运河以通漕运的考虑。开皇四年（584年），隋文帝曾令有"巧思"之誉的宇文恺，率领水利人员开凿河渠。其具体做法是把渭水从大兴城引到潼关，全长150余公里，这就是历史上所说的"广通渠"，又叫"富民渠"。这是因为从开皇三年（583年）开始，隋文帝已经感觉到京师仓廪的储备粮不足，为了防备水、旱等自然灾害引起的歉收，所以下诏："于蒲、陕、虢、熊、伊、洛、郑、怀、邵、卫、汴、许、汝水次十三州，置募运米丁。"后来因为运输不便，施行起来困难不小，所以文帝才在开皇四年（584年）的诏书中说："京邑所居，五方辐凑，重关四塞，水陆艰难……故东发潼关，西引渭水，因藉人力，开通漕渠，量事程功，易可成就……一得开凿，万代无毁。"

宇文恺开通"广通渠"后，"漕运四百余里，关内赖之。名之曰'富民渠'"。可见"广通渠"开通之后，在一定程度上解决了漕运的困难和关中遭受水、旱等自然灾害后的缺粮问题。

隋炀帝即位之后，并不是心血来潮，也不是纯粹为了巡游江都的考虑要去开凿运河，其中也包括了经济上和政治上的原因。这实际上是巩固隋朝政权的重大举措。因为自从晋怀帝永嘉南渡之后，中原士族大批南移，又经历了南朝宋、齐、梁、陈更替，华夏衣冠文物也逐渐以江南为聚集中心。尽管隋文帝统一了中国，结束了南北对峙的分裂局面，然而，江南地区的侨郡侨县及中原士族大姓的政治影响还长期存在。为了强化对江南政治集团的控制，加强江南与中原地区的联系，开凿一条横贯南北的大运河显然是十分必要的。

至于开凿大运河的经济意义就更为显著了。江南原本自然条件较好，河渠密布，灌溉和水上交通都极为便利，只是因为历史上开发得较晚，一直没有展现出蓬勃的生机。但是，自从"五胡乱华"以来，中原士族南奔，不仅为江南地区带来了中原文化的积极影响，也将华夏文明的先进思想与生产手段带到了江南。经过南朝六代（三国东吴、东晋、宋、齐、梁、陈）的积累，到隋代，江南的经济已经相当繁荣了。根据《宋书》介绍，早在南朝刘宋时期，江南的富庶已经超过屡遭战乱兵燹的中原地区了。当时江南已是"鱼盐杞梓之利，充仞八方；丝棉布帛之饶，覆衣天下"的繁盛景象了。当时隋朝都城长安已经显得缺乏生机，物产也满足不了隋王朝的需要，修凿运河的经济利益显得更为重要了。

隋炀帝从他即位的大业元年（605年）开始，就着手大运河的修建。修建大运河分三段运作：一是开凿"通济渠"，二是开凿"永济渠"，三是修建"江南河"。

大业元年（605年），隋炀帝任命尚书右丞皇甫议"发河南、淮北诸郡民，前后百余万，开通济渠。"具体的措施是从河南洛阳西苑开始，引谷水、洛水进入黄河，然后又从板渚引黄河水，疏通莨荡渠故道，进入淮河，到达山阳（今江苏省淮安市淮安区），这就是历史上有名的"通济渠"工程。从山阳开始，再疏导当年吴王夫差所开凿的邗沟，引淮河水经扬子（今江苏省仪征市），进入长江。这段河有40步阔，可以通行庞大的龙舟。而在河渠的两岸皆修筑大道，遍植柳树，不仅可以巩固河堤，也能起到绿化环境、遮阳垂阴的效果。

至于修凿"永济渠"，则是从大业四年（608年）才开始的。这段运河是引沁水南入黄河，北至涿郡，全长1000多公里，是大运河中最长的一段。这样浩大的工程，加之大兴土木穷治宫室，隋炀帝不免感到人丁不济，史称"丁男不供（不足），始役妇人"。就是说，隋炀帝终年不断地兴建工程，把全国的劳动力都用上了仍然感到不敷使用，只好开始对妇女派力役了。

"永济渠"的开凿是有历史背景的，当时正是隋炀帝大攘四夷的狂妄计划实施之际，他将全国的主要军事力量集中于涿郡，北出辽东，然后去打高句丽。开通"永济渠"的目的是为征高句丽运送粮草服务的，但"永济渠"的阔度也同时设计的可以通行隋炀帝的龙舟。

"江南河"的修建更晚一些，是大业六年（610年）开始的。"江南河"从京口（今江苏省镇江市）引长江水直达余杭，然后流入钱塘江。《大业杂记》记载，"江南河"全长400余公里，水面阔10余丈，准备通行龙舟。

隋炀帝经过多年建成的大运河，是中国历史上浩大而又非常著名的工程，它北起涿郡，南至余杭，贯通了我国东西走向的主要水系，这在强化隋朝的政治统治、联系南北经济和文化交流等方面都发挥了极其巨大的作用。

杜佑在《通典》卷一七七《州郡典·河南府》中指出：

通济渠，西通河洛，南达江淮，炀帝巡幸，每泛舟而往江都焉。其交、广、荆、益、扬、越等州，运漕商旅，往来不绝。

这应当说是比较客观而公允的。只把隋炀帝修大运河的目的狭隘地理解为隋炀帝纯粹为了个人巡游享乐，这种观点显然是不全面的。

早在隋炀帝即位之前，就有江南等地的士族力量起兵反隋，广大民众的反隋烽火也没有真正停歇过。开皇十七年（597年），桂州（今广西壮族自治区桂林市）人李光仕起义反隋，后被镇压下去；开皇二十年（600年），李英林于熙州（今安徽安庆市）起兵反隋；仁寿元年（601年），又有潮州（在今广东）等五州起兵抗隋……这些反抗力量，早就使隋朝感到"关河悬远，兵不赴急"的困窘。大运河开通之后，不仅促进了南北经济交流，而且更便于隋代统治阶级实行政治控制与军事行动，这是隋炀帝修运河的真正用意所在。由于有些史评家和文学家对隋炀帝总体上是持否定和贬抑态度的，因而无视其统治有可以肯定之处，这显然不是历史唯物主义的态度。我们在唐人的诗文中也还听到了不同的声音。皮日休在《皮子文薮》卷四《汴河铭》中写道：

今自九河外，复有淇汴，北通涿郡之渔商，南运江都之转输，其为利也博哉！

不仅如此，皮日休在《汴河怀古》之二中吟说：

尽道隋亡为此河，至今千里赖通波。

若无水殿龙舟事，共禹论功不较多。

单就修运河来看，这的确是有历史意义的伟大工程。运河不仅弥补了我国东西水系的缺憾，而且为隋王朝的政治统治与经济繁荣提供了便利，其现实意义和历史价值是不能被简单否定的。

在中国历史上，以修筑长城的方式来阻断长城以外力量的进攻，是自古就有的。早在春秋战国时期，赵国修过长城，齐国和魏国也都修过长城，以防备居徙不定、突发性很强的游牧民族的侵扰。在古代，这的确不失为一种行之有效的手段。秦始皇修筑的万里长城，在中国历史乃至世界历史上，都是伟大工程。

隋炀帝修长城，主要是防备来自北面和西北面的突厥的入侵。隋朝修筑长城，是在北齐的基础上继续进行的。北齐文宣帝天保三年（552年）就修过长城，是从黄栌岭至社平戍，共200多公里，并且设置了36个戍站，以防备突厥的入侵。天保六年（555年），北齐征调180万人筑长城，从幽州北的夏口向西至恒州，有450多公里。天保七年（556年），从西河总秦戍筑长城，东至于海，前后所筑长城共1500余里，每5公里置一戍站，在要害处设置州镇共25所。天保八年（557年），又在长城内筑重城，从库洛拔向东，直至坞统戍，又有200多公里长。然而，到了北齐武成帝河清二年（563年），强大的20万突厥军队毁长城，侵犯恒州。可见，那时长城确实能起到防备突厥入侵的积极作用，否则，突厥没有必要先毁长城，才入侵关内恒州。

隋炀帝修筑长城，是在其父隋文帝进行的基础上展开的。隋文帝在开皇元年（581年）立国之始，就有修长城之举。《隋书·崔仲方传》云："令发丁三万，于朔方灵武筑长城，东至黄河，西距绥州（今陕西榆林），南至勃出岭，绵亘七百里。明年，上复令仲方发丁十五万，于朔方以东缘边险要，筑数十城以遏胡寇。"隋文帝又于开皇六年（586年）和开皇七年（587年）两度修筑长城，前者动员人丁11万，后者集丁壮10万。

隋炀帝在位期间，曾于大业三年（607年）和大业四年（608年）两度修筑长城。第一次修筑长城竟调集了100多万人，从西边的榆林一直延续到东边的紫河。这样浩大的工程，引起朝臣不安。尚书左仆射苏威，是隋炀帝十分信赖的大臣，曾进言劝阻，但炀帝置之不理。第二次修筑长城，是从榆林谷延伸，动员的丁男也有 20 万之多。

　　与隋炀帝穷治宫室、巡游四海相比，修筑边防长城尽管耗费了不少的力役和财富，可还有安定边境的现实意义。

大攘四夷——劳民伤财耗国力

　　中国是一个多民族的国家，各个兄弟民族长期和平相处，友好往来，共同构成了中华民族的大家庭。在历史发展演变的长河中，各民族之间除了友好往来之外，有时也难免发生一些矛盾和冲突，这是民族融合过程中不可避免的现象。

　　隋炀帝凭借强盛的国势，使处于辽水上游的奚族和隋朝友好相处，向隋称臣；生活在辽河流域的契丹，被北朝的慕容氏征服后，随着隋王朝的建立也归附于隋；处于黑龙江上游的室韦和黑龙江下游的靺鞨，很早就与中原联系密切，也臣服于隋朝。由此可见，隋炀帝时期，隋朝与周边少数民族的关系是友好的。但是，隋朝与突厥及吐谷浑的关系要复杂得多。突厥原本是匈奴的别支，北魏末年开始崛起，早在北齐、北周时代就已经强大起来。所以，北齐才修筑长城以避其锐。随着突厥经济的发展，各种制度也逐渐形成，政权结构已经确立，有了官制和征兵、征税以及刑法制度，《周书·突厥传》记载：其征发兵马，科税杂畜，辄刻木为数，并一金镞箭，蜡封印之，以为信契。其刑法：反叛、杀人及奸人妇、盗马绊者皆死；奸人女者重责财物，即以其女妻之；斗伤人者，随轻重输物；盗马及杂物者，

各十余倍征之。

突厥对隋朝构成威胁，始于隋文帝建国之初。杨坚以北周皇亲国戚的特殊身份篡夺了北周政权之后，东突厥可汗沙钵略与营州刺史高宝宁勾结，进攻边界，并且攻占了临榆镇（今山海关）。沙钵略的妻子本是北周赵王宇文招之女千金公主，这时也怂恿其夫为娘家北周宇文氏报仇。沙钵略率众 40 万，从木硖、石门两路进攻武威、天水、安定、金城等地，形势十分严峻。

沙钵略在隋军的打击下而臣服，后来时和时战，突厥问题因此也一直难以根治。突厥分裂为东、西两部之后，隋朝与突厥的关系才趋于缓和。大业三年（607 年），隋炀帝北巡榆林，展示国威。突厥启民可汗表示臣服，并且来隋都朝拜炀帝。后来，隋炀帝几次北巡，都直接到突厥帐中，展示汉宫威仪。《资治通鉴·隋纪》中记载："帝（炀帝）欲出塞耀兵，径突厥中，指于涿郡，恐启民（可汗）惊惧，先遣武卫将军长孙晟谕旨。启民奉诏，因召所部诸国奚、霫、室韦等酋长数十人咸集。晟见牙帐中草秽，欲令启民亲除之，示诸部落，以明威重。乃指帐前草曰：'此根大香。'启民遽嗅之，曰：'殊不香也。'晟曰：'天子行幸所在，诸侯躬自洒扫，耕除御路，以表至敬之心；今牙内芜秽，谓是留香草耳！'启民乃悟曰：'奴之罪也！奴之骨肉皆天子所赐，得效筋力，岂敢有辞。特以边人不知法耳，赖将军教之，将军之惠，奴之幸也。'遂拔所佩刀，自芟庭草。其贵人及诸部争效之。于是发榆林北境，至其牙帐，东达于蓟，长三千里，广百步，举国就役，开为御道。帝闻晟策，益嘉之。"

在对待来自西边的吐谷浑的威胁方面，隋炀帝也是恩威并举、剿抚兼施。吐谷浑是羌族，居住在隋朝的西边，风俗习惯与突厥差不多，其社会状况也和突厥较为接近。

一般说来，当汉族政权较为巩固的时候，周边的少数民族也比较宁静，汉族和少数民族之间也就相安无事。如果汉族中央政权出现危机，或者在改朝换代的时候，这种和平宁静的局面就会被打破。北周政权被隋文帝篡夺之后，不仅引起了突厥的侵扰，居住于西域的吐谷

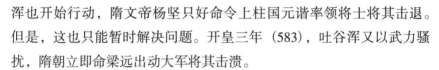

浑也开始行动，隋文帝杨坚只好命令上柱国元谐率领将士将其击退。但是，这也只能暂时解决问题。开皇三年（583），吐谷浑又以武力骚扰，隋朝立即命梁远出动大军将其击溃。

吐谷浑的酋帅夸吕死后，他的儿子世伏继位。这时的隋朝不仅完成了统一大业，而且社会稳定，经济发展，国势强大。世伏表示愿意与隋朝和好亲善。为此，隋文帝还把光化公主嫁给了世伏。

随着经济的进一步发展，隋朝国势更为强盛，隋炀帝有心经营四方，统一周边，着手其"大攘四夷"的计划。他要效法历史上具有雄才大略的秦皇汉武，征服四夷，经营八纮，打通西域，一清海内。《资治通鉴·隋纪》记载：西域诸胡多至张掖交市，帝使吏部侍郎裴矩掌之。矩知帝好远略，商胡至者，矩诱访诸国山川风俗，王及庶人仪形服饰，撰《西域图记》三卷，合四十四国，入朝奏之。仍别造地图，穷其要害，从西倾以去，纵横所亘，将二万里，发自敦煌，至于西海，凡为三道。北道从伊吾，中道从高昌，南道从鄯善，总凑敦煌，且云："以国家威德，将士骁雄，泛濛汜而越昆仑，易如反掌。但突厥、吐浑分领羌、胡之国，为其壅遏，故朝贡不通。今并因商人密送诚款，引领翘首，愿为臣妾。若服而抚之，务存安辑，皇华遣使，弗动兵车，诸蕃既从，浑、厥可灭，混壹戎、夏，其在兹乎！"帝大悦，赐帛五百段，日引矩至御坐，亲问西域事。矩盛言"胡中多诸珍宝，吐谷浑易可并吞"。帝于是慨然慕秦皇、汉武之功，甘心将通西域。

裴矩的确不失为一个摸透了隋炀帝心事的重臣，又是一个相当精明干练的近侍。他既深知隋炀帝"好远略"之心，又能不失时机地抓住一切相关资料，广运宏谋，绘制了一册关于西域山川地貌、物产珍奇和风土人情的《西域图记》。他还开出了经略西域的政治攻势与军事谋略：对横亘于西域通道上的实力强大的突厥和吐谷浑，以强硬的手段将其征服；至于其他西域诸国，则凭借隋朝的雄厚军事实力和繁荣的经济基础劝其归附。隋炀帝以裴矩为黄门侍郎，再将其派往西域要道的张掖，为打通西域，联络各国做好准备。裴矩进抵张掖之后，

"引致诸胡，啗之以利，劝令入朝。自是西域胡往来相继，所经郡县，疲于送迎，糜费以万万计"。为此，《资治通鉴·隋纪》指出："卒令中国疲弊以至于亡，皆（裴）矩之唱导也。"

隋炀帝经略四方，打通西域通道，加强与西域诸小国之间的联系，必须击溃横亘于西方的突厥和吐谷浑的强大武装力量。对付西突厥，他用崔君肃以兵不血刃的和平方式，晓谕处罗可汗归附，是很成功的。在对待吐谷浑的策略上，则以武力相威慑。大业五年（609年），隋炀帝亲自至河右西巡，渡过黄河，驻跸西平，陈兵讲武，准备击败吐谷浑，派观王杨雄和宇文述等率军，降伏吐谷浑10万余众，吐谷浑可汗伏允也逃匿于山谷中。这时，隋朝在西域已经完全控制了局面。《隋书·吐谷浑传》记载，隋朝在"自西平（今青海乐都县）临羌城建立起行政统治，设置了河源（青海湖南境）、西海（青海湖西岸）、鄯善（新疆罗布泊西南）、且末（新疆且末县）四郡，遣发罪流人员充实这些地区，屯田积谷。

在隋炀帝经略四方的进程中，他还派羽骑尉朱宽两度入海招抚琉球国，并以武力使之屈服。此外，由于当时国势强盛，倭国（日本）遣使贡物，林邑（越南）、赤土（马六甲）、真腊（柬埔寨）、婆利（北婆罗洲）等也派遣使者表示友好或归附。当时的隋朝，真正称得上是东方强大的帝国了。

大征高句丽——一败杨广面子丢

大业七年（611年）二月十九日，隋炀帝自江都乘龙舟北上，从"通济渠"入"永济渠"，北上至涿郡（今北京）。

隋炀帝为什么过东都之门而不入，径直往涿郡去呢？他在二月二十六日于途中下达的诏书里说得一清二楚："高丽王高元缺失藩礼，朕将高问罪辽左 (辽东)，恢复胜略。虽为征伐，仍要巡省地方。个往原郡，巡抚民俗……"

高句丽是一个在朝鲜半岛上跨越鸭绿江两岸的古代国家，是隋朝的藩属国。隋炀帝为什么要打高丽？诏书里说得非常清楚：高丽"缺失藩礼"，也就是高丽王高元不肯入朝拜见隋天子隋炀帝、也不遣使隋朝贡献方物。

为此事，隋文帝在开皇十八年 (598 年) 二月，曾派汉王杨谅为行军元帅，以高颎为元帅长史，发水陆大军三十万攻伐高句丽，未遂而归，死者十八九，损失惨重。

隋炀帝即位后，征召高元入朝，但高元害怕因以前的事被扣或被杀，没有应征入朝，并与东突厥暗中通使，联手对付隋朝的心思。

隋炀帝一次北巡至启民可汗牙帐时，高元的使者已一步先到达了。这时的启民可汗已被隋炀帝一路上大显富强、大张旗鼓的声势吓怕了，"不敢隐境外之交"，遂引高元使者入帐拜见了隋炀帝。

那个有"绥怀之略"的裴矩当时便揣测隋炀帝的心理分析说："高丽之地，本是我古之孤竹国也。西周将它封给了箕子，汉王朝曾在此地设立了三郡，晋朝也统辖着辽东。今天高句丽还是不肯臣服，俨然自作域外之邦，所以先帝生气，早就要讨伐它，只因杨谅无能，师出无功。现在正逢陛下盛世，怎么可以放弃，而使文明之境，沦落为蛮夷之邦？"裴矩建议：

"请陛下当面诏告其使者。让他回国告诉高元从速朝见；不然，即率突厥之兵当即前往诛伐。"

隋炀帝采纳了裴矩的建议。遂召见高元使者，并敕令吏部尚书牛弘向其宣旨说："朕因为启民可汗诚心事奉朝廷，所以亲自驾临他的牙帐。明年朕将往涿郡，你回去告诉你们国王，应该前来朝见，不要疑心恐惧，朕对他将如对启民。如果不来拜见，必率启民巡行你们领土。"

隋炀帝语含杀机，使者听了，非常害怕。

高元得其禀报，总觉得入朝凶多吉少，所以横下了一条心，既不入朝，也不遣使，只做应战准备。

其实，他真是多心了，他若入朝，受到的待遇绝对不会次于启民。由于他这一失策，引发了隋炀帝的征伐高丽，隋朝国运遂急转而下。

隋炀帝北巡结束回到东都洛阳后，见高元并不来朝，知是不肯臣服，遂"始建征辽之策"。

大业四年（608年）一月，隋炀帝诏令开凿"永济渠""以通运潜"，目的之一便是为了北伐高丽做交通运输的准备。

次年，隋炀帝又在涿郡营建了临朔宫，作为辽东之役的行宫。

但在战略上，隋炀帝采取的是先西北、后东北的战略，即先打通西域，然后再用兵辽东。隋炀帝在西北得手、又到江南走了一趟之后，这才把征伐高丽提到了议事日程——但从其自江都北上具体部署，到正式发兵，时间已是大业八年（612年）一月了。

这意味着，隋炀帝前后已给高句丽四年的备战时间，这个仗就不好打了。

四月十五日。隋炀帝抵达涿郡临朔宫。

且看隋炀帝又是怎样作战前部署的：

此前，隋炀帝在下诏讨伐高丽的同时，已诏令酷吏、前幽州总管（总部设于北京市）元弘嗣赴东莱（今山东东莱市）海口造战船三百艘。并调令"总征天下兵、无问远近，俱会于涿"，包括江淮以南水手一万人、弩手三万人、岭南短矛突击手三万人奔赴涿郡。

五月，隋炀帝又诏令黄河以南、淮河以南、长江以南各郡制造五万乘期重运埔车送住高阳（今河北高阳县），用以运载军衣、盔甲、帐篷，又发黄河南北民夫供应军需。

七月，隋炀帝再征调江淮以南民夫及船只，把黎阳仓（河南省浚县境）、洛口仓（河南省巩县东）粮食运到涿郡。

粮米运到涿郡后，隋炀帝又发太行山以东民夫再用牛车从陆路把粮食运到泸河（今辽宁锦州市）、怀远（今辽宁辽中县）两镇。车、牛征完了，又征调一种名为"鹿车"的人力推车，两人负责推一车，仅此

一项，就有六十余万人。

正所谓兵马未动，粮草先行，隋炀帝是知道这一军事常识的。

至年底四面八方云集涿郡的隋军已达到一百一十三万，集中到元弘嗣制造楼船的临时性的"海军基地"东莱海口的江淮水军达四十万。

隋炀帝亲自对这两支大军作了部署：

水路由右翊卫大将军来护儿统率，率楼船渡沧海，直取平壤；陆路又分左右两路，由兵部尚书、左护卫大将军段文振、左翊卫大将军宇文述与右翊卫大将军于仲文统率，每路十二军，共二十四军，由涿郡出发后，兵分二十四道，总集平壤。

隋炀帝素以为于仲文有"将领之才"，此人在北却突厥、西征吐谷浑等战役中，表现也相当出色，所以，隋炀帝又令其为诸军"滔察节度"，亦即除了隋炀帝之外，于仲文是战场上的最高指挥官。

一切部署就绪，隋炀帝问曾担任过太史令、后因故被贬为含水 (今甘肃庆阳) 县令、现被征召参战的皮质："朕继承先皇遗志，御驾亲征高句丽，高句丽的土地与人口，不过我一郡之多，你以为此战能胜吗？

皇上如此质问，皮质岂敢说不能胜，遂答："以臣恳见，攻之定克。"但这只是半句话，还有半句："但臣请求陛下以不御驾亲征为好。"

隋炀帝听后，心里不悦，脸色也变了，口气也露出了不满，问道："朕统兵出征，岂可未见高丽王就自退呢?"

皮质说："陛下如果御驾前往，恐怕影响将领威望，臣希望陛下安位于此，派骁将勇士前去指挥作战，加速前进，出其不意，兵贵神速，慢必无功。"

皮质的意思很清楚：隋炀帝去了，只能碍手碍脚，影响作战。

隋炀帝不以为然："你如果不愿去，可以留在此地。"

隋炀帝哪能不去呢？有人说他是"用写诗的浪漫情愫去治理国家，用艺术家的思绪去处理政务，用桀骜不驯的想象来统辖权力"，这种分析虽然缺乏足够的证据，但至少，隋炀帝的生性好动是真实的，在动用了如此之大的兵力即将展开的规模宏大的战争中，他怎么肯置身局外、袖手旁观、坐享其成？当他筹划这场战争时，他的心里大概也是充满了诗兴大发时的那样一种激情了。当时，不赞成他御驾亲征的并不止皮质一人，但既然没人能挡得了他的大驾，说也是白说了。

当大业七年（611 年）就要过去之时，隋炀帝征服高句丽的大军也即将出师了。隋炀帝绝对想象不到，他个人的历史与帝国的命运，已在此时拐了一个弯了。

作恶多端——自酿苦酒无善终

在如火如荼的农民战争的烽烟中，隋朝很快土崩瓦解。最令人奇怪的是，作恶多端的隋炀帝，不是死于遭受他残酷剥削的农民起义军之手，而是被他最宠幸的贴身臣僚所缢杀，这生动形象地演绎了暴君不得善终的结局。自从大业十二年（616 年）隋炀帝三幸江都以来，国事日非，朝政昏乱，农民起义的烽火燃遍大江南北。尽管隋炀帝频繁地调兵遣将，一心想把起义军的烽火扑灭，但又谈何容易。隋炀帝被他最亲近的重臣宇文述之子宇文化及和最宠信的爱将司马德戡逼杀，这实在大大出乎这个昏暴之君的意料。《资治通鉴·唐纪》记录了隋炀帝临终之前与他的近臣们的对话，颇可玩味：裴虔通谓帝曰："百官悉在朝堂，陛下须亲出慰劳。"进其从骑，逼帝乘之；帝嫌其鞍勒弊，更易新者，乃乘之。虔通执辔挟刀出宫门，贼徒喜噪动地。宇文化及扬言曰："何用持此物出，亟还与手。"帝问："世基何在？"贼党马文举曰："已枭首矣！"于是引帝还至寝殿，虔通、司马德戡等拔白刃侍立。帝叹曰："我何罪至此？"文举曰："陛下违弃宗庙，巡游不息，外勤征讨，内极奢淫，使丁壮尽于矢刃，女弱填于沟壑，四民丧业，盗贼蜂起，专任佞谀，饰非拒谏，何谓无罪！"帝曰："我实负百姓，至于尔辈，荣禄兼极，何乃如是！今日之事，孰为首邪？"德戡曰："溥天同怨，何止一人！"化及又使封德彝数帝罪，帝曰："卿乃士人，何为亦尔？"德彝赧然而退。帝爱子赵王杲，年十二，在帝侧，号恸不已，虔通斩之，血溅御服。贼欲弑帝，帝曰："天子死自有法，何得加以锋刃！取鸩酒来！"文举等不许，使令狐行达顿帝令坐。帝自解练巾授行达，缢杀之。

可笑的是，他干了那么多的坏事还恬不知耻地问他有什么罪过。公示了他的罪恶之后，他又厚颜无耻地反驳说，他虽然对不起百姓，可是万万没有料到他恩宠的近臣也背叛了他。

在《隋书·炀帝纪》

隋朝黄堡窑青釉贴雕龙

的最后部分，隋炀帝被杀之后，不免要对他这个统治国家达14年之久的帝王作一番评价。史臣认为隋炀帝在"弱龄"时是聪颖好学的，因而海内称誉；在"南平吴、会，北却匈奴"的征讨中，他是文帝的五个儿子中功勋最大、成就最突出的。隋炀帝在前期还是做过一些有利于人民的事情。在他的治理之下，诚如史臣所言："地广三代，威振八纮，单于顿颡，越裳重译。赤仄之泉（货币），流溢于都内；红腐之众，委积于塞下。"然而，他将所聚敛起来的财富视如粪土，肆意挥霍浪费，全部衍化为他个人的声色享乐和巡幸征伐之资。于是史臣进而论道："负其富强之资，思逞无厌之欲，挟殷、周之制度，尚秦、汉之规摹。恃才矜己，傲狠明德，内怀险躁，外示凝简，盛冠服以饰其奸，陈谏官以掩其过……"

要列举隋炀帝祸国殃民的罪行是不难的，但是却又无法尽列。祖君彦在为李密义军开列暴君罪行时，也感到难以尽述，最后只能这样来归纳："罄南山之竹，书罪无穷；决东海之波，流恶难尽。"其实，早在隋炀帝第三次、也是他最后一次巡游江都之时，他就已经预感到大势已去，非人力所能挽回。《资治通鉴·唐纪》中记载："隋炀帝至江都（指大业十二年之行），荒淫益甚，宫中为百余房，各盛供张，实以美人，日令一房为主人。江都郡丞赵元楷掌供酒馔，隋炀帝与萧后及幸姬历就宴饮，酒卮不离口，从姬千余人亦常醉。然帝见天下危乱，意亦扰扰不自安，退朝则幅巾短衣，策杖步游，遍历台馆，非夜不止，汲汲顾景，唯恐不足。"《隋书·炀帝纪》在数落了隋炀帝的淫乐暴行之后，指出在中原横溃、四海骚乱的严峻形势之下，四面八方告急文书如雪片似的飘落之际，得乐且乐的昏君仍然将大厦将倾的危难视为"鼠窃狗盗"的小事，继续沉溺于酒色，因此，史臣指出："土崩鱼烂，贯盈恶稔，普天之下，莫匪仇雠，左右之人，皆为敌国。终然不悟，同彼望夷，遂以万乘之尊，死于一夫之手。"

隋炀帝自酿苦酒。自从登基以来，他的所作所为总是以自我为绝对的中心，以他的个人利益和淫乐暴残为半径所画出的轨迹就是他的天地。这样的结果，自然使他成为除自己之外没有任何人可以亲近、信赖的真正的孤家寡人，因此史臣说："亿兆靡感恩之士，九牧无勤王之师。"

隋炀帝以一己之私欲而残害天下生灵百姓。在他那50年的生涯中，不知耗费了多少民脂民膏，杀害了多少无辜的生命！其实隋炀帝的凶残是从他父亲那里继承下来的。历史总是公正而无情的。隋炀帝干了那么多的坏事，其结果当然是被推上了历史的断头台。清人赵翼在《廿二史劄记》卷十五《隋文帝杀宇文氏子孙》时指出："窃人之国，而徒其子孙，至无遗类，此其残忍惨毒，岂复稍有人心！"害人终害己，诚如《尚书》所言："天作孽，犹可违；自作孽，不可逭"。因此，赵翼指出："其后隋文帝五子，长子勇，被废，后赐死。次子炀帝，为宇文化及所弑。次秦王俊，先卒。次越王秀，废锢，死江都之难。次汉王谅，以反诛。计五子中，除秦王俊外，无一非不得其死者。而勇子十，俨以酖死，裕、筠、嶷、恪、该、韶、煚、孝实、孝范皆贬岭外杖死。俊子浩、湛，及秀、谅之子，皆为化及所害。炀帝三子，长太子昭，先卒。次齐王暕，次赵王杲，皆死江都之难，无子。而昭子代王侑，为唐所立，未几禅位，封酅国公，不数月而殂。次燕王倓，亦遇害于江都。次越王侗，称号东都，为王世充所弑。于是炀帝之子孙亦无遗种矣。唯齐王暕有一遗腹子愍，随萧太后入突厥，后归于唐，官尚衣奉御，杨氏之种仅延此一线。而炀帝之死，又巧借一姓宇文者之手以毙之，此岂非天道好还之显然可据者哉？"对于隋炀帝这样一个作恶多端、滥杀无辜的残暴荒淫之君，历史的审判是公正的。对于禅让帝位的北周宇文氏皇族，人们在知悉其被杨坚杀害的详情之后，或多或少会有一些怜悯与同情，可对于隋炀帝子孙的遭遇，可能就只能理解为前人结怨，后人遭殃了。

扬州观音山是当年隋炀帝执著声色的"迷楼"所在地，后人引以为鉴，便在迷楼被焚的旧址上建了"鉴楼"。

好大喜功——穷兵黩武三征高句丽

北周大定元年（581年），北周随国公杨坚篡位，立国号隋，是为隋文帝，改元开皇。同年十二月，高丽王高阳（即平原王高汤）遣使朝贡，杨坚授高阳大将军、辽东郡公，改封高丽王。从这以后，高句

丽遣使纳贡不绝。

　　开皇九年（589年），隋灭陈统一中原。平原王高汤怕祸事临头，积极练兵积粮，为守拒之策，引起隋文帝的不满，为此，他在给平原王高汤的玺书中的语气是相当的不客气，语带威胁说："朕受天命，爱育率土，委王海隅，宣扬教化，想使圆首方足，各遂其心。王每次遣使人，岁常朝贡，虽然称藩附，诚节未尽。王既人臣，须同朕德，而乃驱逼靺鞨，固禁契丹。诸藩顿颡，为我臣妾，忿善人之慕义，哪里有毒害之情深乎？太府工人，其数不少，王必须之，自可闻奏。昔年潜行财货，利动小人，私将弩手，逃窜下国。难道只是修理兵器，意欲不臧，恐有外闻，故为盗窃？时命使者，抚尉王藩，本欲问彼人情，教彼政术。王乃坐之空馆，严加防守，使其闭目塞耳，永无闻见。有何阴恶，弗欲人知，禁制官司，畏其访察？又数遣马骑，杀害边人，屡驰奸谋，动作邪说，心在不宾。朕于苍生，悉如赤子，赐王土宇，授王官爵，深恩殊泽，彰著遐迩。王专怀不信，恒自猜疑，常遣使人，密觇消息，纯臣之义，岂若是也？盖当由朕训导不明，王之愆违，一已宽恕，今日以后，必须改革。守藩臣之节，奉朝正之典，自化尔藩，勿忤他国，则长享富贵，实称朕心。彼之一方，虽地狭人少，然普天之下，皆为朕臣。今若黜王，不可虚置，终须更选官属，就彼安抚。王若洒心易行，率由宪章，即是朕之良臣，何劳别遣才彦也？昔帝王作法，仁信为先，有善必赏，有恶必罚，四海之内，俱闻朕旨。王若无罪，朕忽加兵，自余藩国，谓朕何也！王必虚心，纳朕此意，慎勿疑惑，更怀异图。往者陈叔宝代在江阴，残害人庶，惊动我烽候，抄掠我边境。朕前后诫敕，经历十年，彼则恃长江之外，聚一隅之众，昏狂骄傲，不从朕言。故命将出师，除彼凶逆，来往不盈旬月，兵骑不过数千，历代逋寇，一朝清荡，遐迩乂安，人神胥悦。闻王叹恨，独致悲伤，黜陟幽明，有司是职，罪王不为陈灭，赏王不为陈存，乐祸好乱，何为尔也？王谓辽水之广，何如长江？高丽之人，多少陈国？朕若不存含育，责王前愆，命一将军，何待多力！殷勤晓示，许王自新耳。宜得朕怀，自求多福。"

高汤得书之后，心中惶恐大惧，连忙遣使上表谢罪。不久，高汤就病死了，这一年是开皇十七年（597年）。同年，高汤之子高元即位，是为婴阳王。隋文帝遣使拜高元为上开府仪同三司，袭爵辽东郡公，高丽王。

开皇十八年（598年）二月，高句丽王高元率领部众一万余入侵隋朝辽西，被营州总管韦冲打退。隋文帝得知后非常愤怒，任命汉王杨谅、上柱国王世积同为行军元帅，统率水陆三十万大军征伐高句丽。汉王杨谅率军从临渝关出塞，正碰上连日大雨，后方粮草运不到，军中缺乏食粮，又遇到了疾疫流行。水军从东莱渡海向平壤城前进，途中也碰上了大风，船只多被吹散沉没。隋军被迫还师，兵士损失十分之八九。虽师出无功，但也起到了敲山震虎的作用。高元也很害怕，派遣使节向朝廷谢罪认错，上表称"辽东粪土臣子高元"，隋文帝一看高元服软，也就消了气，于是下令罢兵。

隋文帝死后，隋炀帝即位。隋炀帝在位期间，隋朝国力已达极盛之顶点，共有一百九十个郡一千二百五十五个县八百九十多万户；国土东西长九千三百里，南北一万四千八百一十五里。不过，他不是个安分的主儿，自即位以来，大造宫室，修建大运河，四处巡游，搞得大隋是国困民乏。这不，隋炀帝又到东突厥启民可汗这儿来夸示富强来了。发现高句丽使者藏在突厥，他立即想起高句丽屡屡不听教诲，高昌王、突厥可汗都来朝觐见，就你高句丽王不来，摆明是不把我放在眼里。于是隋炀帝便下诏让高句丽王亲来进贡，否则，将率领启民去巡视高句丽的国土。高句丽王高元虽很害怕，但还是不来，藩礼颇缺。炀帝大怒，于大业七年（611年）二月下诏讨伐高句丽。这封诏书成为大隋帝国灭亡的导火索。

隋炀帝命幽州总管元弘嗣到东莱海口造船三百艘，官吏们督促工程，工匠、役丁们昼夜站立在水中，自腰以下都生了蛆，死者有十分之三、四。原先，隋炀帝下诏征发天下兵卒，无论远近，俱会于涿郡。又征发江淮以南的水手一万人，弩手三万人，岭南排镩手三万人。令河南、淮南、江南等地制造兵车五万辆送往高阳，以装载衣甲幔幕。

征发河南、河北民夫以供军需。征发江、淮以南民夫以及船只运输黎阳和洛口各粮仓米至涿郡，船只首尾相连绵延千余里。载兵甲及攻取之具，往还于道数十万人，拥挤于道，昼夜不停。死者相枕，臭秽盈路，天下骚动。

由于征发大量人丁运送物资，导致耕稼失时，田地多荒，东北之地斗米数百钱。而官吏贪残，借机鱼肉百姓，百姓困穷，财力俱竭，官逼民反，于是始相聚为群盗。

先是邹平王薄拥有部众占据长白山，自称知世郎，宣扬世事已可知。王薄又作《无向辽东浪死歌》来劝说百姓，逃役之人大多都去投奔王薄。

紧接着平原刘霸道、漳南窦建德等人相继起事，一时之间群盗蜂起，不可胜数，徒众多者至万余人，攻陷城邑。都尉、鹰扬郎将与郡县互相配合追捕盗贼，随获斩决，但是都没能禁止。

大业八年（612年）正月，隋炀帝第一次征高句丽。左十二军出镂方、长岑、溟海、盖马、建安、南苏、辽东、玄菟、夫余、朝鲜、沃沮、乐浪等道；右十二军出粘蝉、含资、浑弥、临屯、候城、提奚、踢顿、肃慎、碣石、东、带方、襄平等道。人马相继不绝于道，总计一百一十三万三千八百人，号称二百万，民夫两百多万。日遣一军，相去四十里，连营渐进；四十天才发兵完毕，首尾相继，鼓角相闻，旌旗相连九百六十里。御营之内有十二卫、三台、九省、九寺，分别隶属内、外、前、后、左、右六军，最后出发，连绵八十里。出师情景，近古未有。

隋军进至辽水西岸，高句丽并据守辽水。隋军架设浮桥而渡，半渡之时高句丽兵大至，隋军中骁勇者皆争先赴水接战，高句丽兵居高而击，隋军死伤甚众。隋右屯卫大将军、左光禄大夫麦铁杖，武贲郎将钱士雄、孟金叉等皆战死。隋军引兵退回西岸，数日后浮桥造成，隋军依次而渡，双方大战于辽水东岸，高句丽大败，战死者以万计。各军乘胜进击包围辽东城，即汉之襄平城。

诸将将向东进军时，隋炀帝告诫说："今天我们吊民伐罪，非为功名。不许轻军独进，以致失利败亡。凡是军事进止，皆须奏闻待报，毋得专擅。"高句丽几次出战不利，于是就闭城固守。隋炀帝命令各军攻城，同时又命令诸将，高句丽人若请降，就安抚接纳，不得纵兵劫掠。高句丽人每每在城将要被攻陷时就诈降，将领们奉隋炀帝旨意，不敢擅作主张，先命人飞马奏报隋炀帝，等到答复回来，城中的防守已调整巩固好了，随即高句丽又开始死守。如此再三，隋炀帝仍是不醒悟。因而城池久攻不下，数十万大军困于城下不得进一步。隋炀帝来到辽东城，观察城池形势，见诸军久攻不下，大怒，责备诸将说："我今来此，正欲观公等所为，斩公辈尔，公今畏死，莫肯尽力，谓我不能杀公邪。"诸将皆惊惧失色。右翊卫大将军来护儿率领江、淮水军，渡海先行，从水路进攻高句丽。距平壤六十里时，与高句丽军相遇，大破高句丽军。来护儿想乘胜进取平壤，副总管周法尚劝阻他，待诸军到达后，一同进攻。来护儿不听，选精锐甲士四万人，直趋城下。高句丽人在罗郭内空寺中设下伏兵，先是出兵与来护儿交战，然后佯败，来护儿率兵追入城内，纵兵俘获抢掠，队伍乱不成伍，这时伏兵大出，来护儿大败，只身逃出，士卒生还不过几千人。

左翊卫大将军宇文述等九路军从泸河、怀远二镇出发，携带供给一百天的粮草，而又担负各种装备，每人负担三石以上重量，使人无法承受。宇文述还下令："士卒有丢弃粮食的斩首！"于是军士们都在幕帐内挖坑把粮草等物埋起来，队伍才走到半路，粮食已经吃尽了。

高句丽大臣乙支文德见宇文述的士卒面有饥色，想让隋军疲乏。每次与隋军交战立即就退走，宇文述在一天之中，七战七捷。宇文述既恃骤胜，于是率军进攻，东渡萨水（今朝鲜清川江），距平壤城三十里处因山为营。乙支文德派使者来诈降，向宇文述请求说："假若隋军能退兵，就一定让高元去朝见皇帝所在之地。"宇文述见士卒疲惫，不能再战，而且平壤城险峻坚固，估计很难一下子攻破城池。于是结阵还师，高句丽军队从四面八方包抄攻击，宇文述等且战且退。退至萨水，大军争先渡江，高句丽并从后袭击隋后军，右屯卫将军辛世雄战死。于是诸军俱溃，将士们奔逃。来护儿闻知宇文述等人大败，也率军退回。诸军之中唯有卫文昇一军保全。

当初，九路军渡辽河，共三十万五千人，待回到辽东城时，只有二千七百人了。数以巨万的军资储备器械丧失殆尽。第一次征高句丽失败。

大业九年（613 年）四月，隋炀帝的车驾渡过辽水，并遣宇文述和上大将军杨义臣率军进军平壤，是为第二次征高句丽。却在这时，杨玄感于黎阳造反。当时围攻辽东城许久不下，隋炀帝遣人做百余万个土袋，用布袋堆积成一条宽三十步、与城墙同样高的鱼梁道，让士兵们登道攻城。他又命人制作八轮楼车，楼车高于城墙，设置在鱼梁道两旁，打算向下射杀城内的人。这时，杨玄感谋反的公文到了，隋炀帝大为惊恐，夜里二更时分，隋炀帝秘密召集诸将，率军撤退。所有的军资器械、攻城之具堆积如山，营垒、帐幕，都原地不动，遗弃而去。兵部侍郎斛斯政平素与杨玄感友善，闻知杨玄感造反，内不自安，逃奔高句丽。隋军不知为什么撤军，以致人人惊惶恐惧，军队部署已乱，各路兵马分离涣散。高句丽虽有察觉，但是不敢出去，只是在城内击鼓呐喊。到第二天中午时高句丽方面才渐渐地派兵出城，四处远近侦察，仍然怀疑隋军佯退。过了两天，出动几千名士兵在隋军后面追踪，但仍然畏惧隋军人多，不敢逼近，两军常常相隔八九十里。快到辽水时，高句丽人得知隋炀帝车驾已过辽水，才敢逼近隋军后部，当时隋军后部还有几万人，高句丽袭击隋军后部，有几千名隋军老弱士兵被杀死。

隋炀帝遣宇文述、卫文升、来护儿、屈突通等讨伐杨玄感。宇文述等人此时不被隋炀帝掣肘，拼命追赶，在皇天原追上杨玄感。双方大战，杨玄感且战且走，一日三败。后来，杨玄感在董杜原列阵，各路人马二话不说，一窝蜂地向前进攻，杨玄感大败，仅率十余骑逃往上洛。杨玄感到了葭芦戍，身边仅有他弟弟杨积善，自知不能幸免，就对杨积善说："我不能忍受别人的侮辱，你杀了我吧！"杨积善抽刀将杨玄感杀死，又用刀自杀，但未死，被追兵抓住，将他和杨玄感的首级一并送隋炀帝的行营。隋炀帝将杨玄感的尸首处以车裂之刑，在东都闹市陈尸三天，又将尸首剁碎焚烧。

事后，隋炀帝非常气愤："杨玄感一呼而从者十万，可知天下人不能多，人多就会相聚为盗。不尽加诛，无以惩后。"于是用严刑惩治杨玄感的党羽，牵连者达三万余人。凡是接受过赈济粮米的东都百姓都被坑杀在城南。

大业十年（614年）二月，隋炀帝下诏再次征发全国军队，分百路并进。隋炀帝出行到涿郡，一路之上不断有士兵逃亡。隋炀帝屡屡斩杀叛逃的士兵，但逃亡仍然不止。

当时天下已乱，所征发的士兵多失期不至，高句丽也因几次大战而困顿疲惫，来护儿率军与高句丽战于毕奢城（即卑沙城，今辽宁金县东大黑山）大败高句丽，进逼平壤。高句丽王高元恐惧，遣使乞降，并将斛斯政关在囚车里押送而来。隋炀帝大为高兴，遣使召回来护儿。来护儿不肯奉诏，对部下说："大军三征，未能平定高句丽，这次回去就不能再来了，劳而无功，此乃耻也。如今高句丽已疲惫不堪，不日可胜。俘获高元，凯旋不是很好吗？"长史崔君肃力争奉旨班师，并吓唬众人："要是违诏必将获罪。"诸将恐惧，都要求返回。来护儿无奈之下，只得班师。

隋炀帝三次亲征高句丽，皆无功而返，只是在第一次征讨高句丽时，攻克高句丽的武厉逻，在那里置辽东郡及通定镇而已。

极具讽刺的是，隋炀帝班师回朝途中，邯郸贼帅杨公卿率部众八千人抢劫车驾后面的第八队，抢走飞黄上厩马四十二匹而去。由此可见，隋炀帝此时威望大跌。隋炀帝返回长安，征召高句丽王高元入朝觐见，高元不来。隋炀帝大怒，准备再次征讨高句丽，但最后未能成行。

后来，魏徵评论炀帝用兵高句丽："内恃富强，外思广地，以骄取怨，以怒兴师。若此而不亡，自古未之闻也。"魏徵此言虽属马后放炮，但也不失为千古定论。

不久，隋炀帝再次巡游江都，此时的大隋帝国已是千疮百孔，各地起义不断，大隋平叛大军疲于奔命。而隋炀帝最后也于江都被宇文化及所弑。

杀戮功臣——竭诚尽节终被诛

　　高颎，字昭玄，渤海郡蓨县（今河北景县）人，隋朝杰出的政治家、军事家。他协助隋文帝杨坚登上皇位，一统天下，并在辅佐隋朝两代皇帝的 20 多年里，制定律法、改革税制、出兵伐陈、抗击突厥，是隋朝"开皇之治"的盛世局面得以形成的大功臣。但就是这样一位忠心耿耿的宰相，最后却被暴虐的隋炀帝以"莫须有"的罪名诛杀，含恨而死，实在是一桩憾事。

　　高颎的父亲高宾曾在北齐担任官职，后因避谗投奔北周。北周权臣独孤信十分看重高宾，曾任用他为僚佐，并把"独孤"赐给他作家族的姓氏。

　　杨坚掌握了北周的军政大权后，想拉拢高颎，于是差人试探高颎的态度。

　　想不到高颎竟爽快地说："我非常愿意追随杨公左右，赴汤蹈火，在所不辞。"从此，高颎就成了杨坚的亲信。

　　杨坚即位后，高颎随即被任命为左仆射，兼纳言，进封渤海郡公，后来又被封为左领军大将军，封爵拜将，一时风光无限，满朝文武无人能及。其实高颎心里明白，职位越高就越容易遭人嫉妒，于是他总是表现得虚怀若谷，还向文帝极力举荐德才兼备的苏威，并主动要求免去自己的仆射职位。

　　隋文帝心怀天下，在他准备吞并江南时，曾向高颎征求讨伐南陈的意见，高颎分析说："首先应该放出风声说我们要进行偷袭，使他们因加强防守而耗费精力，逐渐瓦解其斗志。然后派人潜入陈国境内，

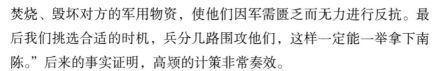
焚烧、毁坏对方的军用物资，使他们因军需匮乏而无力进行反抗。最后我们挑选合适的时机，兵分几路围攻他们，这样一定能一举拿下南陈。"后来的事实证明，高颎的计策非常奏效。

后来，晋王杨广领兵伐陈时，封高颎为长史，军中事务全部交由他来裁决。吞并南陈以后，杨广想收陈后主的宠妃张丽华为妾。高颎用当年武王伐纣后立即杀掉妲己的历史作比较，不同意杨广纳陈后主的遗妃。随后他执意杀掉了张丽华，杨广为此非常生气。回朝以后，高颎被提拔为上柱国，加封齐国公。

善用高明政治手段的文帝说这些话，一方面表明了他对高颎的高度信任，另一方面又警示他不要心存他念。其实，隋文帝的确很担心高颎会背叛他。于是，不久以后，隋文帝便把太子的女儿赐婚给高颎的儿子，想用这种联姻牵制高颎。

高颎的父亲高宾曾经得到独孤信的赏识，所以高家与独孤皇后的关系非常亲密。高颎的原配夫人去世后，隋文帝在独孤皇后的再三请求下，想赐妾给高颎，但是高颎婉言谢绝了。隋文帝不再勉强，就将此事搁置一旁。

没过一年，忽然传闻高颎的爱妾生了个儿子，隋文帝听说以后十分高兴，准备亲自去道贺，但是皇后听后却非常生气，隋文帝问她原因，她说："皇上曾经想要为他赐妾，他借口要焚香敬佛拒绝了，却想不到原来府内早有美妾。他竟然敢这样当面欺君，皇上还要信任这种人吗？"其实，独孤皇后这样做完全是由于嫉妒心在作怪。独孤皇后嫉妒心极强，她在世的时候，身为天子的隋文帝从来不敢染指后宫嫔妃；如果五个皇子中有谁的宠妾生了孩子，那个孩子必定会被下令抛弃；文武百官中，如果哪位大臣的姬妾生了孩子，她一定会力劝隋文帝免其官职、逐出朝廷。所以高颎的爱妾生子，自然也引起了皇后的不悦。

后来，高颎又在废太子的事情上得罪了皇后。

于是，独孤皇后也不顾当年情谊，千方百计想把他赶出朝廷。

这时，隋文帝准备出兵高句丽，高颎觉得时机不成熟而坚决反对。

隋文帝不听其劝告，执意封高颎为元帅长史，随同汉王杨谅发兵高句丽，结果大败而归。

独孤皇后趁机陷害说："高颎原本就不想去，无奈皇上下令，他不得不去。"隋文帝对高颎说："你平定江南以后，有人说你意图谋反，我早就猜到了。"当时年轻的汉王根本不懂得如何领兵作战，而高颎又没有完全按照他的意思行事，因此吃了败仗的汉王便怀恨在心，诬陷高颎想要谋害他。隋文帝听后勃然大怒，想要治高颎的罪。朝中贺若弼等大臣联名为高颎辩解开脱，想不到这更加惹恼了隋文帝。他将出面说情的大臣全部交给狱吏严加盘问，此后再也没有人敢出头替高颎说话了，高颎最终被罢免了官职，回家养老去了。

高颎在追随杨坚并帮助他坐稳江山的几十年里，劳心劳力，勤勤恳恳，在收江南、战高句丽、退突厥、定朝制中发挥了巨大作用。当年，杨坚还曾对高颎说过"即使大事不成，遭到诛灭九族的灾难，也无须畏惧"的话，却想不到如今大事已成，高颎却遭受贬官还乡的待遇，怎能不伤心绝望、怆然涕下呢！

没过多久，高颎又被人揭发说他有过不忠不敬的言论，但隋文帝不忍心杀掉曾经立下赫赫战功的高颎，只是把他贬为了平民。

想当初高颎刚刚荣升仆射、官拜相国的时候，他的母亲曾经提醒他说："你现在位高权重，家财万贯，皇帝恩宠，以后一定会招来杀身之祸，你要小心提防！"高颎因此处世一直十分谨慎，生怕遭遇不测。这次被贬为平民，高颎觉得自己逃过一劫，竟表现得非常高兴，没有一丝怨气。

隋炀帝称帝后，又提升高颎为太常卿。骄奢淫逸的隋炀帝终日饮酒寻欢作乐疏于朝政，高颎见状，对大臣李懿说："当年殷商和周朝都因君主沉溺玩乐而亡国，现在怎么能犯同样的错误呢？"想不到这句话竟传到隋炀帝那里，他听后勃然大怒，以"诽谤朝政"的罪名诛杀了高颎。事实上，早在隋炀帝觊觎太子位的时候就已经同高颎结怨了。从高颎被重新任用，到后来隋炀帝小题大做诛杀高颎，一切都是早有预谋的。

　　史书称："颎有文武大略，明达政务。及蒙任寄之后，竭诚尽节，进引贞良，以天下为己任。苏威、杨素、贺若弼、韩擒虎等，皆颎所荐，各尽其用，为一代名臣。自余立功立事者，不可胜数。当朝执政将二十年，朝野推服，物无异议，时致升平，颎之力也。论者以为真宰相。及诛，天下无不伤惜，至今称冤不已。"这样一位文才武略盖世的奇才、竭忠尽节的名臣，竟以忠信而获罪，屈死于猜忌、毁谤、谗言之下，被害于荒淫无道的暴君之手，成为历史上一位悲剧人物。高颎死后不久，短命的隋王朝也很快被农民起义的汹涌巨浪所吞没了。

第三章

烽火连天，群雄并起

大业七年(611年)，山东长白山农民首先发动起义，全国各地纷纷响应，其中翟让在瓦岗寨起义。大业十二年（616年)，李密前来投奔，在李密的谋划下，瓦岗军攻下金堤关，又在荥阳重创隋军。次年，攻下兴洛仓，开仓赈济饥民。

后来，翟让让位给李密。李密称魏公，建元永平。此后，瓦岗军接连攻下回洛仓、黎阳仓及附近郡县，直逼洛阳城下。他们还发布檄文，声讨隋炀帝的十大罪状。瓦岗军屡败洛阳敌军，声威大振，力量不断壮大起来。

王薄——掀开全国农民战争的序幕

暴君隋炀帝继位以来，无休止的横征暴敛令百姓苦不堪言。三次征高句丽的战争，全国规模的大征调，更使永济渠沿岸的村落几乎找不到男丁。劳力缺乏造成田园荒芜，再加上一场洪水，粮价涨了几百倍，人民靠树皮和野菜充饥。他们忍受不了兵役、徭役和饥饿的折磨，纷纷揭竿而起。

大业七年（611年），齐郡邹平（今山东邹平）人王薄，首先在长白山（今山东章丘）起义。这座山在邹平、长山、淄川诸县交界处，山势险峻，周围60里，号称第二泰山。这个地方历来是起义农民隐身的场所，早在北魏时期，就"多有盗贼"。由于山里产铁，过去有人在山里制造兵器。传说王薄是个铁匠，很会打造枪头。正因为长白山具有各种优越条件，因此隋末农民起义的领袖，不少人都在这里聚义。

王薄自称"知世郎"，他以先知先觉者自居，借以树立自己的威望。他作了《无向辽东浪死歌》，号召人民起来反抗隋炀帝，从而得到人民的拥护。歌词道：

"长白山前知世郎，纯着红罗锦背裆。长矟侵天半，轮刀耀日光。上山吃獐鹿，下山吃牛羊。忽闻官军至，提刀向前荡。譬如辽东死，斩头何所伤！"

王薄起义好像星星之火，拉开了全国农民战争的序幕，农民起义的熊熊烈火，便在全国各地燃烧起来。同年，孙安祖、窦建德在高鸡泊（今山东恩县），张金称在鄃县（今山东夏津），翟让与单雄信、徐世勣据瓦岗，外黄王当仁、济阳王伯当、雍丘李公逸、韦城周文举等纷

纷起义。

大业九年 (613 年)，孟海公据济阳周桥 (今山东曹县)、孟让在齐郡 (今山东济南)、郭方预在北海 (今山东益都)、郝孝德在平原 (今山东德县) 相继起义。

大业九年 (613 年) 六月，礼部尚书杨玄感趁隋炀帝第二次东征高句丽之机，在黎阳 (今河南濬县) 起兵。在刘元进、朱燮、管崇等人的领导下，江南农民在余杭 (今浙江杭州)、吴郡 (今江苏苏州) 一带发动了起义;在白瑜娑等人的领导下，西北农民在灵武 (今宁夏灵武) 等地起义。十二月，章丘杜伏威、临济辅公祏起义，与下邳苗海潮、海眬赵破陈等部会合。这时仅见于记载的起义军就达百余支，参加人数数百万。起义军"大则跨州连郡，称帝称王，小则千百为郡，攻剽城邑。" (《隋书·炀帝本纪》)。大业十年 (615 年) 以后，各地起义队伍切断了长安、洛阳、江都隋朝三大据点的联系，隋朝统治集团陷入农民起义的包围中。

杨玄感——为天下解倒悬之急

继山东王薄起义之后，在隋炀帝第二次征伐高句丽之际，杨素之子杨玄感借机起兵，在隋王朝的后院烧起了一把火，给了隋朝沉重的一击。

杨玄感，形貌酷肖其父杨素，雄伟健壮，蓄得一部好须髯。然他幼时却很愚钝，周围人都认为他有些痴呆，只有杨素不这么认为，对亲戚们说："此儿不痴。"知子莫若父，杨素果然说中，到杨玄感长大后，竟是文武双全，喜读书，善骑射。

　　生在官宦人家的子孙，不用担心前程，因有恩荫之法可让他们轻易地获取官位。杨素功大官也大，杨玄感靠着恩荫走进了官场。这可能是历史上少见的奇事：靠着父亲恩荫的杨玄感，居然和父亲同样是二品，上朝时站在一个队列。隋文帝这样做，自然是嘉奖杨素的一个方式，可上朝时看着看着，觉得父子同站一列，有失体统，于是当廷宣布将杨玄感降了一等。此时，杨玄感不以为耻，反以为荣，拜谢道："没想到陛下这么宠臣，竟然在宫廷中让臣尽了孝心。"这话，巧妙地挠到了隋文帝的痒处，给自己美化了形象。

　　杨玄感第一次当地方官，是当郢州（今湖北钟祥）刺史。他虽是初出茅庐，却是少有的老到和手段精明，他到任后广布耳目，打听当地官吏的行状，无论是清廉还是贪赃，其能力如何，都弄得清清楚楚，然后找机会一一予以当场公布。从而使得官吏们不敢有半点欺隐，在一定程度上，纯洁了郢州的官场。对此，当地民众相当敬佩，纷纷称赞他的才干。

杨玄感像

　　后转宋州刺史，杨素过世后，杨玄感被调入中央，拜鸿胪卿，封楚国公，迁礼部尚书。

　　官居要职的杨玄感，有一点也很像他的父亲，为人骄矜，但偏爱文学，遂使天下名士竞相来往于他的门下。

　　文学只是杨玄感的业余爱好，他真正的兴趣仍在政治。他从事政治，可谓得天独厚，由于父亲的功勋，杨家名满天下；由于父亲既做过将帅，又做过宰相，所以无论是武的系统，还是文的系统，在朝廷上都有一大批追随者。这些条件，本是杨玄感继续飞黄腾达的资本。

可是，在混乱的朝廷氛围中，隋炀帝因办事不顺手，对周围重要人物的猜忌心越来越重。在杨素病卒不久，隋炀帝就暗中说过："杨素即使不死，必有一日全家诛灭！"此话传出，成为杨玄感的一块大心病。他虽官高爵重，看似体面得很，其实，内心一直恐慌不已，害怕大祸临头。他不甘心坐以待毙，打算趁着朝政紊乱，准备发动政变：废除隋炀帝，拥立隋文帝第三子杨俊之子秦王杨浩。在跟随隋炀帝征伐吐谷浑时，因部队发生混乱，他考虑下手，偷袭隋炀帝的行宫。但是这行动被他的叔父杨慎制止了，理由是时机尚未成熟。

既然时机尚未成熟，杨玄感调整了计划，从此积极投入隋炀帝的权力圈子中，跻身于军事最高领导层，在军队中建立起了威信，为日后行事打下坚实的基础。在兵部尚书段文振的帮助下，他被隋炀帝接受了，并得到了这样的赞语："将门必有将，相门必有相，此言不虚。"由是，赏物、礼遇、权柄，令人羡慕地加到了他的身上。

时机终于降临。这个时机，包含着两个方面："一是隋炀帝第二次征高丽，后方空虚；二是百姓苦于劳役，天下已出现乱象。"时杨玄感被委以在黎阳督运粮饷，他故意拖延，希冀在前方的军队因缺少粮饷而削弱战斗力，直至被高丽军击败。隋炀帝派人来催，他的答复是："漕运的水路已被盗贼把握，粮道难以为继。"

等杨玄感从前线秘密召来其弟杨玄纵等人，便正式宣布起兵。为避免直接针对隋炀帝而树敌过多，他用了贼喊捉贼的手段，宣称带领水军的来护儿在东莱谋反，他奉密诏讨伐来护儿。由此，他带兵进入黎阳县城，关了城门大索男夫，以为壮丁；按照隋文帝时代的样式，开府置官；传移文书给周围郡县，命令立即会兵于黎阳。

谋士李密为杨玄感出了上中下三策：上策是兵进东北，扼住隋炀帝的归路，其粮饷断绝，复被高句丽所迫，可不战而擒；中策是西取长安，据险而守，徐图天下；下策是以精锐部队，袭击洛阳，以号令四方。

杨玄感求成心切，采取了下策。他以为拿下东都洛阳，即可取得政治象征。他挥师东向，在修武县渡河遇阻后，折道汲郡渡河。一路

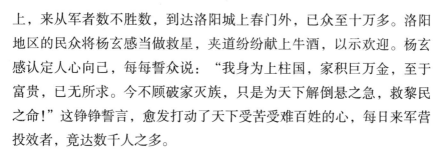

上，来从军者数不胜数，到达洛阳城上春门外，已众至十万多。洛阳地区的民众将杨玄感当做救星，夹道纷纷献上牛酒，以示欢迎。杨玄感认定人心向己，每每誓众说："我身为上柱国，家积巨万金，至于富贵，已无所求。今不顾破家灭族，只是为天下解倒悬之急，救黎民之命！"这铮铮誓言，愈发打动了天下受苦受难百姓的心，每日来军营投效者，竟达数千人之多。

在外围打了些胜仗后，杨玄感将洛阳城团团围住。负责东都城防的民部尚书樊子盖，严明纪律，申颁法令，组织了守城战。双方僵持不下，而援军中的贵族子弟，如韩擒虎之子韩世咢、观王杨雄子杨恭道、虞世基子虞柔、来护儿子来渊、裴蕴子裴爽等四十多人，皆向杨玄感投降。杨玄感甚喜，以为赢得了政治优势，立即将他们全部委以重任。

洛阳告急，刑部尚书卫玄率众数万，从关中驰援。卫玄出二万人挑战，杨玄感佯败而退，卫玄实施追击，不料中了伏兵，前军尽数战殁。几天后，双方再战，兵锋刚一接触，杨玄感让部下大叫："官军已得杨玄感！"卫玄军稍一松劲，杨玄感亲领数千骑兵冲锋，冲得对方大溃，俘虏了八千人。

杨玄感不是个在后面指挥的人物，他力大无比，且骁勇善战，每战都亲持长矛，身先士卒，呼喊叱咤，所当者莫不惊魂失魄，不能抵挡。由此，军中将他比作项羽。他不仅善战，且擅长抚驭部队，将士感激，以死相效，从而战无不胜。

卫玄数败，加上粮食不继，情急之下，驱众与杨玄感决战。一日之间，交锋了数十次。双方血流成河，尸体狼藉。忽然，杨玄感之弟杨玄挺阵亡，杨玄感军才稍微退却。在城上观战的樊子盖趁机开了城门放出人马，杀了杨军数百人。从整个战局来说，杨玄感占了些上风，但是他不能彻底打开僵局，对东都还是望"城"莫及。

就在此时，放弃了高句丽战场的隋炀帝，命令武贲郎将陈棱进攻杨玄感的根据地——黎阳；武卫将军屈突通屯兵河阳，借机渡河向洛阳进发；左翊卫大将军宇文述发兵跟进；右骁卫大将军来护儿从另一路进援东都。

面对前后夹击的形势，杨玄感再次犯了战略错误，听从了谋士李子雄分兵相拒的主张，将军队一分为二，西路对付卫玄，东路对付屈突通。由于杨玄感的阻击无力，屈突通顺利渡过黄河，与卫玄、樊子盖遥相呼应，发起了大战，打得杨玄感两路军连连败退。

眼看取得洛阳的希望已成泡影，杨玄感又听从了李子雄放弃洛阳，转而进攻长安，然后以西击东，成就霸王之业的建议。关中的杨氏家族，接连派人前来接洽，愿意作为向导。

杨玄感进入关中，开永丰仓散粮于百姓，以争取人心。军至弘农宫（今河南灵宝），当地父老争相劝留杨玄感，要他夺取这座宫城。杨玄感同意了，可连攻三日，城不能下。宇文述的追兵迫近，杨玄感只得西去，随即布阵五十里，边战边行，却是一日三败。接着布阵于董杜原，双方进行决战，杨玄感惨遭大败。

他领着十余骑，突围而去。在追兵的追击下，最后，仅剩下他和其弟杨积善二人。眼看大势已去，穷途末路的杨玄感不愿遭擒受辱，让杨积善杀了自己。

杨玄感的起事，终于黄花委地。然而这场起事，在隋朝后院猛烧了一把火，严重地破坏了隋炀帝的形象，在统治阶层中进一步促进了人心涣散，为隋朝长城自毁敲响了丧钟。

杜伏威——建立农民革命政权

隋末各路农民起义中，势力最大的有三家，第一是瓦岗翟让、李密，第二是河北窦建德，第三就是江淮杜伏威了。杜伏威是齐郡章丘县人，自幼与辅公祏交好，二人为刎颈之交，江淮军就是他俩一同创立的。

与前二者相比，杜伏威的出身最为贫苦，翟让是小吏，李密是世袭蒲山公，窦建德也算是个小土豪，杜伏威不同，他无财无势，是彻底的贫农出身。杜伏威的起义与贫穷直接有关，杜家贫无以为生，他的好朋友辅公祏挺身而出，偷了人家的羊送给杜伏威。杜伏威不是圣人，虽然知道是贼赃，但为了生存，也就笑纳了。后来这事泄露出去，官府追查得很严，当时正是天下大乱，老百姓纷纷造反，隋炀帝杨广情急之下，采用恐怖手段镇压，允许地方官对这些盗贼"生杀任情"，偷羊不是什么大事，但如果碰到酷吏，偷一文钱就能杀头，何况是偷羊。二人惧怕之下，干脆就不当良民，扯旗造反了。那是大业九年（613年）十二月，当时杜伏威年仅十六岁。

两人就近参加了一支小起义军，刚加入时只是小卒，但杜伏威十分勇猛，出则居前，入则殿后，很快就取得了大家的尊敬和信任，被推为首领，这是杜伏威势力的开始。江淮一带隋朝的力量比较强大，杜伏威意识到自己的小部队实力太弱，如果不尽快壮大就根本无法生存，于是努力寻找机会去联合和吞并附近的其他起义军。比较典型的例子有两个，其一是下邳苗海潮，杜伏威派了辅公祏送信给苗，说力分则弱力合则强，如果你认为能力足够，我就投靠你；如果你认为不如我，就来加入我。苗收信后，帅所部归降杜伏威。另一个例子是海陵赵破阵，赵的实力强过杜，派人到杜处招降，杜假意同意，只带了十几人去赵处投诚并献上礼物，赵一向轻视杜伏威，认为他必然投降，因此毫无防备，结果被杜当场刺杀，辅公祏同时率领大队人马前来接应，赵部群龙无首，当场全部归降。实力大增后，杜伏威自称将军，纵横淮南，江淮杜伏威的名字逐渐传扬出去。

大业十一年（615年）十月，东海李子通率所部万余人来淮南投靠杜伏威。这个李子通也是隋末一家反王，起兵时是依附在长白山（山东境内）左才相手下，后来因为太得人心，被左才相嫉恨，只得离开长白山，这次到淮南其实有些逃难的意味。李子通部的加入使杜伏威实力大增，杜伏威当然高兴，不料李子通也是个胸有大志不肯屈居人下的人，竟然突发兵变，意图吞并杜伏威的地盘。杜伏威措手不及，全军大乱，杜本人在李部追杀下身负重伤，关键时刻，杜伏威的养子兼大将王雄诞背负他藏匿到芦苇丛中，侥幸躲过了追杀。这次兵变，杜伏威的势力受到很大打击，从此与李子通结仇。

所谓祸不单行，趁杜伏威兵败，隋军也前来进攻，杜伏威此时正在养伤，无法指挥，结果全军大败，其部将西门君仪的妻子勇敢而力气大，背着杜伏威夺路而逃，王雄诞领着敢死队拼命断后，杜伏威这才逃得一命。要靠女人背着逃命，其狼狈可想而知，这实在是杜伏威一生中最黑暗的一幕了。唯一值得安慰的是，兵变的罪魁祸首李子通也没好下场，隋军在进攻杜伏威的同时也进攻了李子通，李部也大败，李子通领着残部逃往海陵去了，到底也没能抢走杜伏威的地盘。对杜、李二人来说，这次火拼简直就是鹬蚌相争渔翁得利的绝妙注解，尤其李子通更是损人不利己，平白结下了杜伏威这个可怕的大仇家，为以后杜伏威大举进攻李子通埋下了伏笔。

连续两次死里逃生，杜部伤亡很大，失去了称霸的实力，只好四处打游击，不断吸收流民加入以扩充势力。经过半年的恢复，杜伏威又有了数万人的实力，并控制了江都附近的六合县作为根据地。与此同时，左才相往来淮北，李子通占据海陵，都有数万兵力，江淮一带即以这三家起义军为首。大业十二年（614年）七月，杨广因北方多事，不顾群臣反对，离开长安前往江都巡幸。杜伏威部正好就在江都眼皮底下，为了保障皇帝巡幸的安全，隋派出大将陈陵带八千精锐讨伐杜，陈、杜多次交手，毕竟陈部的训练和器械远强于杜，杜部连连失利。好在陈陵兵力不多，想剿灭杜伏威也不容易，双方打成僵持。

十二月，杨广车驾到达江都，护驾骁果十余万人，声威赫赫。按理隋军应该军心大振，杜伏威难逃灭亡，不料正是杨广的到达给了杜伏威崛起的机会。杨广是皇帝，到了江都自然要考察地方官的政绩，他的考察手段非常简单，专看谁的礼品珍奇，满意的立即升官，不满意的统统没好下场，至于地方官真正的政绩如何，皇帝是没心情去理会的。有这么个皇帝，地方官们自然拼命地刮地三尺，敲诈百姓，所

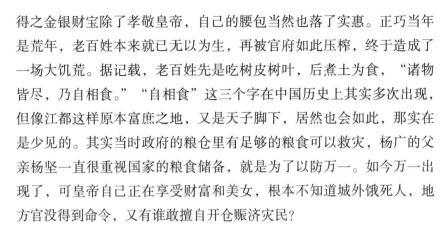

得之金银财宝除了孝敬皇帝，自己的腰包当然也落了实惠。正巧当年是荒年，老百姓本来就已无以为生，再被官府如此压榨，终于造成了一场大饥荒。据记载，老百姓先是吃树皮树叶，后煮土为食，"诸物皆尽，乃自相食。""自相食"这三个字在中国历史上其实多次出现，但像江都这样原本富庶之地，又是天子脚下，居然也会如此，那实在是少见的。其实当时政府的粮仓里有足够的粮食可以救灾，杨广的父亲杨坚一直很重视国家的粮食储备，就是为了以防万一。如今万一出现了，可皇帝自己正在享受财富和美女，根本不知道城外饿死人，地方官没得到命令，又有谁敢擅自开仓赈济灾民？

　　既然无法从国家那里得到赈济，老百姓就只有自己动手了，杜伏威趁机吸收了大批手下，势力迅速膨胀。这时杜伏威与陈陵强弱之势已经倒转，于是主动向陈挑战。陈也知道战局不利，因此龟缩不出，任由杜伏威自己去耀武扬威。杜伏威于是派使者给陈送了一套妇女衣裳，并送了陈一个外号叫"陈姥"。是可忍孰不可忍，陈大将军怒火中烧，全军出战。这一仗打得十分激烈，杜伏威亲自上阵，不小心被一员隋将暗箭射中，杜伏威怒吼说"不杀汝，矢不拔！"然后就像夏侯惇一样直冲过去，把那吓呆了的射手斩于马下。这种作战风格简直就是疯狂，结果陈部士气大挫，被打了个全军覆没，"陈姥"单骑逃回江都去了。杜伏威趁势扩大战果，占据了高邮、历阳等重镇，并在历阳自称总管，封辅公祏为长史。

　　这时的杜伏威吸取了以前的教训，从部队中挑选最精锐的成员组成自己的卫队，称为"上募"，兵力为五千人。杜把上募作为自己的子弟兵，平时非常宠爱，但要求也非常严格，每作战必以"上募"为先锋，战后检查每人身上的伤痕，如伤在背后，即刻处斩，因为那表示其临阵退后。每次战胜，杜伏威都把抢掠到的资财赏给全军，如果手下战死，就以死者的财产甚至妻妾殉葬，因此杜伏威所部皆为杜尽死力，人自为战，所向无敌。杜伏威号令所到之处，江淮间各路小起义军争相归附，郡县纷纷投降，杜伏威的声望和势力不断扩大。

⚘ 一统江淮

随着势力和地盘的增长，开始有士人投靠杜伏威，依靠这些士人，杜伏威放弃了以前的流寇式战术，开始努力建设自己的地盘。由于本身就深受赋税之苦，杜伏威对领地内只收很低的赋税，同时，可能是出于贫苦农民对贪官污吏的先天仇恨，杜伏威下令凡官吏贪污者无论轻重一律处死，这当然是不太合理，但却使杜伏威得到了人民的支持。

大业十四年（618年）三月，宇文化及在江都发动骁果兵变，昏君杨广被杀。这时杜伏威的势力已十分稳固，宇文化及为拉拢杜伏威，派人封杜伏威为历阳太守，结果被杜伏威嗤之以鼻。杜伏威反而上表于洛阳的皇泰主，自称为臣，皇泰主封杜伏威为东道大总管，楚王。随后宇文化及留陈陵部守江都，自己率十万骁果返回长安，江都一带基本成为势力真空。

这时在江都周围有三大势力，分别是杜伏威、李子通和沈法兴。这沈法兴是江南世家，任吴兴郡守，打着为杨广报仇的旗号聚众造反，靠着家族的号召力，短时间内就发展到七万余人，并占领了江都南方重镇毗陵。杜伏威据历阳，李子通据海陵，沈法兴据毗陵，三大势力都对江都虎视眈眈。

唐高祖武德二年（619年）九月，李子通先下手为强，率主力围攻江都。陈陵兵微将寡，只得分别向杜、沈求救。二人均不愿李子通占领江都，于是都派出援军，杜伏威是亲自领兵，沈纶则派出自己的儿子。如果只有一方派出援军，也许事情就简单得多，但既然双方都来了，结果就是谁也不动手，大家互相观望。李子通抓住杜、沈双方互不信任的弱点，派出小部队化装成沈部夜袭杜伏威，杜果然上当，怒火中烧之下立刻突袭沈部，两路援军先打成一团。李子通于是得以全力进攻江都，陈陵势不能支，弃城而逃，投奔杜伏威去了。李子通占领江都后，以得胜之师进攻沈纶，沈兵战败逃走。三大势力中本以杜伏威兵力最强，结果反而让李子通取巧占领了江都，杜伏威对此深恶痛绝，但大局已定，也只好愤愤收兵。李子通随即自称皇帝，国号吴。

这时李渊已经自称皇帝，建立唐朝，消灭了关西的割据势力薛举、李轨，开始谋求关东。李渊派出使者向杜伏威招降，杜就于武德二年（619年）九月宣布归降唐朝，受封为淮南安抚大使，后来又逐步升官到东南道行台、尚书令、楚王，最后在武德三年（620年）升级为总管江淮以南诸军事、吴王，赐姓李。当然，这种归降只是名义上的，李渊此时不可能来干涉杜伏威的事务，所以杜伏威仍然是一家独立势力。杜伏威为何在此时降唐，其理由历史中没有明确记载，当时李唐的势力还没有达到一统天下之势，比杜自己也强不了多少，其老巢太原正被刘武周猛攻，河北窦建德、河南王世充也正在蚕食唐朝的地盘，别说统一，连李渊自己的生死都还是个未知数。杜伏威居然在此时降唐，应该说实在是眼光独到。不过由此可见，杜伏威此人并无天下大志，其起义只是形势所迫，所图的和翟让一样，只是在乱世中保全一方而已。

武德三年（620年）是乱世的高潮，天下局势已经明朗，李渊、王世充、窦建德三足鼎立之势已基本形成，三巨头之间摩擦不断，时刻准备决战。其他中小势力为求生存，也加剧了彼此的兼并，都力图在短期内壮大自己以增加自保的能力或归降的筹码。在这种背景下，李子通全力进攻沈法兴，渡江攻克了沈的重镇京口，又击杀了沈派来迎击的大将蒋元超，沈主力丧失殆尽，只得放弃丹阳、毗陵，逃回吴郡老家。趁李、沈交战，杜伏威以辅公祏为主将，阚陵、王雄诞为副将，领数千精锐进攻李刚夺取的丹阳。可能是时机没掌握好，沈法兴也败得太快，李子通得以亲率主力数万迎战，军容极盛。辅公祏眼看寡不敌众，情急之下使用了杜伏威对"上募"的那套手段，挑选千人持长刀为前锋，又以千人紧随其后，自己领其余兵力再紧随其后，宣言说，前阵有退后者，后阵斩之。江淮军本就剽悍，再有如此严酷的军法，自然人人奋勇向前，尤其前锋的长刀阵更是有进无退。双方一接战，李子通部气为之夺，当即败退。辅公祏忘记了自己兵力过少，下令追击，结果反而被逼急了的李部击败，从追击者沦为逃跑者。当夜，李子通因取胜而轻敌，扎营不设防备，王雄诞力劝辅公祏夜袭，辅过于谨慎不敢出击，王干脆擅自领了几百人自行出击。王部在李子通营中大肆纵火，李部猝不及防，大败溃散，几万人一夜间散个干净。这一仗是杜伏威与李子通的决战，关系到江淮的霸业，杜先胜后败最后全胜，戏剧性地击破十倍于己的李子通主力，着实狠狠出了当年被李子通袭击几乎丧命的恶气。战败后，李子通守不住江都，只得主动撤往京口，又逃往太湖，江西之地尽为杜伏威所有。李子通随即收集余部，又聚集了两万余人，这时李的地盘已归杜所有，实力又远不如杜，因此只好向比自己更倒霉的沈法兴下手。李部突袭沈法兴的老巢吴郡，沈根本没来得及恢复元气，自然不是李的对手，结果只剩几百人逃了出来，打算投奔同乡闻人遂安，不料又和闻人所部起了冲突，沈落水溺死，江淮三大势力之一的沈法兴就此了结，从起兵到灭亡仅三年时间。

李子通灭沈法兴后势力又有所恢复，为永绝后患，杜伏威于武德四年（621年）十一月派王雄诞进攻李子通。李领精兵据守独松岭与王相持，王看出李色厉内荏，派人多造旗鼓，夜间则虚设灯火，尽力制造数十万大军的假象。可能是上次被夜袭留下了严重的心理阴影，李子通草木皆兵之下，居然自行烧了营帐，连夜全军撤退。王追击到杭州城下，李部崩溃，李子通穷蹙投降，被杜伏威献俘给李渊，就此被软禁在长安。可怜李子通辛辛苦苦灭了沈法兴，最后居然是为杜伏威做了嫁衣。李子通此人善于收服人心，抚慰士卒，因此能多次败而复振，成就一番事业，可惜碰上了杜伏威这样的大敌，只好怨生不逢时了。而且追究起来，还是李子通先去找杜伏威麻烦，早知道当年手脚干净些多好！

消灭李子通后，杜伏威又派王雄诞进攻江淮间其他独立势力。这时杜已是江淮霸主，其老板李渊更已经消灭大敌王世充、窦建德，天下大势已定，因此各势力如汪华、闻人遂安等纷纷投降，杜伏威完成了江淮的统一，尽有淮南江东之地。

退居二线

武德五年（622年）夏，秦王李世民率部镇压窦建德余部刘黑闼和徐圆朗，徐的地盘与杜伏威接壤，李世民借攻击徐圆朗之机，陈兵杜伏威境上耀武扬威。当此之时，隋末蜂起的各路反王大多已经烟消云散，幸存的梁师都、高开道、徐圆朗之辈或地处边疆，或灭亡在即，唯一还能对李唐构成威胁的就是杜伏威了。自古异姓封王，即便功臣如韩信、英布，大多都为人所忌，不得好死，何况杜伏威只是个归顺的反王。杜自然明白李世民的用意，心中十分不安，担心成为李唐下一个进攻目标。

为免嫌疑，杜索性上书李渊，请求入朝。所谓入朝就是地方诸侯进京朝见天子，这一招是地方诸侯表白自己绝无反意的惯用伎俩，等于以身为质，一般来说，皇帝也就相信诸侯的一片忠心。当然这一招也是皇帝检测诸侯忠心的重要手段，历史上有不少的诸侯反叛就是因为皇帝强征诸侯入朝，诸侯怕皇帝加害才惧而反叛。李渊收到报告后自然高兴，批准杜伏威入朝，于是杜将江淮军交给义子王雄诞，自己带了少数亲信于当年七月到长安朝见李渊。

其实如果杜不肯主动入朝，只怕李渊下一步就是下旨要杜伏威进京聊天儿了，如果杜敢抗命，那不臣之心就昭然若揭，李世民的大军就可以名正言顺地长驱直入。杜的主动献忠心让李渊很是满意，同时也是为了在天下人面前做个样子，李渊加封杜伏威为太子太保，位在齐王元吉之上。不过江淮是不让杜伏威回了，就这样把杜伏威留在长安养尊处优，说是软禁应该也不过分，只是不知杜伏威本人是否满意。

这时在长安受到软禁的还有一个人，说起来也可以算杜伏威的老朋友了，那就是当年的吴国皇帝李子通。李于武德四年年底（621年）被杜伏威所擒后就被送到长安向李渊献俘，李渊也没难为他，在长安给了他套房子，还安排几个佣人照顾他起居，就让他过着平民的小康生活。这种待遇比起窦建德、萧铣、李轨那几位被当即处斩的，简直就是天上人间。但人是不知足的，尤其政治家更是如此。李密当年就是不满李渊给的待遇太低而反出关外，李子通如今也对现状大大不满，一直等机会去走李密的老路。如今看到杜伏威被羁縻于长安，李子通料想江淮军没了首领，江淮的局势一定不稳，自己正可趁此良机回去浑水摸鱼，集合旧部东山再起。李子通此人待下宽厚，能得士卒之心，如果让他逃回去，也许真能东山再起。可惜的是，李子通逃到蓝田关时不幸被守关士兵发现，束手就擒后又被押回长安。李渊这次没再手下留情，给了李子通与李密相同的下场。

果然如李子通所料，杜伏威离开后，江淮军出了大乱子。当年创立江淮军时，最高领袖是杜伏威和辅公祏两个人，二人自幼为友，长大后又共同起义打天下，号称刎颈之交，辅比杜年长，杜就称辅为兄，军中称辅公祏为"辅伯"，辅的地位与杜相当。但随着势力的壮大，在权力的诱惑下两人的友谊终于出现了裂痕，杜伏威认为辅公祏的地位过高影响了他的领导权，因此夺去了辅的兵权，只让他担任位高而无权的仆射一职。辅公祏对此心中不平，于是借口与故友左游仙学神仙术，主动退出权力之争，平时不理政务。杜伏威临去长安时，将政务交给辅公祏，而将军一职交给了自己的心腹义子王雄涎，同时密令王监视辅。当年的好友如今竟成了提防的对象，个人的感情在政治面前真是脆弱不堪一击。

辅公祏毕竟不是甘心屈居人下的人，杜伏威一走，他就和左游仙密谋发动兵变。唯一的障碍就是王雄涎，王雄涎是杜伏威的义子和最宠爱的大将，绝对忠于杜伏威，王雄涎手握江淮军军权，不除掉他兵变就不可能成功。辅于是使出反间计，伪造了杜伏威的笔迹写信给王雄涎，信中无缘无故地责备王有二心。王雄涎在战场上是有勇有谋的良将，但讲到政治斗争就不是对手了，收信后王非常伤心，就此托病在家不再插手军务，大概是想以实际行动向杜伏威证明自己的忠心耿耿绝无二心。王的行为正中辅公祏下怀，辅就势接管了江淮军，又伪造了杜伏威密令，说在长安受到虐待，要辅公祏起兵造反。以辅公祏在江淮军中的号召力，加上又有杜伏威的密令，兵变非常顺利，江淮军于武德六年（623年）八月宣布脱离李唐重新独立，辅公祏自称皇帝，国号宋，以左游仙为兵部尚书。

直到辅公祏派人到王雄涎家中劝王归顺，王才终于明白自己上当受骗，但大势已去，已无法阻止。王尽忠于杜伏威，严词拒绝了辅公祏的劝降，终于被辅杀害。后来李渊和李世民感于王雄涎的忠心，封了王的儿子为郡公，其子后来做到安西大都护。

自己的旧部造反，杜伏威在长安的日子自然可想而知，历史中倒也没有记载李渊是否因此而怪罪或处分杜伏威，但寄人篱下如坐针毡的滋味恐怕是免不了的。武德七年（625年）二月，杜伏威在长安暴卒，死因不明。据《新唐书》记载是杜伏威好长生药，误服云母中毒而死，只怕中毒是有的，但如何中的毒就很难说了。

武德七年（624年）春，唐军以赵郡王李孝恭为帅，李靖、李世勣、阚陵为将对辅公祏发起总攻。这个阚陵也是杜伏威的义子，与王雄涎并称"双雄"，杜伏威入朝时与杜同去长安，因而逃过辅公祏的兵变。阚陵在江淮军中以勇武著称，平时负责军纪，有违反者无论亲疏一律法办，因此在江淮军内威望极高。两军对垒时，阚陵直接冲过去，摘掉头盔向对方大喝，"汝不识我邪？何敢来战！"江淮军军心散乱，甚至有就此投降的，这一段应该可以媲美《三国演义》里张飞在当阳桥的表现了。

唐军兵强将勇，辅公祏连吃败仗，终于在武德七年（623年）三月投降，随后被处以死刑。大概是不甘心一个人上路，辅公祏向唐军主帅李孝恭揭发杜伏威才是谋反主谋，有密令为证，就是这回来的阚陵也是谋反中人，相信如果不是王雄涎已死，连王也会列入同谋名单。正好此前李孝恭在没收反贼家产时把杜伏威和阚陵的私产一并没收了，阚陵刚为此和李孝恭吵了一架，李孝恭趁此良机，就以谋反罪将阚陵处死，可怜阚陵被捕前还以为自己破辅公祏有功等着论功行赏呢。阚陵是江淮军最后一员大将，随着他的死亡，江淮军从此烟消云散。

李孝恭随即禀报李渊，说发现杜伏威才是谋反的幕后主谋，人证物证俱全，于是李渊动手剥夺了杜伏威的官职爵位，抄了杜伏威的家。

直到李世民即位，才"发现"杜伏威和阚陵惨遭诬陷，为二人平反恢复了名誉。

宇文化及——过把皇帝瘾就死

宇文化及，隋代郡武川人 (今内蒙古武川西)。他家世代官宦，皇帝姻亲。父亲宇文述，北周时袭父爵为上柱国，封为淄阳郡公，隋初为右卫大将军，因依附晋王杨广，靠帮助杨广夺取太子位而受宠，成为朝中权贵。杨广为了感谢宇文述的拥戴之功，特地将自己的大女儿南阳公主许配给宇文述的第三子宇文士及。杨广即位后，升宇文述为左翊卫大将军，封许国公，成了隋朝上层统治集团中的重要人物。

在这样的大官僚家庭中，宇文化及从小就过着舒适奢靡的公子哥生活，满身纨绔习气。由于目睹了统治阶级上层贪残腐败的黑暗内幕，这让他养成了贪婪与骄横的本性，从不遵守法度。他经常带领家丁，骑高头大马，挟弓持弹，狂奔疾驰于长安道上，因此，城中百姓称为"轻薄公子"。

隋炀帝为太子时，宇文化及领千牛，后升为太子仆。千牛官，执掌千牛刀，宿卫东宫太子杨广。任职期间，他贪求财货，屡受贿赂，多次被隋文帝免官。但由于太子杨广的宠爱，为之庇护，旋免旋复。事过之后，他不但不思悔过，反而依仗太子的宠爱和父亲的权势，愈加骄横，他常和长安市井无赖鬼混，每见民间有美貌女子或奇珍异玩，便强行抢夺，占为己有。

大业二年 (607 年)，自己惹的一场人祸差点断送了他的性命。当时，隋炀帝北巡榆林 (今内蒙古准噶尔旗东北十二连城)，宇文述随行。

宇文化及和他的浪荡弟弟宇文智及趁隋炀帝北巡和其父不在家的机会，违反隋朝律令，与突厥人交易。

当时，隋朝对国外和边境少数民族的贸易，主要操纵在政府手里，有划定的贸易地点，严禁私人交易，违者当斩。

宇文化及兄弟违法交易的事情很快传到了隋炀帝耳朵里，他大怒，下令将他们兄弟二人收捕入狱，关押了数日之久。隋炀帝从榆林回来后，仍坚持要斩杀二人。宇文述为保全两个儿子的性命，向隋炀帝苦苦哀求。炀帝虽同意免除二人死罪，为示惩戒，将化及和智及免官，赐予其父宇文述为奴。

这一免官不要紧，兄弟俩戴罪在家，一下子沉寂 9 年。这期间，隋炀帝大兴土木，三伐高句丽，五巡江南，穷兵黩武，劳民伤财。于是，人民揭竿起义。大业十二年（616 年），起义军形成了三支巨大主力：即翟让、李密领导的瓦岗军，窦建德领导的

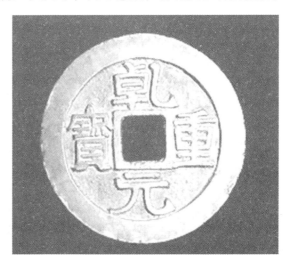

隋朝钱币

河北起义军，杜伏威领导的江淮起义军，其中以瓦岗军为中坚力量。

面对农民起义，隋炀帝一面派兵镇压，一面赶造龙舟，南逃江都。宇文述随驾到江都不久，竟身患重病，卧床不起。宇文述自感在世不多，遂上奏炀帝说："化及是臣的长子，早年曾在东宫侍奉陛下，愿陛下哀怜之。"隋炀帝闻奏，为之落泪说："人之将死，其言也善。朕不忘也。"大业十二年（616 年）十日，宇文述病死江都。炀帝追思前言，遂重新起用戴罪在家 9 年的宇文化及兄弟，化及为右屯卫将军，智及为将作少监，并让化及袭父爵许国公。但隋炀帝做梦也没有想到，他放虎归山，结果反而被它吃掉。

大业十三年（617年）年底，隋王朝面临土崩瓦解之势。起义军对洛阳形成了包围。此时，以宇文化及和禁军将领司马德戡为首的一场武装政变也在酝酿之中。

隋炀帝在江都，他护驾的骁果卫士大多是关中人。他们久居异地，思念亲人，见隋炀帝不打算西还，便"人人辄语，并谋逃去"。这种情况下，虎贲郎将司马德戡看到隋朝行将灭亡，也想乘机率部西归。司马德戡，扶风雍人（今陕西凤翔），为人"进止便辟，俊辩多奸计"，深得隋炀帝重用。隋炀帝让他统领左、右备身府骁果卫士一万多人，驻守江都东城，警卫江都宫。

司马德戡见部下的卫士相继叛逃，又无法制止，就和同自己关系亲密的虎贲郎将元礼、直周裴虔通密谋说："听说陛下已命人修丹阳宫（在今南京市），无西还之意，如今卫士人怀异志，预谋逃亡。此事让陛下知道，你我必受牵连，大祸旦夕将至，我们的一家老小都在关中。不如趁此机会胁迫骁果，率众西走，此乃求生之计。"

三人密谋后，便四下活动，迭相招引。于是，虎贲郎将赵行枢、鹰扬即将孟秉、直长许弘仁和薛世良、城门郎唐奉义、医正张恺、勋待杨士览等人皆与之同谋，他们歃血为盟，日夜聚会，决定在大业十四年（618年）三月十五日劫持十二卫人马，掳掠江都城中的财物，举兵同叛，结党西归。

虎贲郎将赵行枢原是太常乐户，家富于财，与宇文化及兄弟交从甚密；勋待杨士览则是宇文兄弟的外甥，二人将密谋事告诉宇文化及兄弟。宇文化及见隋王朝大厦将倾，心内早有异图，今见机会到来，大喜。先让智及去见司马德戡，说："足下顺百姓之心，谋非常之事，实在令人钦佩。可是，如果你们仅仅率众西走的话，恐怕还不是长久之计。"

司马德戡见状，急问："此话怎讲？"

宇文智及趁机煽动说："今主上虽说荒淫无道，但朝臣还是畏服朝廷。假如你们率众西走，主上知道后必派大军追捕，这岂不是自取一死？如今天下已乱，英雄并起，同心反叛者已有几万之多。我们不如

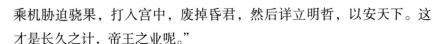

乘机胁迫骁果，打入宫中，废掉昏君，然后详立明哲，以安天下。这才是长久之计，帝王之业呢。"

德戡听智及一说，欣然同意。于是，赵行枢、薛世良请推立宇文化及为主，图谋叛乱。待商定后，才将此事告诉宇文化及。宇文化及虽骄横凶险，早怀异心已久，但性本怯懦，庸愚无能，乍听推他为主事，脸色大变，汗流不止，木讷半晌。最后，还是下了狠心答应下来。

司马德戡也在暗里活动。他派许弘仁、张俏到左、右府散布谣言说："陛下听说骁果欲行叛逃，已备下毒酒，打算设宴尽行袭杀北人，独与南入留守江都。"此言一出，人心恐惧。三月十日，司马德戡召集晓果，宣言告众，公开煽动兵变。

黄昏、德戡率所部骁果从马厩牵出马匹，秣马厉兵，待机而发。宫内诸门虚掩，皆不下钥。三更时分，德戡在东城召集骁果数万人，举火于城外为号。城外宇文智及、孟秉见城中火起，劫持巡夜的侯卫冯乐普，布置兵力，把守街巷。

隋炀帝被喧哗声惊醒，起见外面火光冲天，急问发生何事？守卫的裴虔通欺骗说："外面草坊被烧，众人救火，故此喧嚣。"隋炀帝信以为然。五更时，德戡将所领亲信交与裴虔通指挥，以更换守宫门的卫士。

裴虔通打开宫门，自领数百骑直奔成象殿。正在殿中宿卫的兵士，不堪一击，皆丢盔卸甲，四散而走。只有屯卫将军独孤盛率领左右十多人拒战，因寡不敌众，为乱兵所杀。隋炀帝在寝殿内闻听外面有乱，慌忙改换服装，逃往西局。裴虔通拥兵按捕，将其擒获。

十一日晨，孟秉率骑迎来宇文化及。宇文化及尚不知兵变成功与否，浑身战栗，口不能言。等宇文化及行至江都宫城门，德戡前往迎接，方知事成。遂在众将簇拥下，步入朝堂，自称丞相。裴虔通等人欲将隋炀帝牵扯江都宫门示众，宇文化及厉声喝道："何用此物出，还不快杀死算了"！

宇文化及派校尉令孤行达取一条练，勒死了隋炀帝。

隋炀帝的被杀，宣告了隋朝统治的结束。宇文化及野心勃勃，蓄谋称帝。他先是不敢露骨地直接称帝，将士也不会答应，只好令隋炀帝的侄子秦王杨浩为帝，自称大丞相，总揽朝政。

大业十四年（618年）二月底，宇文化及率江淮骁果和关中禁军十多万人，取彭城（今江苏徐州）水路西归，扬言返回关中。途中，命卫士监守杨浩，不许百官朝见，自己则在入帐中南面端坐，接受朝臣奏事，俨然皇帝。

四月，宇文化及到彭城，因水路不通，下令军队抢掠当地百姓牛车，得两千多辆。用牛车运载宫人和珍宝，戎兵戈甲则让兵士背负，道远疲极，三军始怨。他的行为，就连司马德戡与赵行枢等人也心怀不满，他们企图利用军士的怨愤情绪，以所统领的后军袭击宇文化及，更立司马德戡为主。但因事情败露，被宇文化及用计擒杀。司马德戡的被杀，是宇文氏集团的公开分裂，宇文氏集团的实力遭到削弱。

宇文化及任命裴虔通坐镇彭城，自己继续西走。但走到中原时，被瓦岗军阻挡在成皋至洛口（今河南巩义市）一线，不能西进。当时，他面临两个强敌，一是东都隋军王世充，一是瓦岗军。

隋炀帝死后，隋朝官员报立其孙越王杨侗做皇帝，改元皇泰，史称皇泰帝，但掌权的是王世充。王世充加封李密为太尉、尚书令、魏国公等官爵，诱使他攻打宇文化及。李密也处两难之间，东拒宇文化及，西与东都陆军作战。怕两面受敌，便接受了皇泰帝的官封，背叛了农民起义军。

七月，李密领导的瓦岗军在洛阳附近的童山和宇文化及决战。童山之战，李密重创宇文化及，但自己也损失惨重。困守洛阳的王世充坐收渔翁之利，趁机袭击瓦岗军，他充当了滑铁卢战役中普军元帅布留歇尔的角色，李密战败，投降了王世充。

九月，宇文化及率残部两万余人自汲郡（今河南汲县西南）至魏县（今河北大名）。到魏县后，亲信张俏和将领陈伯又密谋叛走，事情败露，被宇文化及所杀。时心腹已尽，兵势日衰，宇文化及兄弟无计可施，只管每天相聚酣饮。醉酒时便埋怨其弟智及说："江都兵变之事，都是由你首谋，然后强来奉我为主。如今人马离散，所向无成，又背有弑君叛上的恶名，天下不容，将来身死族灭，不全由于你吗?"说完，抱其二子流涕不止。他自知必败，乃叹息道："人生当死，岂不一日为帝乎!"不久，派人毒杀杨浩，自己在魏县即皇帝位，因受封许国公，国号许，改元天寿，署置百官。

然而，这只是走投无路的人聊以自慰的行为。

唐武德二年 (619 年) 二月，高祖李渊派淮安王李神通进击宇文化及，宇文化及败走聊城 (今山东聊城)。河北农民起义军窦建德出兵破聊城，生擒宇文化及。第二天，窦建德将宇文智及、杨士览、孟秉、许弘仁等人枭首军门外示众。然后，用槛车将宇文化及并其二子载至河间 (今河北河间) 杀死。此时离隋炀帝死还不到一年。

窦建德——革命起义将领

招兵起义

大业七年 (611 年)，隋炀帝杨广以倾国之力积聚军队、粮草准备进攻高句丽，山东诸郡是重点征募地区，由于路途险阻，官吏盘剥，被征募的民夫和民间财物多数从此再无下落，因此山东各地民心浮动，在这一年发生了多处起义，窦建德也在其中。

窦建德，山东清河郡漳南县人，少尚气侠，胆力过人，为乡党所归附。由于他素有勇敢之名，在漳南县的征兵活动中，窦被征募为两百人长。窦有一个朋友叫孙安祖，也因为勇猛被征募当兵。不巧这时山东水灾，孙家被水淹，孙如果应征，家中妻儿无以为生，孙因此希望免征。漳南县令工作态度简单粗暴，认为孙逃避兵役，要打孙板子，孙一怒之下刺杀了县令，逃到窦家藏匿。后来窦窝藏孙的事渐渐被人发觉，孙无法继续在窦家藏身，窦与孙商量，认为征高句丽必然会导致天下大乱，正是英雄立功之时，窦这时说了一句话，"丈夫不死，当立大功"，这句话可以作为窦一生的写照。于是窦出面召集了同乡数百人，由孙率领正式起义。漳南县有大湖广袤数百里，名高鸡泊，孙即以此为根据地。然而，窦并没有和孙一起造反，送走孙和他的队伍后，窦回家继续当他的两百人长。可惜的是，官府不肯放过窦建德，由于窦在当地名望很高，各路起义军抢掠时从不靠近窦家，因此官府早就怀疑窦是强盗头子，至少也是通匪，加上窦窝藏过杀官逃犯孙安祖，官府实在没有理由不来找他麻烦。于是某一天官府袭击了窦家，虽然窦幸免于难，但他全家都被前来剿匪的官军杀害了。窦想不造反都不可能了，他聚集了两百多人投靠了当时清河郡内较大的一股起义军高士达，高见到窦很高兴，任命他当"司兵"，也就是军事指挥。与此同时，孙安祖的队伍和另一支起义军张金称发生冲突，孙安祖不幸身亡，孙的手下于是都投奔了窦。

由于窦的名声与能力，他迅速吸引了大批忠于他的士卒，手下达到万人。但这时窦仍然未成气候，他只不过是高士达的手下大将，而高士达本身也仅仅自称东海公，在山东各路起义军中列一席之地而已，与高士达同级别的起义军还有邹平的知世郎王薄、平原豆子瓱的刘霸道、河曲的张金称等等。

借势自立

窦建德的"司兵"生涯持续到大业十二年（616 年）。在这一年，杨广派出大将杨义臣进攻河北山东各路起义军，他是隋朝屈指可数的大将，一战就击灭了张金称，接着立即进攻高士达。当时高士达刚刚靠窦建德的诈降计消灭了隋将郭绚的部队，士气正旺，窦建德建议暂时避开杨义臣，退入高鸡泊坚守。高士达不听，派窦建德留守，自己领兵去和杨义臣正面决战。高部的确比较有战斗力，初战的结果是高部告捷。高趾高气扬，以为杨义臣之流如何是我敌手，就在营中大摆宴席，犒赏三军。可惜高部只是小胜，其实杨部主力并未受损，高因小胜而起轻敌之心，实在是非常危险的事，也许那场小胜就是杨义臣的战术也说不定。五天后，杨义臣发动突袭，高部措手不及，结果是高士达大败并且当场阵亡。杨义臣乘胜进攻窦留守的阵地，窦最后只带了百余人勉强脱身逃走。杨认为窦只是小贼，不足为虑，因此没有继续追杀窦，就此得胜回朝。后来的事实证明，这是杨义臣一生最大的失误。

杨义臣撤兵后，窦建德回到高鸡泊，高士达、张金称的余部纷纷前来投奔他，窦于是自称将军，成为一支独立的起义军。如果高士达不死，窦建德也许会一直做他的"司兵"，也许会火并高士达自己篡位，也许会被高士达嫉贤妒能找个借口干掉，不过现在高士达战死了，失去了老板的窦建德很自然地自己当了老板。

这时窦建德的势力还很弱，如果杨义臣再回来的话，窦建德肯定就要随原老板一起去了，幸运的是，杨义臣这个可怕的敌人再也不会来了。事情是这样的，隋炀帝杨广有个好大喜功的毛病，非常不愿意听坏消息，他手下群臣就迎合圣意，绝对不向他报告各地起义军风起云涌的消息。如果有地方求救的告急文书，掌管文书的大臣虞世基就会尽量把文书压下来不让杨广看到，如果实在压不下来，就禀告说某地有些鼠窃狗盗，骚扰地方，郡县正在围追堵截，不日即可消灭，陛下不用担心。周围所有人都如此说，杨广也就如沐春风，自以为仍是太平盛世。这次杨义臣消灭河北山东最大的两股起义军张金称和高士达，战功极大，上报时说是平贼数十万。杨广大为怀疑，这天下一片太平，哪里出来数十万反贼？你杨义臣该不是虚报战功吧？虞世基乘机进谗言说，杨部都是杨的子弟兵，兵力又多，战斗力又强，只怕以后会成为祸根。杨广深信不疑，即刻卜旨将杨部就地解散。可怜大将杨义臣出生入死，最后得来这么个奖赏！

窦建德自立时，隋朝大势已去，普通郡县的地方官员无力对抗起义军，只是因为起义军对隋朝官员采取一律处死的待遇，地方官员才不投降。窦建德自立后，对隋朝官员采取了较为宽大的政策，于是地方的郡县逐渐向窦建德投降，窦因此声势日盛，部下达到十余万人。大业十三年（617年），窦建德在河间郡乐寿自称长乐王，初步建立了自己的政权。

就在窦建德称王的这一年，他遇到了前所未有的大敌。这一年，由于翟让、李密的瓦岗军猛攻东都洛阳，杨广在江都调遣全国各地精兵汇集洛阳进攻瓦岗军，这各路兵马中包括从江都出发的王世充、从岭南出发的张镇周等人，这次作战的总指挥是从河北涿郡出发的大将薛世雄。杨广给薛世雄的命令是顺便消灭沿途的起义军，于是薛领兵三万，一路剿匪，于七月到达河间郡七里井。这时窦建德军中缺粮，部队正散在各地征粮，窦堂堂长乐王，此时身边的兵力才不到两千。以两千对三万，窦如果不想被消灭，就只有逃走和投降两条路可走。令人无法相信的是，窦居然选择了第三条路，居然决定去主动进攻！

关于窦建德为何会作出如此冒险近于自杀的决定，历史里记载了一个传说，是说正在为薛世雄大军压境发愁的窦建德经人推荐去咨询一个据说很有法力的女巫，窦问前途吉凶，女巫回答逃走和投降都是大凶，只有在日出前进攻才大吉。占卜时已经是下午，窦部与薛世雄部相距有140里，是否能在第二天日出前赶到还是未知之数，于是窦集合手下，命令立即出发进攻薛世雄，并约定如果在日出前到达，就全力进攻；如果在日出后到达，就全军投降。不管女巫的传说是真是假，反正窦是下定决心去以卵击石，窦亲自率领敢死队280人做先锋，其余部队随后。窦部一夜急行军，在距离七里井还有不到两里时，竟然就要天亮了，窦懊恼不已，只得准备投降。就在这时，整个事件中最神奇的事情发生了，忽然起了大雾，咫尺之间不见人影，窦大叫天助我也，窦部也士气大振，于是大家发动突袭，杀将过去。正好薛世雄自恃强大，十分轻敌，扎营居然不设防备，被窦部一阵袭击，薛部蒙眬中不知敌人数量，士无斗志，三万大军当场溃败。幸亏薛世雄习惯早起，当时已经穿好衣服，这才得以在第一时间落荒而逃，仅以身免。薛世雄逃回涿郡后，又羞又怒，不久就发病去世了。

河间七里井之战，对隋末的历史有重大影响，成就了两位霸主。第一位受益者当然是窦建德，窦因此战而声望日增，一跃成为河北最强大的起义军。第二位受益者是正在向洛阳进军的王世充，薛世雄死后，杨广任命王世充接替薛世雄，担任洛阳方面的总指挥，这是王世充第一次作为方面军司令，而手下正集合了隋朝各地的精兵，为王日后称霸河南准备了实力。而这一切的起因，居然是一场大雾，如果不是写史书的人故弄玄虚，那就只能算是天助窦建德了。

巅峰时刻

破薛世雄后，窦军进围河间郡城，河间郡守王琮死守不降，双方从大业十三年（617 年）七月一直相持到大业十四年（618 年）七月，这时宇文化及在江都叛乱，隋炀帝杨广被害的确切消息传到河间。窦得知此事后，停止攻城，并派了使者进城吊唁，王琮当天就开城投降。窦军围攻河间一年，被王琮杀伤无数，窦的将领纷纷要求杀掉王琮泄愤。窦坚决不同意，对他的将领们说道，以前在高鸡泊当强盗，不得不杀人，现在志在天下，王琮这种忠臣，招揽还来不及，怎么可以杀掉？窦传令全军，有敢动王琮的，夷灭三族。窦善待王琮，在政治上有极大的影响，当时河北、山东仍然有不少地方官员忠于隋朝，与起义军为敌，隋炀帝的去世使他们突然失去了效忠的对象，不得不投降，但多年征战，与起义军的仇恨已经很深，投降后是否可以保证性命财产实在难说，窦建德以实际行动表示了他各为其主，既往不咎的态度，于是各地郡县争相向窦投诚。窦于此时正式建国，定都于乐寿。十一月，有五只大鸟率领数万只小鸟飞来乐寿，几天后才飞走。又有人向窦献宝玉，而此玉是夏禹当年的宝物。这两件事被认为是窦建德立国的祥瑞，窦因此建年号为五凤，同时改国号为夏。

这时候，在河北能够与夏国抗衡的势力只有魏刀儿。魏刀儿是漫天王王须拔的副将，王在进攻幽州时阵亡，其势力由魏继承。窦建德称夏王时，魏刀儿已经自称魏帝，部下也有十万余人。一山不能容二虎，窦建德先假意与魏结盟，随后趁魏刀儿不备，以突然袭击的手段消灭了魏的势力，吞并了魏的地盘，魏本人也被处死。窦的手段实在有失光明磊落，不过在乱世里也无法求完人了。不过窦建德手脚不够干净，放跑了魏的结义兄弟宋金刚，宋金刚后来投靠了刘武周，很是让李世民头疼了一阵，说来窦建德对此功不可没。

在大业十四年（618年）的年末，窦建德四面出击，所到各处望风而降，但窦在进攻幽州时却遇到了出乎意外的顽强抵抗。幽州的守将罗艺这时已经降唐，并被赐姓李氏，罗艺在薛世雄的两个儿子薛万均、薛万彻的帮助下死守幽州，与窦建德相持了一百多天。窦见取胜无望，最终不得不退兵。以后罗艺一直为唐守卫幽州，与窦连年征战。

唐武德二年（619年）闰三月，窦建德亲率主力进攻宇文化及。这时的宇文化及已经是风中残烛，连都城魏县都已经被唐将李神通攻陷，宇文化及本人也正被唐军围困在聊城。窦此时进攻宇文化及，其实是在和唐争夺消灭宇文氏的战果。唐军猛攻聊城，希望在窦军到达前结束战斗，但由于主将李神通指挥不力，唐军最终没有实现目的。面对窦军主力，李神通只好主动退让，由窦军继续进攻聊城。在窦的指挥下，宇文化及最后的势力被消灭，被宇文兄弟重金请来协助守城的知世郎王薄开城投降，聊城被攻陷。宇文三兄弟中，化及、智及被窦处死，士及投奔李渊去了。

灭宇文化及对窦有重要的政治意义。宇文化及是杀隋炀帝的凶手，谁灭了他谁就可以成为为隋朝报仇的英雄，大大有利于收买旧隋的人心。为此，窦充分地进行了一场政治秀。攻克聊城后，窦第一件事就是去参见隋炀帝的寡妇萧皇后，自称为臣，并隆重地为隋炀帝发丧，同时将参与谋杀杨广的宇文党羽全部处死，完全是为隋朝报仇的模样。做完这些事后，窦建德派使者去和洛阳的王世充修好，王世充拥立的隋皇泰主封窦为夏王。这样，窦建德这个夏王就不再是自封的，窦建德也不再是"盗匪"，而是政府官员了，也就是说，窦建德终于取得了正式的政治地位。同时，窦也得到了原来在宇文化及手中的隋传国玉玺，天子仪仗，以及大批的旧隋大臣，其中包括了裴矩、虞世南等著名人物，其象征意义是不言而喻。

窦建德霸业的顶点是在武德二年（619年）十月与唐的河北军团在黎阳决战，当时唐军的根据地关中正被刘武周、宋金刚猛攻，无法兼顾河北，窦趁此机会对李神通、李世勣率领的唐河北军团发动了进攻。决战的结果是唐军全军覆没，李神通当场被擒，李世勣突围后因为父亲李盖被擒当做人质，不得不投降了窦建德。唐河北军团溃灭后，窦建德占领了唐在河北的全部州县，已经降唐的徐圆朗也在此时叛唐投靠了窦建德。窦建德完成了他的河北霸业，把都城从乐寿迁到了明州，相信窦此时一定只是把明州作为临时都城，而在心中梦想着长安和洛阳吧。这时窦的境内再无大敌，社会安定，统治清明，据记载，达到"夜不闭户，商旅野宿"的境界，可谓全盛。

王世充——割据政权雄霸一方

在隋末诸雄中，王世充既不同于窦建德等自拉的武装，也不同于李渊从隋末内部分化出来的政权，更不同于宇文化及用政变方式营建的集团，这是一支在忠于隋朝和背叛隋朝的边线上走出的军事力量。

王世充，字行满，家庭背景很是复杂，他的父亲王收官至怀、汴二州长史。他一头卷发，声音颇尖，有城府，多权谋，读了不少儒家经典，特别喜欢研习兵法。

开皇年间，他步入军界，当禁军积了军功，升为兵部员外郎。他能说会道，善于舞文弄墨，加上精通法律，人称有"明辩"之才。

王世充的发迹，是在隋炀帝登基后，凭着让隋炀帝看好的才干，当上了江都郡丞。江都郡丞不是一般的地方长官，江都是隋炀帝数下扬州后的实际政治中心，由此他这个负责江都事务的郡丞，成了类似"首都"地区的行政长官。他善于阿谀奉迎，每次隋炀帝来江都与之谈话，他都察言观色，竭力投其所好。他还兼任了江都宫监，即江都宫殿的负责人，不时地修建池台，收罗珍宝，广采美女，取媚于隋炀帝。隋炀帝在雁门（今山西代县）遇到突厥围困，他尽发江都丁壮组成救援军，前去救驾。一路上，他蓬头垢面，一直哭泣，不解衣甲，卧于草上，隋炀帝知道后感动不已。隋炀帝是个特重感觉的君主，王世充将他的感觉弄好了，自然龙心大悦，对他恩宠有加。

有才，不是对王世充的过誉。不管是正才，还是歪才，他确实有才。隋朝从大业八年（612年）起，大乱的征兆开始萌生。想乘乱大干一番的王世充，审时度势，开始注意培育自己的势力：他礼贤下士，恩结豪杰，拉拢人心；人有犯法，他枉法开释，树立私恩；征讨地方造反队伍，他功归部下，有物赏兵士，自己一无所取。他工作勤奋刻苦，对人广行善事。由此，获得了崇高的威信。

除了政治之才之外，他还有军事之才，长期研究兵法和入伍后的实战经验，使他成了一个隋炀帝倚重的将帅。在江都的数年，他为隋朝镇压叛乱造反立下了赫赫战功。朱燮等人在江南起兵，响应杨玄感，隋炀帝派出大军围剿无功，结果他旗开得胜。齐郡孟让拥众十多万，进入盱眙（今属江苏），他以弱胜强，获得大捷。此后，又连破声势浩大的格谦、卢明月等军。

多管齐下，王世充成了隋炀帝身边顶尖的红人。

促成王世充离开隋炀帝，使他日后成气候的一个机遇，是李密的瓦岗军攻陷临近洛阳的兴洛仓。洛阳是隋朝的东都，闻讯焦急的隋炀帝，令王世充为将军，统军前赴洛口，征讨李密。血战百余次，双方各有胜负。然而在最后的交战中，王世充全线崩溃，仅带了千余人逃往洛阳。留守东都的越王杨侗，念他是个难得的将才，在急需用人之际，赦免了他的败军之罪，并给予了重用。

在宇文化及杀了隋炀帝之后，身在洛阳的王世充，与东都留守的主要官员元文都、皇甫无逸、卢楚等人合议，决定拥立越王杨侗为帝，

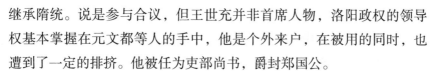

继承隋统。说是参与合议，但王世充并非首席人物，洛阳政权的领导权基本掌握在元文都等人的手中，他是个外来户，在被用的同时，也遭到了一定的排挤。他被任为吏部尚书，爵封郑国公。

王世充处在这个政权中，本就有些孤立。杨侗听从元文都等人的建议，拜正在与宇文化及征战的李密为太尉、尚书令后，王世充更感到了一种空前的失落，因为李密的军事才干，在众人眼中，远远高出于他。李密确实不负众望，及时获得了令洛阳政权上下心悦诚服的黎阳大捷。王世充曾与李密血战过，有相当程度的仇恨。为清除李密，他用话激怒他的部下说："元文都之辈，不过是刀笔吏，早晚必被李密所除。我军人人都与李密血战过，杀了其军不少的父兄子弟，一旦成为他的下属，我等将死无葬身之地！"这种情绪在王世充的部队中迅速蔓延，危险的兵变一触即发。

元文都获悉后，与卢楚等密议。密议的结果是："支持李密，除去王世充。具体的行动方案是：诱骗王世充前来，设伏兵将他杀死。"

可是，他们晚了一步，参与密谋的将军段达，让他的女婿张志将元文都等人的密谋通报了王世充。王世充当夜发动兵变，围住了宫城，在击败了两道抵抗的防线后，杀死了元文都、卢楚。杨侗迫于形势，只得含糊地认定了元文都等人的"罪状"，与王世充结盟。杨侗不过是空头皇帝，他从元文都的傀儡，转为了王世充的傀儡，拜王世充为尚书左仆射，总督内外诸军事。王世充以其兄王恽为内史令，入居内宫，看管杨侗。

洛阳发生政变时，李密尚未到过城内，他的军队在黎阳大捷后，一直继续在外与宇文化及大战。虽最后击破了宇文化及，但他的军队也受到了巨大的创伤，精兵良将丧失殆尽。李密返军驻扎在偃师（今属河南）的北山上，王世充见李密军大丧元气，欲乘机将他消灭，一雪当日兵败之耻，消除现时政治障碍。为让部下和他同心，他编造周公托梦于他，要他急讨李密，建立大功，否则全体将士皆死。他的部下多是楚人，风俗迷信，相信了他。于是，他出奇兵偷袭李密，再施以火攻，趁乱逼迫李密军会战。结果，李密部队溃不成军，又在王世

充的攻心战下，仅带了几十个骑兵逃脱。

偃师之役，大胜的王世充几乎是悉数收编了李密之军。他的威信和实力达到了前所未有的地步，东面和南面的各种割据势力，纷纷前来投靠。史书称之为："东尽于海，南至于江，悉来归附。"

水涨船高，王世充在洛阳政权中的地位，更上了一层楼。杨侗在他的党羽威逼下，拜他为太尉，许设置官属，以尚书省为其府。对于杨侗给予的待遇，王世充仍不满足，很快便自称为郑王。这样就等于向天下宣告，他王世充已有了独立的政治体系。他四处进行军事活动，然多出师不利。

武德二年（619 年），王世充自称相国，受九锡，不再朝见杨侗。他的这一政治举动，表明他已开始酝酿禅代隋祚。

王世充欲禅代隋祚，遇到许多臣僚的反对。然他一意孤行，终于废了杨侗，自己黄袍加身，宣布年号开明，国号郑。王世充的禅代，标志了隋朝在形式上的终结。

做了皇帝的王世充，没个皇帝样，听朝时言语极其啰唆，一事反复叮咛，且千头万绪不得要领，大臣们疲于听受，侍卫不胜其烦。

这个政权，在这样的皇帝管理下，毫无生气，仅维持了两年。唐武德四年（621 年），李世民率唐军向洛阳发动了猛烈的军事攻势。王世充自忖无力抵抗，请求窦建德救援。李世民采取围点打援的战术，先解决了窦建德，然后倾力围攻洛阳。王世充迫于攻势，开城出降。

国破家亡的王世充，被李世民带回了长安。唐高祖没杀他，将他废为庶人，安置去川蜀。途中，被仇人独孤修德兄弟所杀。

大业。"翟让因此对李密刮目相看。

李密见瓦岗人马愈来愈多，而粮草供应不足，感到如果拖得时间太长，势必人马困疲，一旦强敌降临，就会涣然离散，于是向翟让又献一计，劝翟让下山夺取荥阳，养精蓄锐，然后大干一场。翟让称是。

荥阳历来是兵家必争之地，要隘虎牢关就在郡境内。因此隋炀帝特派河南道讨捕大使张须陀为荥阳通守，全力对付瓦岗军。

李密部署翟让率兵从正面迎战诱敌，李密率精兵千余埋伏在荥阳北面的大海寺北密林中。张须陀一向藐视翟让，翟让且战且退，往北退了十多里，把张须陀的2万人马引到大海寺。瓦岗军伏兵杀出，翟让回马杀回，和李密、徐世勣、王伯当一起围杀隋军。张须陀战死，隋军被歼1.5万余人。

紧接着，瓦岗军部署新战役。二月，李密、翟让带领7000名轻骑，兼程疾驰，一举攻克了洛口仓。进城后，立即打开粮仓，赈济百姓。消息传开，瓦岗义军声誉传遍四方。以文辞闻名海内的祖君彦也来投奔瓦岗军，李密把军中书檄全委托了他。

瓦岗军夺取洛口仓的消息传到江都以后，隋炀帝吓得魂飞魄散，不敢再回东都。驻守东都的越王杨侗，任命裴仁基为河南讨捕大使，与虎贲郎刘长恭各自领兵，夹击瓦岗军。刘长恭所带之兵，皆为富家子弟，拖拖拉拉，走了11天，才渡过洛水，在巩县东南石沙子河西岸列阵，南北长达十余里。李密、翟让早有部署，陈兵于石子河东岸，另有一部埋伏在横岭下。翟让先接战，不利。李密即指挥后队蒲山公营横冲官兵队阵，隋兵大败，刘长恭在混乱中换上士兵衣服，逃回了东都。裴仁基失期未到，等听到刘长恭失败，吓得不敢前进，屯兵于巩县东南的百花谷，固垒自守。后来还屯兵于虎牢关。

瓦岗军威震中原，翟让感到自己能力已不足继续领导，就让位给李密，奉李密为魏公。李密设坛场即位，组织行军元帅府，改元永平；拜翟让为上柱国、司徒、东郡公，单雄信为左武卫大将军，徐世勣为右武卫大将军，其余都拜受官职，令他们各领本部。李密建立了独立政权，号令天下。孟让、郝孝德、秦叔宝、程咬金等各路英雄都络绎

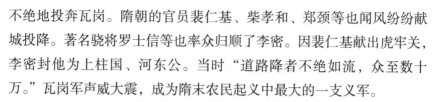

不绝地投奔瓦岗。隋朝的官员裴仁基、柴孝和、郑颋等也闻风纷纷献城投降。著名骁将罗士信等也率众归顺了李密。因裴仁基献出虎牢关，李密封他为上柱国、河东公。当时"道路降者不绝如流，众至数十万。"瓦岗军声威大震，成为隋末农民起义中最大的一支义军。

为了巩固基地，李密令田茂广筑洛口城，方40里，同时派房彦藻向东扩展，攻克了安陆 (今湖北安陆)、汝南 (今河南汝南)、淮安 (今河南泌阳)、济阳 (今山东曹县)。

经过几次反复激烈的战斗，瓦岗军又夺取隋朝另一大粮仓回洛仓，大修营垒，部署攻打东都。李密召集元帅府幕僚，命记室祖君彦草就了一篇讨伐昏君檄文，传檄天下。檄文中声讨隋炀帝有十大罪状，并说："罄南山之竹，书罪未穷；决东海之波，流恶难尽。"这后来成了千古传诵的名句。

这时李渊还未入关，隋炀帝命监门将军庞玉、虎贲郎将霍世举率关内兵救援东都。柴孝和劝李密避其锋芒，自率精锐，乘虚入关，西取长安。李密认为这是他当年为杨玄感所出的上策，但考虑到他的部下将士都是山东人，见洛阳还未攻下，就没人愿随从西进，未能听从柴孝和的计策。柴孝和非常惋惜，只得另献一计说，大军既然不能西进，就由他先入关中联络群雄，看机会吧。李密同意了。柴孝和率数十骑入关，说动了关中群雄万余人，准备响应李密。不久，李密在作战中，中流矢负伤。官兵气焰大张，庞玉、段达乘胜夜袭瓦岗军大营。

李密箭伤未愈，与裴仁基仓促应战，大败，弃了回洛仓，撤奔洛口。柴孝和联络的关中群雄听到李密兵败，统统变卦散去了。柴孝和只得轻骑归返瓦岗军。

可李密这时却自以为兵强，想做天下盟主，叫祖君彦写了封信给李渊说明此意。李渊这时正一心经略关中，倒不图虚名，写了封回信假意表示拥戴。李密把李渊的信展示给诸将看，说："唐公拥戴我，天下肯定是我的了。"从此他不再考虑西进了。

八月，武阳郡丞元宝藏派门客魏徵见李密上降表。魏徵字玄成，落拓有大志，出家做道士，学识丰富，很有名气。李密立即召魏徵为

元帅府参军，掌记室，并任元宝藏为魏州总管。

这时，河南、山东发大水，饿殍遍野。隋炀帝诏命开黎阳仓 (今河南浚县西南) 赈济灾民，官吏不按时赈济，结果每天饿死的达数万人。徐世勣向李密建议说："天下大乱，本是由于饥饿。如今若能夺得黎阳仓，大事就可成功了。"李密当即就派徐世勣领本部 5000 人马，会合元宝藏、郝孝德、李文相等一举攻破了黎阳仓，开仓济贫，远近农民纷纷投奔瓦岗军，10 多天时间就得兵 20 余万。武安 (今河南涉县)、永安 (今山西霍县)、义阳 (今河南桐柏)、弋阳 (今河南横川) 相继投降。窦建德、朱粲也派使者来表示拥护。

自七月隋炀帝派江都通守王世充率江淮劲旅北上，同时命将军王隆、河北大使韦霁、河南大使王辩等同赴卫东都，讨捕瓦岗军。这时他们多已在东都会合，与庞玉、刘长恭合兵 10 余万，与瓦岗军夹洛水相持。十月末，王世充仗着兵多势众，摸黑渡过洛水，抢占黑石关，然后兵分两路，准备夹攻瓦岗军。李密发觉后，率精骑渡到洛水北岸去抄袭王世充的后路，被打败。柴孝和落水而亡。李密又返回洛水之南，分兵两路。一路东走月城，王世充尾随而至，包围了月城。另一路直奔黑石关，官兵连举 6 座烽火告急。王世充赶快从月城撤兵，援救黑石关。在途中遭到李密迎头痛击，杀得大败。李密反败为胜，消灭敌人 3000 多。

王世充大败后，坚守不出。越王派使者慰劳他，叫他继续出战。王世充又是惭愧，又是害怕，再次率军到石子河与李密对阵。几天后，瓦岗军大军出动，王世充大败，向西逃回东都。瓦岗军重新振作起来，但东都始终未能攻取。

虽然这时李渊已经攻取了长安，但群雄中，瓦岗军仍最具备与李渊逐鹿中原的力量。可瓦岗军没有一鼓作气去攻洛阳，却发生内讧。

结果李密杀掉翟让，瓦岗军军心涣散，实力大减，逐渐走向衰亡。

起义失败

武德元年（618年）春，王世充集结兵力7万余人，正月十五命令各军在洛水造浮桥，渡过洛水与瓦岗军决战。虎贲郎将王辩最先登岸，攻破李密外围营栅。王世充不知这时李密大营惊慌，忽然鸣金收兵，于是李密率敢死队乘机追杀。官兵大败，几万人抢渡浮桥，落水而死的达1万多人，王辩当场阵亡。这夜疾风寒雨，军士涉水时衣裤湿透，因此冻死在道路上又有万余人。王世充逃走，自己向越王杨侗请罪，越王遣使赦了他，把他召还东都。王世充屯兵东都城北的含嘉城，但不敢出战瓦岗军。

李密乘胜占领金墉城，扎营北邙山，浩浩荡荡逼近东都上春门。战鼓声一阵阵传入东都城内。十九日，段达、韦津领兵出战，望见密密麻麻的瓦岗军，不战自慌，返身而逃。段达在后逃进了城。韦津冲在前面，被瓦岗军杀了。

东都城门四闭，拒不出战。瓦岗军打了四五个月，毫无进展。这时宇文化及弑杀了隋炀帝，以皇后令立秦王浩为帝，自称大丞相，率领10万官兵，离江都北上，要踏平瓦岗寨。瓦岗军处于宇文化及与王世充的东西夹攻之中，形势险恶。房彦藻为另一支义军王德仁所杀，瓦岗大将王君廓又投降唐，李渊在长安称帝。一个又一个的坏消息打击着李密。

六月，宇文化及率军直扑黎阳，企图夺仓抢粮。瓦岗守将徐世勣（即李世勣，降唐后赐姓李，改名李世勣，后因避唐太宗李世民的讳，改名李勣）在黎阳西新筑仓城，集中精兵把守。宇文化及赶到，受壕堑所阻。李密率步骑2万增援，抄宇文化及的后路。徐世勣挖地道出奇兵袭击，宇文化及大败，溃逃而去。

这时已经接了帝位的杨侗想利用瓦岗军来抵挡宇文化及，决定招安瓦岗军，于是便派使者盖琮去见李密。李密虽然取得了黎阳胜利，但仍担忧腹背受敌，见盖琮来招安，大喜，以为可解除西顾之忧，避

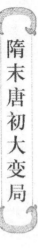
免两面作战了。他向隋皇泰帝上了降表，被册拜为太尉、尚书令、东南道大行台行军元帅、魏国公，奉令先平宇文化及，然后入朝。

七月，李密因已无西顾之忧，率全部精兵东击宇文化及，大获全胜，斩敌4万。宇文化及元气大伤，无力西进，带着2万多残兵败将，逃往河北去了。李密准备入朝，走到半途，获报东都兵变，王世充杀了主张招安的大臣，选了2万精兵来攻瓦岗军。李密因为久战，损失了很多精兵良马，士卒疲病，只得放弃了进占东都的计划。

九月，李密留王伯当守金墉城，邴元真守洛口仓，自率精兵，到偃师北邙山驻营。他召集诸将会议，裴仁基建议分兵扼守各交通要道，阻堵王世充东进，再选3万精兵，绕道河西，直趋东都，让王世充来回奔命，然后一战决胜。李密认为说得有理，避其锋芒，以逸待劳，养精蓄锐，确是上策。单雄信等武将不服从，纷纷要求大战一场。李密又改变了主意。裴仁基苦争没用，顿脚叹息说："魏公将来一定要后悔的!"

接着在偃师大战，结果失利，裴仁基等十余员大将重伤。但李密却并不在意，夜不设防。不料这夜王世充遣

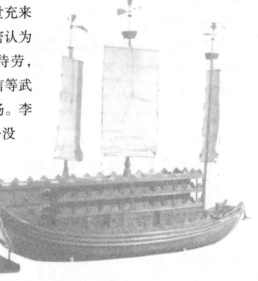

隋朝五牙战舰复原模型图

200多轻骑携带火种，潜伏在北邙山谷中。天一亮，王世充率江淮劲兵攻袭北邙山瓦岗军大营。李密来不及列队布阵，仓促应战。这时，王世充的伏兵乘虚爬上山顶，居高下冲，纵火烧营。王世充命士兵把预先绳捆索绑的貌似李密的人牵过阵前，连声鼓噪："捉到李密了!"声音传遍北邙山。瓦岗军以为李密真的被俘，失了斗志，向山下溃败。在溃败中，一些将领相继倒戈。李密集拢了1万多瓦岗军，驰奔洛口仓。

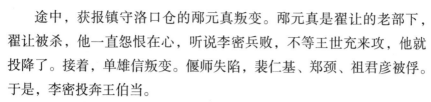

途中，获报镇守洛口仓的邴元真叛变。邴元真是翟让的老部下，翟让被杀，他一直怨恨在心，听说李密兵败，不等王世充来攻，他就投降了。接着，单雄信叛变。偃师失陷，裴仁基、郑颋、祖君彦被俘。于是，李密投奔王伯当。

王伯当这时已放弃金墉城，退守河阳。李密赶到河阳，召集诸将商议，想再图进取。可自从下山以来，瓦岗军从未遭受过如此惨败，因此诸将情绪低落，都说难以成功。

冬十月，李密带着2万瓦岗军残部与魏徵等文官，进长安投降了唐朝。唐高祖李渊封他为光禄卿、上柱国，赐爵邢国公。消息传开，徐世勣、贾润甫等将领也相继降唐，秦叔宝、程咬金等多数将领投降了隋朝。瓦岗军就此瓦解。

不久，李密感到在唐朝只有虚位，郁郁寡欢。他和王伯当两人密议离唐出关，召集瓦岗旧部，重举义旗，东山再起。接着，李密假意向李渊献策，愿亲往山东召集旧部，讨灭王世充。李渊同意。李密又要求贾润甫、王伯当同去，李渊也准许了。

十一月，李密与王伯当、贾润甫三人出了长安城，马不停蹄，直奔黎阳。三人到稠桑时，李渊反悔，敕追李密返回。李密估计返回必无生理，决意反叛。贾润甫哭谏说："自翟让被杀，天下都说明公忘恩负义，如今归唐复叛，还有谁肯相助!"李密大怒，要杀贾润甫，被王伯当劝住。贾润甫不辞而别。李密撕毁敕书，杀了使者，和王伯当两人继续东驰。

一路上，两人召集到几十名旧部，把他们装扮成妇女，裙下藏刀，进入桃林县 (今河南灵宝)，突然变服，抢占了县城。他们夺取粮械后，聚集了1000多人，直趋南山，乘险东行，准备去襄城依附瓦岗旧将张善相。

不料走进熊耳山，唐朝行军总管盛彦师的伏兵齐起。李密、王伯当等1000多人被冲作两截，首尾不能相顾，全部遇害。鲜血溅染熊耳山，瓦岗寨起义至此彻底失败了。

第四章

父子兴兵，一统天下

大业十二年(616年)，李渊担任太原留守，并于第二年乘农民大起义之机起兵反隋，攻取长安。次年，隋将司马德勘等在江都发动兵变，推举宇文化及为丞相，缢杀了隋炀帝，繁盛一时的隋王朝覆灭了。

隋恭帝义宁二年(618年)五月，李渊在长安即位称皇帝，建立唐朝，改元武德。

他采取诱降与武力并举、远交近攻、各个击破等策略，在以后7年间，先西北，后东南，陆续消灭薛举、李轨、李密、王世充、窦建德等众多割据政权，基本控制了全国。至唐太宗贞观二年(628年)统一了全国。

韬光养晦——李渊屡建奇功

唐朝的开国皇帝叫李渊，出生于显赫的官宦之家。他的父亲李昞在朝廷做大官，他的母亲独孤氏与隋文帝的独孤皇后是一奶同胞的亲姐妹。因此，李渊一家可算是真正的皇亲国戚。

据说李渊生下来的时候，体貌与一般婴儿大不一样，颇有非凡之气，并因此得到隋文帝的格外喜爱。

父亲李昞病死后，李渊继承父亲唐公的爵位，被封为谯、陇、岐三州刺史。隋炀帝继位后，李渊又不断升职。大业九年（613 年）三月，隋炀帝出征辽东，委以李渊监督运送兵粮的重任。

六月间，礼部尚书杨玄感趁国内兵力空虚而起兵叛乱，大举围攻东都洛阳。李渊立即派人连夜报告征战在外的隋炀帝。隋炀帝得到消息后从前线慌忙撤军，并命令李渊为弘化郡（治所在今甘肃庆阳）留守，抵御叛军。不久，杨玄感的队伍即被打得落花流水，杨也性命不保。叛乱平息后，李渊继续留守弘化。由于李渊十分善待属下，在众人心目中威望越来越高。

李渊的结发妻子窦氏，据说她从娘肚子出来，就长发过肩，长到三岁时，头发竟然同身高一样长了。她自幼读《女诫》《列女传》等书，过目不忘。

这窦氏不仅聪明过人，而且从小就表现出一个女孩子少有的远大志向。她也是出身名门：父亲窦毅曾在北周做官，做到上柱国大将军，母亲是当时皇帝的姐姐襄阳长公主。只是没过多久，丞相杨坚篡夺北周大权建立隋朝，北周便宣告亡国。面对这突如其来的变故，小小年纪的窦氏悲愤异常，脱口而出："真恨我自己只是个女儿身，不能拯救舅舅一家。"

这话要是让旁人听见了，那还了得。窦毅立即用手掩住女儿的小嘴，再三叮嘱她可不能乱说。但暗地里，他却为女儿的过人胆识而惊奇不已，并对妻子襄阳长公主说："咱的孩子长相不俗，志向不凡。一定要为她仔细选择一位有本领的夫君啊！"

于是窦毅在屏风上画了两只孔雀，遇到年轻小伙前来求婚，就先叫他试射这两只孔雀，约定只有射中孔雀的眼睛，才将女儿许配给他。一时间，好多公子王孙雄心勃勃地前来试射，但个个都败兴而归。只有最后来的李渊，连发两箭都中了目标：一箭射中孔雀的左眼，另一箭射中孔雀的右眼。李渊就这样娶到了窦氏。

李渊像

李渊与窦氏共生了四个儿子一个女儿。大儿子叫建成，二儿子叫世民，三儿子叫玄霸，四儿子叫元吉。他们唯一的女儿李氏长大后，许配给了山西临汾人柴绍为妻。

据说李渊二儿子李世民长到十来岁时，古今兵法已经烂熟于心。他一向轻财仗义，喜欢交朋结友，加上人长得高大健壮，善于骑马射箭，可谓是英姿勃勃，不同凡响。

当时，由于隋的暴政，社会上谣言盛行，大意是说隋朝要亡了，李氏将要取而代之。这些谣言开始只是在民间流传，后来竟传到宫廷，连隋炀帝也听说了。

隋炀帝便开始狐疑起来，想尽办法要除掉周围的李姓隐患。李渊的一位亲戚李密，也在朝廷做官，

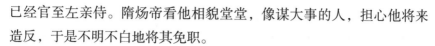

已经官至左亲侍。隋炀帝看他相貌堂堂，像谋大事的人，担心他将来造反，于是不明不白地将其免职。

赶走李密，后来又怀疑到另一位叫李浑的，仍以"莫须有"的罪名诬他谋反，不但将他本人杀掉，还累及整个家族。

再后来，又听说李渊在将士中颇得人心，又怀疑他才是心腹之患，于是派了两人去召李渊来见自己。李渊早已听说李浑一族惨遭灭门，知道隋炀帝召见是不怀好意，就装出一副憔悴的病容接见来使，又赠给了好些金银，让他们回去报告说自己正卧床不起，等病情稍微好转就去见皇上。两位来使拿人钱财，替人消灾，回去即如此这般地汇报了。这隋炀帝此时正整日淫乐，也没当回事，一晃便过了几月。

李渊有个外甥王某在后宫当差。一天，正巧被隋炀帝碰见，隋炀帝便问他："你舅咋回事，怎么好几个月都不来见我呀？"王某赶紧回答道："可能是病还没好吧？"隋炀帝一听，很是宽心，笑道："干脆死了倒好。"说完就走了。

王某一看这情形，连忙写了密信给舅舅。李渊接到信，只看了几行便感到大祸即将临头，左思右想也无计可施。最后也只有给隋炀帝身边的宠臣送些金银，自己则有意纵酒，整天喝得醉醺醺的，想以此来表明自己胸无大志，免得引起皇上疑心，而招来杀身之祸。

大业十一年（615年）五月，就在李渊因深感自己成为隋炀帝眼中钉而忧心忡忡时，国内也危机四伏，不时有人起兵作乱。这天，突然传来皇上诏书，命令李渊担任山西、河东宣慰大使，讨伐群盗。李渊不辱使命，很快将叛军击败，俘虏好几万人。捷报迅速送往京城，隋炀帝大喜，于八月间往北巡视，没想到在雁门忽然遭遇一大队突厥兵。领兵头目叫始毕可汗。始毕可汗调集几十万大兵，将雁门团团围住，隋炀帝一时危在旦夕。

国难当头，屯卫将军云定兴奉命连夜招兵买马，前往雁门解围。这时的李世民，已经是十六岁的大小伙子了，闻讯兴冲冲前来报名参军。云定兴问了他的履历，知道他是将门虎子，又看他双目有神，相貌不凡，心中已经对他有了三分敬佩。

李世民向云定兴分析道："始毕突然倾巢出动围攻天子，一定是以为我们不能迅速前去救援，才敢如此猖狂。如果我们大张旗鼓地集结军队，连绵不断地几十里布设一个军旗，晚上仍然相互击鼓呼应，始毕必然以为大批援兵到来，定会望风而逃。"云定兴一听，觉得的确是条妙计，马上予以采纳。

果然，始毕可汗中计。隋炀帝这才得以安全返回东都。李世民在云定兴军营中待了一年多，也不见有什么赏赐，又听说隋炀帝南下江都（治今江苏扬州）时，杀死好多敢于向皇上进言的正直官员，感叹道："皇上如此昏庸，我在军中又能有什么作为？"于是离开军营，回到故乡。这时国内局势仍然动荡不安。大业十二年（616年）十二月，李渊迁任太原（治太原、晋阳两县，同在今山西太原西南古城营）留守，世民随往，不时带兵平乱，屡建奇功。

劝父起兵——李世民年少睿智

从隋炀帝大业七年（611年）起，天下大乱。隋炀帝对此置若罔闻，依然天天花天酒地，醉生梦死。

面对现实，太原留守李渊难免时时长吁短叹，儿子李世民却并不如此。原来他早已将时局看清，深知目前形势不会持续太久。于是结识了好些有志之士，以图将来成就大业。

在他交往的朋友中，有一个是晋阳县（治今山西太原西南古城营）令刘文静，还有一个是宫监裴寂，都是很有谋略的人。

一天，李世民与刘文静谈论天下冤狱，刘文静说："现在是天下大乱，除非有汉高祖那样的英明人物出来拨乱反正，才可能没有冤死

的好人。"

世民不以为然："你未免过分悲观了，只有庸人才会对现实绝望。"

刘文静一听大喜，说："我的确没有看错人啊。公子，现在不时地有农民起义，如果有众望所归者敢于挺身而出，正好将他们收归旗下为我所用，就是太原百姓，恐怕也有十来万人。你父亲手里又有好几万兵将，就算只凭这些力量乘虚入关，号令四方，那也要不了半年时间，就可成帝业了。"

李世民想了想，说："你说得很在理，只怕我父亲不答应，如何是好?"

刘文静说："这也不难。"于是在李世民耳边说了几句话。

李世民离开后，直接取了好酒，摆了盛宴，请裴寂一块儿喝酒。李世民知道裴寂好赌，便在游戏时故意输钱给他，搞得裴寂格外心情舒畅。

然后，李世民才将自己与刘文静的主意告诉他，请他出面劝说李渊。裴寂说："你父亲与我是老朋友了，如果明言相劝，很可能被他拒绝。"于是两人商量了一番，便由裴寂去劝说李渊。

谁知如此这般之后，李渊仍然十分犹豫，无论裴寂如何分析"隋室江山，唾手可得"，并力劝他"识时务者为俊杰"，他还是坚持自己"世代领受国恩，不敢变志。"正在这时，有士兵来报，说是突厥大军压境，已经到了马邑（治今山西朔州）。李渊立即与副留守王威和高君雅商议对策，决定派高君雅领兵万人前往马邑支援。

高君雅走后，裴寂的话又在李渊耳边萦绕，他思来想去，好几天寝食难安，却仍然拿不定主意。当得知高君雅出师不利后，李渊更加茫然无措，只是一个人呆呆独坐。

正在这时，李世民策马飞奔而来，他劝父亲道："现在下有外寇和群盗作乱，上有严刑伺候，随时可能面临灾祸。不如顺应民意，带兵起义，说不定还能转祸为福呢!"但李渊仍然不为所动，还扬言要将儿子举报出去，免得连累一家人。

第二天，边境军情更加危急。李世民再次进到李渊的房间劝父。这回李渊口气有所缓和，说是经过一夜的考虑，觉得儿子说的也很有道理，只是家眷都在河东（治今山西永济蒲州镇），怕一旦起兵之后，家人有个什么闪失。世民于是立即派人飞奔河东，去接河东的家属。

正在这时，江都有消息传来，当即吓得李渊魂不附体。原来，是隋炀帝因李渊未能将突厥及时击退，已经派人到了太原，要将他捉去问罪。

李渊心急如焚，不知如何是好，只得将裴寂和儿子李世民召来一同商量。裴寂说："我前日劝您，就是为了防这一招。现在情势紧急，还犹豫什么呢？古人说'先发制人，后发被人所制'。何去何从，望您三思啊！"李世民接着说："现在皇上昏庸，尽忠无益啊！"

很快，隋炀帝派来逮李渊的两名使者也已来到，李渊推说自己病重不能起床，只派下属将两人先安排住下。这两人呢，虽然身负皇上命令，但因李渊手握兵权，也只好耐着性子等待。

不几日，江都隋炀帝又传来赦免的命令，让李渊还担任原职，戴罪立功。情势一有缓解，李渊又放宽了心，起兵之事就搁置了好几日。

裴寂及世民看李渊迟迟不能决断，心中焦急，不断催促。世民又将刘文静保举出来，希望一同谋事。文静上来就献上一计，即假借皇帝名义发诏，命令太原、西河（治今山西临汾东北十三里）、雁门和马邑的百姓，凡是二十岁以上的都要当兵，以东征高句丽（即高句丽国，都今朝鲜平壤）。这道命令一发下去，立即民怨沸腾。

这期间，世民又多次劝父举兵，李渊先说："家属还未到。"世民说："家属已经起程，想必很快就到了。现在事情已很紧急，得早点布置才好。"李渊又皱眉道："兵力不足，恐怕一时也成不了事。"世民上前一步，附在李渊耳边说了几句。李渊随口说："好。"

费尽周折至此，李渊终于决定起兵反隋。同在太原的两个副留守，即王威和高君雅，察觉李渊父子有异，准备要除掉李渊，却被李渊父子及刘文静等用计，以"引突厥入寇"的罪名将二人斩首。

很快，李渊的家眷也都从河东来到。这时窦夫人已经病逝，三儿子玄霸也在家乡不幸因病夭折，所来的人中有李渊的大儿子建成、四儿子元吉及女婿柴绍等，其中还有李渊之妾万氏。万氏所生儿子智云在途中失散，后在长安被留守的阴世师所害，李渊得知后伤心不已。

为了稳住突厥，李渊派出刘文静与兵临城下的突厥谈和，邀其共定京师，一起反隋，并约定胜利之后，土地归李渊，玉帛归突厥。始毕可汗大喜，当即赠马千匹。搞定突厥之后，李渊在大业十三年（617年）六月自号义兵，亲自率领全副武装的士兵 3 万从太原出发，大儿子建成和二儿子世民都随行，只留下小儿子李元吉留守晋阳宫。其起兵名义，则说是要拥立在长安的代王侑。一路上，将军与士兵同甘共苦，所过之处秋毫无犯；沿途树上有成熟的苹果，也是给了钱后才摘下来吃。这支纪律严明的队伍，颇得百姓拥戴。

直驱长安——李渊建立新王朝

首战西河

晋阳的南面是西河郡，郡丞高德儒很不识时务，当李渊行军至该郡的时候，竟表示不服从，于是，李渊命李建成、李世民率众取之。取西河，是李氏父子晋阳起兵后第一战，胜败关系到李唐王朝的帝业，因而十分重视。临行前，李渊对太原令温大有说："我儿子年轻，请您参与谋划军事，事情的成败，在此行就可预测出来了。"起义部队的士兵都是新近招募的，没有经过训练检阅。李建成、李世民与士兵同甘共苦，遇到敌人身先士卒。附近道旁的蔬菜瓜果，不是买的不准吃，兵士有偷吃的，立即找物主给予赔偿，也不责备偷窃者，士兵及百姓们对李氏兄弟都心悦诚服。义军到达西河城下，高德儒闭城拒守，但很快就被攻破。抓住高德儒后，李世民历数其罪过，说："你指野鸟为凤凰来欺骗君主，骗取高官，我们兴义兵，正是要诛灭奸佞之人。"随后，将高德儒处死，其余官员一个不杀，秋毫无犯，并分别抚慰吏民百姓，让他们各复其业，远近的百姓听到后非常高兴。西河首捷，往返仅九天，李渊高兴地说："像这样用兵，就是横行天下也可以了。"于是就定下了直取长安的计划。此役后，设置大将军府，分为三军。封李建成为陇西公，左领军大都督，指挥左三军。封李世民为敦煌公，右领军大都督，指挥右三军。任命裴寂为长史，刘文静为司马，唐俭和温大雅为记室，温大雅参与机密，长孙顺德和刘弘基等为统军。形成了取天下的军事、政治机构。

🌀 再战霍邑

大业十三年（617年）七月，李渊誓师于野，留四子元吉守太原，亲自率领建成、世民共三万人马南下。隋朝虎牙郎将宋老生驻霍邑，他以精兵两万阻挡义师前进。这时，雨下了很长时间还不停，军队缺粮，又流言突厥乘虚侵袭太原，李渊召集将领僚佐们商议向北返回。裴寂等人都说："宋老生和屈突通联合居守险要，不容易很快攻下……太原为一方的都会，而且义兵的家属都在太原，不如返回救援根本之地，再筹划今后的义举。"李渊同意此议，而李世民反对说："现在稻谷遍野都是，还愁无粮吗？宋老生为人轻狂浮躁，一战就可以擒住他。李密舍不得粮仓粟米，顾不上向远方图谋。刘武周和突厥人表面上虽然相互依赖，但实际上却互相猜忌。刘武周虽然追逐远利而攻取太原，但岂肯忘记就近的马邑呢？我们本来是兴大义，奋不顾身地拯救百姓，应当先行进入咸阳，号令天下。现在只遇到了小敌，立刻就要回师，恐怕跟随起义的人一旦解体，返回去守卫太原一城之地，我们就成贼了，怎么能保全自己呢？"李建成也认为李世民的意见正确，但李渊不听，催促军队出发。李世民再要进入李渊的营帐劝阻，天黑了，李渊已经躺下休息。李世民进不去，就在帐外号哭，哭声传到帐中，李渊召见世民问话，世民说："如今我们举兵是为大义，进军攻战就能取胜，后退就会溃散，到那时，部众溃散在前，敌军追击在后，我们被灭亡的日子就到了，怎么能不悲伤呢？"李渊醒悟过来，说："军队已经出发，我们怎么办呢？"李世民说："右军整装而未发，左军虽然出发，估计还没走远，请让我去追赶他们。"李渊笑道："我的成败都在于你，知道了还说什么呢？随你去做吧。"李世民和李建成连夜把左军追了回来。过了几天，太原的粮食也运到了。

到了八月初，雨停了。李渊命令部队晾晒铠甲、器械、行装。初三早晨，李渊率军从山脚下的小路向东南直抵霍邑。李渊怕宋老生不出战，李建成、李世民说："宋老生有勇无谋，我们用轻骑向他挑战，按理他不会不出战，待他从营垒出来，我们就诬陷他有二心，他害怕被左右的人奏报，怎敢不出战呢？"李渊和几百名骑兵先到霍邑城东面几里的地方等待步兵，派李建成、李世民率领几十骑到城下，举鞭挥旗就像要包围城池的样子，并且辱骂宋老生。宋老生大怒，率三万人从东门，南门分道出战。李渊派殷开山立刻去召集后军，后军来到后，李渊想让军士们先吃饭再战斗，李世民说："机不可失！"李渊就和李建成在城东列阵，李世民在城南列阵。李渊、李建成与宋老生交战，稍有退却，就在这时，李世民与军头临淄人段志玄从南原率兵驰马而下，冲击宋老生的军阵，出击宋老生军的背后。李世民亲手杀死几十人，两把刀都砍缺了口，飞溅的鲜血沾满衣袖，李世民将血甩掉再战。李渊的兵势顿时振奋起来，就传话呼喊："已经抓住宋老生了！"宋老生军因此而大败。李渊的兵士迅速直抵城门，城门关闭了。宋老生下马跳入壕沟，刘弘基就地将他杀死。隋军的死尸遍布儿里。天黑了，李渊命令登城，由于当时没有攻城的器械，将士们赤膊登城，攻下霍邑。

兵围河东

平霍邑后，又接连攻取临汾郡和绛郡。到了八月十八日，李渊到达龙门。九月，义师包围河东。河东是战略要地，宛如关中之门户。隋朝骁卫大将军屈突通闭城拒守，攻之不克。这时发生了军事策略上的第二次分歧。裴寂主张："屈突通拥有大批军队，凭借着坚固的城池，我们若舍弃他而去，要是进攻长安而不能攻克，后退就会遇到河东方面的追击，腹背受敌，这是危险的策略。不如先攻下河东，然后挥师西上。长安是依恃屈突通为后援的，屈突通被打败，长安也必定被攻破。"李世民说："不对！兵贵神速，我们乘着屡战屡胜的军威，安抚归顺的民众，大张旗鼓地西进，长安的人就会望风而震惊骇惧，他们智谋还来不及谋划，勇敢还来不及决断，取长安就如同震动树上的枯叶一样容易。我们要是滞留，自己将自己耽误在坚城之下，他们则有时间加强防备以对付我们，而我们就白白浪费了时间，大家的心就会沮丧溃散，那么大事就全完了。况且关中蜂拥而起的将领还没有归属，不能不早些将他们招抚来。屈突通是自己将自己囚禁起来，不足为虑。"两种意见各有各的道理。李渊采取"两从之"的办法，分兵两路，大军渡河入关，重点攻取长安，同时留相当兵力对付屈突通。

直取长安

李渊父子率主力部队渡河后，建成和刘文静等屯守永丰仓和潼关，防备来自东面的敌兵；李世民率统军刘弘基，长孙顺德等数万人定渭北，包括泾阳，云阳，武功，诸县。自渭北徇三辅，李世民所至皆下，甚得人心。《旧唐书·太宗本纪》载："三辅吏民及诸豪猾诣军门各效者，日以数千，扶老携幼，满于麾下。收纳英俊，以备僚列，远近闻者，咸自托焉。"例如，隰城尉房玄龄杖策在军中拜见，李世民一见，便像见了故人一样合得来，任命他为记室考军，引为谋主。房玄龄也自以为遇见了知己，竭尽全力，知无不为。不久，刘弘基等南渡渭水，驻屯长安故城。李世民则引兵赴司竹园，收编了李仲文、何潘仁、向善志等所率徒众，驻扎在原秦阿房宫城，号称胜兵十三万。

接着，李世民派人报告李渊，请即赴长安。李渊表示同意，命建成率精兵赴长乐宫，世民率新附诸军北屯长安故城。十月，李渊到达长安，设营于春明门之西北。京城被二十万大军围困，到十一月，终于攻克。

随即，李渊立隋代王侑为皇帝，即隋恭帝，改元为隋义宁元年（617年）。李渊为假黄钺，使持节，大都督内外诸军事，尚书令，大丞相，进封唐王，以武德殿为丞相府，独揽军国机务。以建成为世子，世民为京兆尹，秦公，元吉为齐公；以裴寂为丞相府长史，刘文静为司马。义宁二年（618年）三月，李世民改封赵公。五月，隋恭帝禅位，李渊即皇帝位于太极殿，国号唐，改元武德，都长安。武德元年（618年）六月，李世民为尚书令，裴寂为右仆射，知政事，刘文静为纳言。不久，立建成为皇太子，世民为秦王，元吉为齐王。由于秦王李世民参与"首义"，军功显赫，故在新王朝里占据重要的地位。

平定西北——讨伐薛举、薛仁杲父子

讨伐薛举、薛仁杲父子的战争，是唐初统一战争的第一个大战役。李世民在这次战役中挂帅亲征，经历了"胜利—失败—胜利"的曲折过程，表现了他在军事指挥上的日渐成熟。薛举，汾阳人，侨居于金城郡（今甘肃兰州）。他骁勇无比，有万贯家财，喜好结交豪杰人士，称雄于西部边地。大业十三年（617年）四月，据郡起兵，开仓赈贫，自称西秦霸王，建元秦兴，封儿子仁杲为齐公，幼子薛仁越为晋公，招集群盗，抢掠官府的牧马，很快就占有陇右之地，拥有部众达13万。七月称秦帝，立妻子鞠氏为皇后，儿子薛仁杲为皇太子。薛仁杲很有力气，善于骑射，军中号称"万人敌"。他生性贪婪、残忍，嗜杀成性，曾经抓住庾信的儿子庾立，他因庾立不肯投降而发怒，将庾立在火上分尸，然后一点点地把肉割下来让军士们吃。待他攻下了天水，就把天水的富人都召来，倒吊起来，用醋灌鼻子，向他们索取金银。之后，薛举父子又袭击并收编了唐弼的部众，势力越加壮大，其部众号称30万人。薛氏父子起兵是陇右豪强地主叛隋的行动，其性质与李渊起兵一样，而且进军目标也都是直指关中。大业十三年（617年）十一月，李渊、李世民父子抢先攻占长安。十二月，薛举父子获悉此事，便以十万兵力进逼渭水之滨，包围了扶风郡城，构成了对李渊势力的严重威胁。面对这种情况，李世民挺身而出，率兵在扶风反击薛仁杲，大破薛仁杲军，并追击到垅坻才返回。薛举大为惊慌，问他的臣属："自古有天子投降的事情吗？"黄门侍郎钱塘人褚亮说："赵佗归附汉朝，刘禅侍奉晋室，近代的萧琮，到现在还地位显赫高贵，这种转祸为福的事自古就有。"卫尉卿郝瑗快步上前说："陛下不应该问这种事！褚亮的话又是多么荒谬。从前汉高祖经过多少次逃亡和失败，蜀汉的先主刘备屡次失去妻室儿子，但他们最后都完成了帝业，陛下怎么能因为一次失利，就要做亡国的打算呢。"薛举后悔了，说："我不过拿这话试试你们罢了。"这次前哨战的胜利，对于李渊父子来说，意义重大，不仅鼓舞了士气，使他们在关中站稳了脚跟，并且便于向外发展。同月，平凉留守张隆、河池太守萧瑀及扶风、汉阳郡"相继来降"。接着，又取得了巴、蜀之地。

薛举不甘于失败，企图勾结突厥，重新"谋取京师"。武德元年（618年）五月，李渊称帝。六月，薛举就入侵泾州，纵兵掳掠，直至豳州、岐州一带。刚被封为秦王的李世民，以西讨元帅的名义，和刘文静、殷开山等率八总管前往抗击。七月，双方对垒于高墌（今陕西长武县北)。李世民加深壕沟，加高壁垒，不和薛举部交锋。正当这关键时刻，李世民得了疟疾，卧于军中，把指挥大权委托给刘文静和殷开山两人，并告诫二人："薛举孤军深入，粮食不多，士卒疲惫，假如来挑战，小心不要应战。等我的病痊愈后，和你们一起打败他。"退下后，殷开山对刘文静说道："王爷担心您不能退敌，才说这番话。贼兵听到王爷有病，必然轻视我们，应该显示一下武力以威慑敌人。"于是，他们在高墌西南列阵，仗着人多不加防备。结果，薛举以精锐的轻骑从背后包抄掩袭，唐军八总管皆败，士卒死者十之五六，大将军慕容罗睺、李安远阵亡，高墌城也陷落了。李世民和残军退回长安，"京师骚动"，惶然不安。刘文静等人均因此被罢官。

武德元年（618 年）八月，薛举获胜后，有人建议"今唐兵新破，将帅并擒，京师骚动，可乘胜直取长安。"薛举同意这种意见，可恰巧在大军出发前，他病死了，薛仁杲继位。8 月 17 日，李渊任命李世民为元帅，攻打

唐·玉飞天佩

薛仁杲。九月，唐军临近高墌，就"坚壁不动"。诸位将领请战，李世民说："我军才打了败仗，士气沮丧，对方仗着得胜而骄傲，有轻视我们的意思，我们应当在营垒中耐心等待。他们骄傲，我们奋勇，就可以一仗打败他们。"他命令全军："有敢请战的，斩首!"双方相持了60 多天，薛仁杲的军队粮食吃完了，将领梁胡郎等人率领各自的队伍来投降。李世民了解到薛仁杲手下的将领士卒有离异之心，便命令行军总管梁实在浅水原扎营引诱薛仁杲部下。薛的部将宗罗睺知道后非常高兴，出动全部精锐攻梁实，但梁实守住险要就是不出战。营地中

没有水源，好几天人马没有水喝。宗罗睺的攻击很猛烈。李世民估计对方已经疲劳，就对诸位将领说："可以打了！"快到天亮，李世民让右武侯大将军庞玉在浅水原列阵。宗罗睺合兵攻庞玉，到庞玉几乎不能坚持时，李世民率领大军出其不意从浅水原北面出现，宗罗睺率军迎战，李世民率几十名骁骑勇猛冲击敌阵。唐军内外奋力拼搏，呼声动地。宗罗睺的部队大败。接着，李世民率领2000多骑兵追击宗罗睺，窦轨扣住马绳苦苦劝道："薛仁杲还占据着坚固的城池，我们虽然打败了宗罗睺，但不能轻易冒进，我请求暂且按兵不动，观察一下薛仁杲的动静。"李世民说："我考虑这个问题很久了，现在我军取胜势如破竹，机不可失，舅舅不要再说了。"于是进军。薛仁杲在城下列阵，李世民依泾河面对薛仁杲营地，薛仁杲手下的骁将浑干等人到唐军阵前投降。薛仁杲害怕了，带兵进城拒守。天快黑时，唐军相继到达，包围了城池。半夜，守城的人纷纷下城投降。薛仁杲无计可施，第二天只得出城投降。

这一仗，唐得薛仁杲一万多精兵，五万名男女。战争胜利后，诸位将领向李世民祝贺，问："大王一仗就取得了胜利，骤然舍弃步兵，又没有攻城的用具，轻骑直到城下，众人都认为无法攻克城池，却很快就取胜，是什么原因呢？"李世民说："宗罗睺部下都是陇山之西的人，将领骁勇，士卒剽悍，我有意出其不意打败了他，杀伤不多。如果迟迟不追击，则都返回城内，薛仁杲加以抚慰再派他们作战，就不容易战胜了；如果迅速追击，则跑散回到陇山之外，折墌城虚弱，薛仁杲吓破了胆，没有时机谋划，这就是我胜利的原因。"众人都心悦诚服。李世民把投降的士兵全部交给宗罗睺、翟长孙等人统领，和他们一起打猎，丝毫不加怀疑戒备，这些人畏惧李世民的威严，又感谢李世民的恩德，都愿以死效劳。唐高祖派遣使者对李世民说："薛举父子杀了我们很多士卒，务必杀光他们的同党以谢死去的冤魂。"不久前归顺唐的李密进谏说："薛举残暴地杀害无辜者，这正是他灭亡的原因，陛下又有什么可怨恨的呢？怀柔收服薛氏的百姓，不能不加安抚。"于是下令杀主要谋划者，其余的人都给予赦免。11月22日，取得巨大胜利的秦王李世民凯旋长安，将薛仁杲斩首于市。12月2日，唐高祖下诏以秦王李世民为大尉、使持节、陕东道大行台、蒲州及黄河以北各府的兵马都受其指挥。

讨伐薛举、薛仁杲父子的这一场战争，前后进行了近一年，开始小胜，继而大败，最后大胜。这次战争的胜利，解除了唐王朝来自西北方面的威胁，消灭了想夺取关中政权的强劲对手。战争胜利后，因在高墌之战中失利被撤职的刘文静被封为户部尚书，领陕东道行台左仆射，并恢复了殷开山的职位。

收复汾晋——平定刘武周

李世民指挥取胜的第二个大战役，是平定刘武周。这次战役，从武德二年（619年）十一月出征，到第二年四月结束，总共半年时间。战争进行当中，李世民巧妙运用"坚壁挫锐"的方略，使唐军由劣势转变为优势，从接连溃败到大获全胜，整个战争是惊心动魄的。刘武周是河间景城（今河北交河东北）人。迁居马邑（今山西朔县），任马邑鹰扬府校尉。大业十三年（617年）二月，与同郡张万岁等杀太守王仁恭，聚众万余人，自称太守。他依附突厥贵族，攻占雁门、烦楼、定襄等郡，突厥封其为"定杨可汗"，并给予其地盘，他自称皇帝，年号天兴。武德二年（619年）三月，在突厥的支持下，刘武周南侵并州（今晋阳）。四月，他接受大将宋金刚的建议，"入图晋阳，南向以争天下。"宋金刚原是易州起义者的首领。当时，他手中有一万多人马，与另一起义军首领魏刀儿相联结。窦建德进攻魏刀儿的时候，宋金刚在救援当中被战败。于是，他带领4000人马向西投降了刘武周。刘武周听说宋金刚会用兵，非常高兴，封他为宋王，将军事大权交给他，并将自己财产的一半送给宋金刚。宋金刚为进一步加深与刘武周的交情，休掉原来的妻子，娶了刘武周的妹妹。随后，刘武周任命宋金刚为西南道大行台。这时的宋金刚，领兵两万，依靠突厥，气势很盛。一时间，所向披靡，攻无不克。担任并州总管的齐王李元吉抵挡不住。接着，榆次被攻陷，太原处于危急之中。五月，平遥被攻陷。六月，攻取介州。李渊忧心忡忡。为了扭转战局，决定派右仆射裴寂来前线督军抗击，任命裴寂为晋州道行军总管，讨伐刘武周，任其见机行事。

可是，裴寂也未能改变战场的形势。裴寂到了介休，宋金刚就凭借城池抵抗。裴寂在度索原扎营，军士饮用山涧里的水，宋金刚就切断水源，使唐军的士兵因干渴失去战斗力。裴寂想转移营地靠近水源，宋金刚便趁机挥兵进攻，于是，裴寂的军队溃败，几乎全军覆灭，裴寂本人只身逃回晋州。紧接着，刘武周进逼太原，齐王元吉半夜带着妻妾逃离，奔赴长安。李唐王朝的发迹地竟在旦夕之间陷落了。李渊惊呼："晋阳有几万强兵，有足够吃十年的粮食，王业兴起的根基，一下就丢弃了。"十月，宋金刚进攻并攻克了浍州和晋州。而且，由于裴寂怯懦，错误地实行焚烧政策，令百姓惊恐不安，忧愁抱怨，以致于人人都想去当强盗。夏县居民吕崇茂聚众起义，响应刘武周，裴寂前去讨伐，竟被吕崇茂打败。消息传到长安，朝野震惊。就在这种十分险恶的形势下，李渊慌忙颁发手敕："贼势到如此地步，很难与他们抗争，不如放弃黄河以东地区，谨守关西。"秦王李世民坚决不同意，上表称："太原是王业的基础，国家的根本；河东地区富饶，京城靠它供给，如果全部放弃，臣深感愤恨。希望给臣三万精兵，必定可望消灭刘武周，收复汾、晋。"于是，高祖征发关中所有兵力扩充李世民的部队，让他挂帅讨伐刘武周。李渊亲自到长春宫为秦王送行。

十一月，正值隆冬季节，李世民乘河冰坚硬，带兵从龙门渡过黄河，驻扎在柏壁，与宋金刚对峙。当时黄河以东的州县遭抢劫后，没有粮仓，人人惧怕侵扰，他们聚居在城堡中，唐军根本征集不到东西，严重缺粮。面对这种情况，李世民坚决改变过去裴寂那一套扰民的做法，想方设法安抚人心。他发布王敕晓谕百姓，百姓听说李世民率军前来，踊跃归顺，由近及远，前来的人日益增加，然后唐军逐渐征集粮食，军粮因此充足。于是休兵喂马，只命小部队乘机抄掠敌军，大军则坚壁不战，宋金刚的势力因此日益衰落。一次，李世民带轻骑兵去侦察敌情，随从的骑兵四下分散，只他和一名穿铠甲的士卒登上山丘睡觉。不久，敌人从四面包围了他们二人。开始，二人毫无知觉，恰巧蛇追老鼠，碰到了甲士的脸，甲士惊醒后发现敌情告诉了李世民，二人一起上马，才走了百余步，就被敌人追上，李世民用大羽箭射死了敌人的骁将，敌骑兵于是退去。坚壁了一段时间，各位将领不耐烦了，都请求与宋金刚交战。李世民说："宋金刚孤军深入，麾下集中了精兵猛将，刘武周占据太原，依仗宋金刚为屏障。宋金刚的军队没有储备，靠掠夺补充军需，利于速战。我们关闭营门不出，养精蓄锐，可以挫败他们的锐气，然后再分兵攻汾州，隰州，骚扰他的心腹之地，等到他们粮尽无计可施，自然会退军。我们应当等到那时再战，目前不宜速战。"

　　双方对垒相持 5 个月后，宋金刚以军粮困乏，部队大馁，不得不后撤。秦王率军奋勇追击，至吕州追上了宋金刚部将寻相。打了个大胜仗后，又继续追击，一昼夜走了 200 多里，打了几十仗。到高壁岭，总管刘弘基抓住马的缰绳规劝道："大王打败敌人，追到这里，功劳已足够了，不断深入，就不爱惜自己吗？况且士兵们饥饿疲惫，应当在此停留扎营，等到兵马粮草都齐备了，然后再进击也不晚。"李世民说："宋金刚军心涣散；无计可施才逃跑，功劳难立而失败容易，机会难得，转瞬即逝，一定要趁此机会消灭他。如果我们停滞不前，让他有时间考虑对策加以防备，就不可能轻易打败他了。我尽心竭力效忠国家，怎么能只顾惜自己的身体呢？"于是，催马追击，将士们也不敢再提饥饿。唐军在雀鼠谷追上宋金刚，一天交锋八次，都打了胜仗，俘斩敌军数万。当晚，在雀鼠谷宿营。李世民已经两天没有吃上饭，三天不解铠甲睡觉了。部队里能吃的只剩下一只羊。将士们都很饿，李世民就和大家分吃了这只羊。接着，李世民带兵赴介休城。这时，宋金刚尚有二万部队，宋军出西门，背城而阵，欲决死战。李世民命李世勣、程咬金、秦叔宝当其北，翟长孙、秦武通当其南，他本人则亲率3000精骑冲其阵后，结果，宋金刚大败而逃。李世民追出几十里，来到张难堡，摘下头盔示意堡垒，据守堡垒的军士认出李世民，都欢呼雀跃，高兴得流下泪来。随从告诉守军：秦王还未进食。守军便献上混酒、粗米饭，秦王吃得很香。

在张难堡，敌军将领尉迟敬德、寻相等率余部八千来降。敬德籍属朔州，武勇善骑，是一位杰出的精骑将领。李世民得到尉迟敬德非常高兴，引为右一府统军，并让他仍然统领八千旧部。有人担心，敬德会叛变。李世民不听，说："昔日萧王推心置腹并且能够完成使命，现在信任敬德又有什么可怀疑的。"刘武周听说宋金刚失败，大为惊恐，便带了百余骑弃太原北走，亡奔突厥。宋金刚收拾残部，准备再战，但部众都不肯跟随他与唐军作战，于是宋金刚也和一百多骑兵逃往突厥。不久，宋金刚打算跑回上谷，被突厥捉回，腰斩。

刘武周当初南侵犯唐时，他的内史令范君璋曾规劝道："唐主以一个州的兵力，直取长安，所向无敌，这是上天有助，不是人力。晋阳以南，道路狭窄险要，孤军深入，后无援军，假如进军攻战不利，怎么回军，不如北面联合突厥，南面与唐结交，在此一方称王称霸，才是长远之计。"刘武周不听，留范君璋守卫朔州，自己率军南侵。刘武周失败后，流着泪对范君璋说："我没有采纳你的意见，以至于到了现在这种地步。"过了一段时间，刘武周策划从突厥逃回马邑，事情泄露，被杀。突厥人任命范君璋为行台，统领刘武周的余部。

经过半年艰苦卓绝的奋斗，李世民终于圆满完成了使命，收复了晋、汾旧地，消灭了又一个"争天下"的强大敌人，为巩固初生的唐朝政权立下了殊勋。在这次战役中，李世民不仅在指挥上是杰出的，在军事作风上也堪称模范，一个封建时代的军事指挥者，能够在战斗中做到身先士卒，与士兵同甘共苦，确实是难能可贵的。

战役结束以后，李世民留将领李仲文镇守并州，自己则引军凯旋长安。

威震关东——攻打王世充，镇压窦建德

唐初统一战争期间，规模和声势最大的一次战役，是平定刘武周。此战结束以后，秦王李世民开始指挥对王世充包括窦建德的征讨。这次战役，历时十个月，前八个月重点是攻打王世充，后两个月主要是镇压窦建德的势力。

唐郑相争

李渊父子攻占西都长安以后，也想进一步谋图东都洛阳。武德元年（618年）正月，命李建成为左元帅，李世民为右元帅，督诸军十余万人，直奔东都。四月，进军至东都，扎营于芳华苑，但无法入城。李世民提出："我们平定关中不久，根基还不牢固，即使得到了东都，也不能守住！"于是，引军而还。李世民预料部队撤退时，隋军会来追击，就在三王陵设下埋伏。果然，隋将段达率一万多人追来，遇上伏兵，被打得大败而逃。后来，唐王朝为了对付主要的对手薛举父子，调秦王李世民到陇右抗击，就无暇东顾了。直到打败了刘武周，解除了东北侧面的威胁，才把战争的重点转移到关东地区，以对付并消灭王世充。武德三年（620年）七月一日，高祖下诏命秦王李世民统率诸军攻打王世充。唐军气势磅礴，直驱河南。王世充探知，急忙从各州选拔骁勇，集中洛阳。七月二十一日，李世民到达新安，王世充带军坚守洛阳四城和周围城镇。很快，唐将罗士信率先头部队包围了慈涧，

王世充带部队前往救援。七月二十八日，李世民带轻骑去前线察看军情，突然遭遇王世充的部队。双方人数相差悬殊，道路又很艰险。李世民被敌军团团包围。这时，只见秦王策马飞奔，左右开弓，敌人应弦而倒，并抓获敌左将威将军。敌人畏于李世民的威势，退军。李世民返回营地，满面灰尘，部下根本认不出来，将他拒之门外，李世民摘下头盔发话，才进了营门。次日，李世民率领五万步兵和骑兵开赴慈涧，王世充退回洛阳，一些州城也纷纷降唐。紧接着，李世民作了重要部署：派遣行军总管史万宝自宜阳南据伊阙之龙门，将军刘德威自太行东围河内，上谷公王君廓自洛口切断东都粮道，怀州总管黄君汉自河阴攻回洛城。同时，李世民亲率主力大军驻扎洛阳北面的北邙山，连营进逼洛阳。这样，筑成了对东都的包围圈，断绝其粮饷供应，使王世充陷于孤立挨打的境地。

8月14日，怀州总管黄君汉派张夜叉用水军攻克洛阳城，捉守将达奚。善定以后，王世充在青城宫列阵，秦王也列阵相应。隔着滚滚的河水，王世充对李世民说："隋朝灭亡，唐在关中称帝，郑在河南称雄，我王世充未曾向西侵唐，而秦王您却忽然率军东来犯郑，这是为什么？"李世民让宇文士及答复道："普天之下都敬慕皇帝的声势教化，唯独阁下不讲声教，我们就为此事而来！"王世充说："我们互相息兵讲和，不是很好吗？"宇文士及又回答："奉诏命令我们攻取东都，没有命令我们讲和！"到傍晚，双方各自带兵回营。9月，唐军陆续控制了东都外围的大多数军事据点，河南郡县相继前来归附。这时，发生了这样一件事：由于已经降唐的原刘武周将领寻相等人大都又叛唐而去，唐军诸将怀疑尉迟敬德可能会叛离，便轻率地将他囚禁在军中。行台左仆射屈突通、尚书殷开山向李世民进言："尉迟敬德骁勇绝伦，现在被囚禁，内心必然怨恨，留着恐怕会成后患，不如索性杀了他。"李世民说："不可，敬德如果真要叛离，又怎么会在寻相之后呢？"马上下令放开尉迟敬德，把他带入卧室，赐给金子，世民说："男子汉大丈夫相互之间讲的是意气相投，不要因为一些小事而介意，我最终没有相信谗言而害了忠良，您应该明白。如果您一定要走，这点金子就算是路费，以表这一段共事之情。"九月二十一日，李世民带五百骑兵巡视战区地形，登上魏宣武帝陵，正当这时，王世充率领一万多步兵和骑兵到达此地。敌军包围了李世民。郑将单雄信持长枪直奔李世民，尉迟敬德立即跳上马大喊着将单雄信刺下马。见状，王世充军稍稍后退。敬德护卫着李世民突围，所向无敌，出入王世充的部队，如入无人之境。随即，唐将屈突通率大军赶到，将王世充的军队杀得落花流水。此役，活捉了王世充的大将军陈智略，斩敌首级1000多，俘虏6000多，王世充本人只身逃脱。遭遇唐战结束后，李世民对尉迟敬德说："怎么这么快就得到了您的回报？"并赐给敬德一箱金银。从此，尉迟敬德日见宠遇。李世民器重敬德，一在于他的忠诚，二在于他的武艺。尉迟敬德善于避让长矛，每次单枪匹马冲入敌阵，敌人密集的长矛刺来，怎么也伤不了他，他还能夺取敌人长矛回刺过去。齐王李元吉颇以擅长骑术和使长矛自负，听说尉迟敬德的名声，请求各自去掉枪头相互较量，一决胜负。尉迟敬德说："敬德自当去枪头，王不必去。"比武时，元吉始终刺不中敬德。秦王问尉迟敬德："夺矛和避矛哪个难？"敬德回答："夺矛难。"于是秦王又命尉迟敬德夺齐王手中的长矛。李元吉手持长矛跳上马，一心要刺中尉迟敬德，但尉迟敬德只一会儿就三次夺了李元吉的长矛。元吉虽然脸上一副惊叹诧异的样子，内心却深以为耻。

　　唐郑之间的战斗在激烈地进行着。唐军的统帅李世民运筹帷幄，尽遣奇策，积极打击对方。武德四年（621年）正月，唐军开展的"黑衣行动"，使敌遭受惨重的损失。秦王挑选了一千多精锐骑兵，全部黑衣黑甲，编为左右两队，分别由秦叔宝、程知节、尉迟敬德、翟长孙统领。每次作战，李世民都亲自披上黑甲，率领将士作为先锋，乘机进击，所向披靡，令敌人畏惧。一次，屈突通和窦轨带兵巡行营屯，突然与王世充遭遇，交战后不利，这时，秦王带领黑甲队救援，打败了王世充军的进攻，俘虏、歼灭敌人6000多人，其中包括俘虏骑将葛彦璋。二月，唐军探知王世充的儿子王玄应率兵数千，从武牢运粮到洛阳。李世民立即派遣将军李君羡组织截击，使王玄应的运粮部队遭到毁灭性的打击。

随着战争的发展，武德四年（621年）2月13日，李世民将军营移至洛阳城西北的青城宫。青城宫原为王世充陈兵之所，被迫撤退时遭到了大肆破坏。唐军刚到，壁垒尚未修好，王世充就率两万兵马猛烈反扑，他们凭借旧马坊的墙垣沟堑展开攻击，使唐军诸将大为惊慌。在这种情况下，李世民让精骑在北邙山列阵，自己登上北魏宣武帝陵观察郑军阵势。他对身边的人说："贼子的兵力已窘迫了，现在他们倾巢而出，想侥幸打一仗，今日打败他，以后他就再也不敢出战了。"李世民命令屈突通率五千步兵过谷水进攻王世充，并告诫屈突通："军队一交锋立即放烟火。"不一会儿，烟火升起。李世民即带领骑兵向南冲击，身先士卒，与屈突通会合兵力奋力战斗。

唐·三彩罐

为了了解王世充军阵兵力分布情况，李世民带领几十名精锐骑兵冲入敌阵，不可阻挡，杀伤很多敌人。不久，因长堤所限，李世民和众骑兵走散，唯有将军丘行恭紧紧跟随着。数名敌骑兵追上来，射毙了李世民的坐骑。丘行恭立即调转马头，射击追赶的郑兵，箭无虚发，追兵不敢向前。丘行恭将自己的坐骑让给秦王，自己在马前步行。他手挥大刀跳跃大喊着奋力斩杀，冲出了王世充军阵，得以回归唐军大部队。王世充也率领部队殊死搏斗，军队几次三番被打散后又重新集合起来继续进攻，从上午七八点钟战至中午，部队才撤退。李世民挥军追击到洛阳城下，俘虏并歼灭了7000人。到此时，唐军完成了对东都洛阳的包围，王世充封城固守，不敢复出。

洛阳城的防御十分严密，大炮可以将50斤重的石头射出200步远，八弓弩的箭杆像车辐，箭镞如同巨斧，可以射 500 步远。唐军四面攻城，昼夜不停，十几天下来，还是不能攻克。城中先后有 13 人想倒戈应唐，均没有来得及发动就被王世充杀死。唐军将士都疲惫不堪想回关中，连总管刘弘基等也请求班师回朝。李世民说："如今大举而来，应当一劳永逸。洛阳以东的各州已望风归附，唯有洛阳一座孤城，其势已不能持久，成功在即，怎么能放弃而回朝呢？"于是下令全军："洛阳不破，决不回军，再有胆敢提出班师的一律斩首。"高祖听说以后，曾下密诏让李世民还军。李世民上表说明洛阳必定可以攻克，同时，又派参谋军事封德彝回朝面陈军事形势。封德彝对高祖说："王世充得到的地方虽然多，但都不过是加以笼络略有联系的部属，实际号令所能管辖的只不过洛阳一城而已，他已经智尽力穷，克城之日就在近期之内。现在如果回师，他的势力重新振作起来，再加上各地互相联合，以后要想消灭他就难了！"高祖听从了李世民的建议。

大战虎牢

正当围困洛阳僵持不下的时候，河北农民军首领窦建德以十几万之众，号称 30 万，向西溯黄河而上，突然出现在唐军的背后。这是怎么回事呢？窦建德，清河漳南 (今山东武城东北) 人。农民出身。曾为里长。大业七年 (611 年) 任二百人长。因助孙安祖起义，家属遭杀害，遂率部起义，投高鸡泊起义首领高士达，任司兵。大业十二年 (616年) 为军司马，击杀涿郡通守郭绚。高士达牺牲后，他继为领袖，称将军，拥众十余万。大业十三年 (617 年) 于乐寿 (今河北献县) 称长乐王，年号丁丑，攻占信都，清河等郡。河间之战，歼灭隋将薛世雄部三万余人，声势大振，随即攻下河北大部郡县。据说，当时曾有五只大鸟落在乐寿，数万只鸟随着大鸟，经过一天才离开。窦建德以为是自己的祥瑞之兆。宋城有人得玄圭献给窦建德，他的部属说："这是上天赐给大禹的，请将国号改为夏。"窦建德听从他们的请求，称夏王，建都乐寿，改年号为五凤，国号夏。五凤二年 (619 年) 迁都豪州

(今河北永年东南)。窦建德每次打了胜仗，攻陷城池，得到的物资财产，全部用来分给将士，自己不留任何东西。他生活俭朴，不吃肉，经常吃蔬菜下白米饭。妻子曹氏不穿绫绢做的衣服，役使的奴婢侍妾，才十几个人。打败宇文化及后，获得一千多名隋朝宫女，当即遣散。大量任用隋朝官员。派遣使节到洛阳朝见皇泰主，皇泰主封他为夏王。开始的时候，他和王世充联合交好。待王世充自立为帝后，就与王世充断绝了关系。王世充侵占了窦建德的黎阳，窦建德便攻破殷州报复王世充，从此，郑、夏两国关系恶化。

等到唐军逼近洛阳，王世充派遣使者向窦建德求救，窦建德先是不加理睬，坐观唐郑相斗。至武德三年（620年）十一月，唐强郑衰几乎成了定局，中书侍郎刘彬向窦建德建议："天下大乱，唐得关西，郑得河南，夏得河北，形成三足鼎立之势。如今唐起兵攻郑，从秋到冬，唐军日渐增多，郑国地域狭小，唐强郑弱，势必不能支撑，郑灭亡，夏也不能单独存在了。如果放弃仇怨，发兵救郑，夏从外袭击，郑自内反攻，一定能打败唐军。唐军退兵后，再慢慢观察形势变化，如果郑可取就取郑，合并两国的兵力，趁唐军疲劳，可以夺取天下！"窦建德听从此论，派人见王世充，答应出师援救，率军渡河南下。次年二月，攻克周桥（今山东菏泽附近）；三月率众西向，以救洛阳。攻陷荥阳后，水陆并进，很快就抵达成皋（今河南汜水）的东原。窦建德还派使者赴唐军，请求唐停止进攻洛阳。

这样的局势，唐军是没有预料的，如何决策呢？李世民召集将佐们商议，大家意见很不统一。记室薛收说："王世充保据东都，仓库充实，统帅的兵马，都是江淮地区的精锐，现在的困难只不过是缺粮。因为这个缘故，被我们拖住，想打打不了，要坚守又难以持久。窦建德亲自统帅大军远道赴援，也会尽出其精锐。如果放他到此，两寇合兵，将河北的粮食运来供给洛阳，那么大战才展开，不知什么时候结束，统一天下的日子更是遥遥无期了。现在我们应当分出兵力围困洛阳，加深壕沟，增高壁垒，如果王世充出兵，要小心不和他交战。秦王您亲自率领骁勇精锐，先占据成皋，磨快兵器，训练兵马，等他们到来，以逸待劳，一定能够克敌。打败窦建德后，王世充自然也就会败亡，不出二十天，我们就会捉住两个国君。"李世民十分赞赏他的计策。但萧瑀、屈突通、封德彝等不同意，他们认为："我军疲惫不堪，士气低落，王世充凭借洛阳宫城坚固辅以防守，不容易很快攻克。窦建德挟胜之势而来，士气高涨锐不可当，我军腹背受敌，不是好办法，不如撤退保守新安，以便等待时机。"李世民说："王世充损兵折将，粮食吃尽，上下离心，我们不必花气力攻打，可以坐等他败亡。窦建德刚刚打败了孟海公，将领骄傲，士卒疲惫，我们占据武牢，等于扼住他的咽喉。他如果冒险作战，我们可以轻而易举打败他；如果他犹豫不决，不来交战，要不了十天半个月，王世充自己就会溃败。破城后兵力增强，士气军势自然提高，一下打败两个敌人，就在这一仗了。如果不迅速进军，窦建德进入武牢，周围各城新归附，必然不能坚守；两敌合力，势力必然强大，怎么会有机可乘呢？我的计划决定了！"屈突通等人又请求解除洛阳之围，凭借险要以观敌军变化，李世民不答应。于是，李世民把军队平分为两部分。由屈突通等人辅助齐王李元吉围困东都，他自己率领三千五百名骁勇向东直奔武牢。李世民率领的部队于当日正午时分出发，过北邙，至河阳，取道巩县而去。王世充登上洛阳城墙望见唐军行动，不知其意图，不敢出城交战。

武德四年（621年）三月二十五日，李世民进入武牢。次日，他带领500名骁骑，出武牢，到城东二十多里处，观察窦建德的营地。行进中，李世民在沿途留下随行的骑兵，分别让李世勣、程知节、秦叔宝统领，埋伏在路旁，自己只带四人一同前去。李世民对尉迟敬德说："我拿着弓箭，你持长枪跟着我，就是来一百万人又能拿我们怎么样？"离窦建德营地三里处，李世民与窦建德的巡逻兵相遇，巡逻兵以为他们是侦察军情的斥候。这时，只听李世民一声大喊："我是秦王！"随即，拉弓搭箭，射死对方的一员将领。于是，窦建德出动五六千骑兵追赶。跟随李世民的人都吓得变了脸色。李世民对随从说："你们只管在前面走，我和敬德殿后。"他勒住缰绳慢慢走，追兵赶上了就拉弓放箭，每射一箭都杀死一个人。追兵惧怕，便停止追击，停了一会儿又重新追赶，几次三番，每次追赶上来必有人被杀死。不多时，李世民射杀了几个人，敬德杀死十几人。这样，追兵不敢再进逼。埋伏在沿途的李世勣等人也奋力战斗，大败追兵。返回营地后，李世民致函窦建德："王世充曾与您修好，但已经反复，现在王世充的灭亡就在眼前，却花言巧语引诱您，您于是就率领三军之众，来听命于他，千金军费，白白为别人消耗，实在不是上策。如今和您的前哨相遇，他们不堪一击，您与王世充还没能相见，能不心中有愧吗？我所以稍挫您的锐气，是希望您能听从善意的劝告，如果您不听，恐怕会后悔莫及。"窦建德在武牢受唐军阻挡不能前进。在此停留了一个多月，其间，打了几仗都未能取胜，于是，军心涣散，人心思归。而唐军接连胜仗，气势大振。在这种情况下，祭酒凌敬献上一策：出动全部兵力渡过黄河，攻取怀州、河阳，再跨越太行山，乘虚入上党，略地汾、晋，奔赴蒲津。如此，既可以占领河东之地，拓土得众；又将威胁关中，逼使唐军后撤，以解东都洛阳之围。窦建德准备按凌敬的建议行事，但是，王世充连续不断地派人来告急，王琬、长孙安世也日夜哭泣，请求窦建德援救洛阳，又暗地里用金玉收买窦建德手下的将领，这些将领便阻挠执行凌敬的计划。诸将都说："凌敬是个书生，哪里懂得打仗的事，他的话怎么能听呢？"于是，窦建德对凌敬说："现在大家士气很高，这是上天在帮助我，趁此机会决战，必定能大胜，不能照您的意见办了。"凌敬再三争辩，窦建德不高兴，命人把他架了出去。窦建德的妻子曹氏说："凌敬的话不能不遵从。现在大王从滏口趁大唐空虚，连营渐进夺取山北并、代、汾、晋等地，又借助突厥从西部掠夺关中，唐军必然回师自救，还用担心郑国的东都之围不解吗？如果在此地停滞不前，磨灭了士气，消耗了财力，要想成功，就没有日期了！"窦建德说："这不是女人能懂的！我来救郑，郑如今处境很危急，就要亡国，我弃他而去，是畏惧敌人而背信弃义，不能这么做！"

决战终于展开。武德四年（621 年）五月一日，秦王李世民北渡黄河，逼近广武，侦察敌情，乘机留下一千多匹马，在河中沙洲放牧以引诱窦建德，他自己则当晚返回武牢。次日，窦建德果然倾巢而出，陈兵汜水，连绵二十里，擂鼓前进，声势赫赫。李世民登上高丘瞭望敌阵，对诸将说："敌人从山东起兵，还没有碰见过强大的对手，如今身涉险境却很喧嚣，没有纪律，逼近城池排列战阵，有轻视我们的意思。我们如果按兵不动，他们的勇气自然就会衰竭，列阵时间一长，士卒饥饿，势必就会自动撤退，我们乘机追上去攻击，必然会取胜。我和各位打赌，一过正午，肯定能打败他们。"窦建德确实轻视唐军。他派出三百骑兵涉过汜水，在离唐营一里的地方停下，然后传话给李世民："请挑选几百名骑兵和他们打着玩玩。"李世民立即派王君廓带领200名长枪手应战，互相交锋，骤进骤退，不分胜负。各自返回营地。接着，王琬骑着隋炀帝的青骢马，配崭新的铠甲和兵器，来到阵前向众人夸耀。李世民说："他骑的马真是匹好马！"尉迟敬德请求去夺马，李世民制止他说："怎么能为了一匹马损失一员猛士呢？"敬德不听，旋即和高甑生、梁建方骑马冲入敌阵，一会儿，活捉王琬，牵着青骢马奔回唐营。

到了中午，夏军士卒已饥饿疲惫，都坐了下来，争着喝水。窦建德迟疑着想撤退，李世民见状，立即命令宇文士及带三百骑兵经过窦建德军阵西边往南奔驰，并告诫他："敌人如果不动，就带兵返回，如果敌阵动了，就从东面出击。"宇文士及一到，敌人果然动了，李世民说："可以打了！"这时，放牧黄河滩的战马也已返回。于是，下令出击。李世民率领轻骑率先猛冲，大军跟随在后，东涉汜水，直扑敌阵。灭顶之灾转眼就到，可窦建德还在举行朝谒。这样，当唐军骑兵突然临近时，朝臣们都不知所措。慌乱之中，很难组织起有效的抵抗。而唐军所向披靡，在夏军各个阵营大伐大砍，杀得尘土飞扬，遮天蔽日。窦建德军队迅速被击溃，窦建德本人中枪，退至牛口渚被俘。李世民斥责作为俘虏的窦建德："我们讨伐王世充，与你有什么相干，竟跑到你的领土之外，来与我们交战！"窦建德说："现在我不自己来，恐怕以后还得烦您远途去攻取。"

取得对夏战争胜利以后，秦王李世民押解着窦建德、王琬、长孙安世、郭士衡等人到洛阳城下，显示给王世充看。王世充流着泪和窦建德接话。王世充召集诸将商议突围，准备南奔襄阳。众将领都说："我们依赖的是夏王窦建德，如今夏王已被俘，我们就是突围，最终也无法成功。"迫于形势，在五月九日，王世充身穿素衣，带领郑国的太子、官员及其他2000人到唐军营门投降。李世民按礼节接受他们的投降。王世充俯下身体，汗流浃背。李世民说道："你总认为我是个小孩，如今见了小孩，为什么这么恭敬？"王世充叩头谢罪。

武德四年（621年）七月九日，战功赫赫的秦王李世民凯旋。在齐王李元吉、李世勣等25员战将前面，李世民身披黄金甲，威风凛凛，英武非凡。一万匹铁骑在军乐的伴奏下，雷霆般奔驰在长安的宽阔道路上。到太庙，李世民献俘获的王世充、窦建德以及隋朝皇家的车驾、御物，举行仪式祭祀祖先。

十月，唐高祖见到王世充，历数其罪行。王世充说："我的罪固然该杀，但是秦王准许我不死。"次日，下诏赦免王世充，把他作为平民，和兄弟子侄安置到蜀中。同日，在闹市中将窦建德处斩。因为防守人员尚未配备好，王世充一行暂时被安置在雍州官衙房内。被王世充所杀的独孤机的儿子、定州刺史独孤修德听说后，带着兄弟们到王世充停留的地方，假称有敕令传唤郑王，王世充和兄长王世恽跑出门，被独孤修德等人杀死。

平定刘黑闼——兄弟正式反目

刘黑闼漳南人，最开始在李密手下，后来归降王世充，最后又投降窦建德。窦建德封他为汉东郡公，窦建德败亡之后，回到故乡务农。

窦建德在长安遇害后，其旧将范愿、董康买、高雅贤等人既忧惜

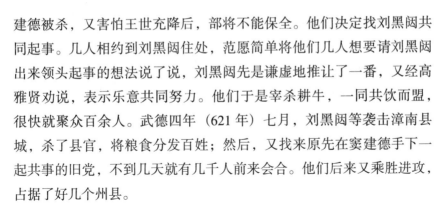

建德被杀，又害怕王世充降后，部将不能保全。他们决定找刘黑闼共同起事。几人相约到刘黑闼住处，范愿简单将他们几人想要请刘黑闼出来领头起事的想法说了说，刘黑闼先是谦虚地推让了一番，又经高雅贤劝说，表示乐意共同努力。他们于是宰杀耕牛，一同共饮而盟，很快就聚众百余人。武德四年（621年）七月，刘黑闼等袭击漳南县城，杀了县官，将粮食分发百姓；然后，又找来原先在窦建德手下一起共事的旧党，不到几天就有几千人前来会合。他们后来又乘胜进攻，占据了好几个州县。

刘黑闼自称大将军，继续向东进军，各州土豪都来归附，一时山东境内大乱。

高祖本来正要南下江陵巡视，听说刘黑闼起事，只得派了淮安王李神通会同幽州总管李艺一起前去镇压，但都被刘黑闼打败，著名的将军罗士信还阵亡了。

与此同时，唐境内几乎所有窦氏部将，都纷纷争相杀害唐朝的官吏，以响应刘黑闼，刘黑闼的势力眼看一天比一天强大。

高祖甚为着急，不得不再派秦王世民和齐王元吉，共赴山东讨伐刘黑闼。

然刘黑闼终究还是敌不过大唐，相持六十多天后渐渐支持不住，最后被李世民用水淹之计大败，仅带了两百余骑兵匆匆脱身。因无路可走，只好往北投奔突厥去了。

李世民击走刘黑闼之后，正欲向山东兖州进发，攻打另一支叛军徐圆朗，却忽然有朝廷使者来请他回朝。李世民便将战事交代给弟弟李元吉，就回长安了。

李世民见到高祖后，将攻打徐圆朗可能取胜的有利条件讲了一番。高祖又派他回到黎阳，等到李世民的大军接连拿下十余个城市，高祖的诏书又下来了，命令他迅速班师。李世民只得遵命，走时命令淮安王李神通和行军总管李世勣尽快进攻兖州。

谁知就在这时，败走的刘黑闼，居然到突厥借到兵，卷土重来，大举进犯山东。淮安王李神通不得不集中军队进行防御。同时，幽州的总管李艺也奉命协助抗击刘黑闼。但刘黑闼攻势猛烈，而以前的老部下曹湛和董康买等人，本亡命在外，此时也聚众前来会合。刘黑闼先后攻下定州和瀛洲，瀛洲刺史马君武被杀害。李神通自知不能抵抗，急忙请求增派援兵。

于是高祖命令淮阳王李道玄为河北道行军总管，与行台民部尚书史万宝一起讨伐刘黑闼。李道玄才十九岁，年轻气盛，当即带兵三万直奔下博，并约史万宝一起前进。

史万宝只是含糊答应，私下却对部将说："淮阳王轻躁冒进，如果与他同时发兵，一定会全军覆没。不如让他前去诱敌，一旦失利，敌方必定追击，我们只需待在原地不动，就能将其打败。"随即发布命令，命令不准任何人轻举妄动。

而李道玄却满以为史万宝很快也会出发，协同自己作战，于是带领部队大胆前进。走了不多远就遇到一条沟，李道玄将马一夹便跃了过去。部下也紧随其后，陆续越过横亘在前面的壕沟。但过沟者刚刚半数，那刘黑闼已经带着黑压压的一队兵，漫山遍野地出现了。

这突然袭击使李道玄根本来不及整队，难免有些惊慌。但已然遭遇上了，只有不顾性命之忧，冒死抵抗。说时迟，那时快，瞬间刘黑闼就将道玄及部分唐军围在中央。李道玄仗着自己的勇猛，一面带兵左冲右突，一面大喊杀敌。无奈敌军越聚越多，冲开一层，又上来一层，层层不绝。眼看手下士兵一个个都被杀下马来，李道玄自己也受了重创，最后干脆向敌人最多的地方冲去。

奋力杀掉数十人后，十九岁的行军总管李道玄大吼一声，喷血而亡。部队失去主师，自然很快溃不成军，一大半都被刘黑闼手下杀死。

到这时候了，那史万宝才整队出来迎战。却只见从前线溃散的士兵，纷纷往回逃窜，而后面紧紧跟着刘黑闼的大批追兵。放眼一看，这些追兵全是雄赳赳的壮汉，手持亮晃晃的利器，大约有四五万之众。史万宝不由得害怕起来，但好在还并未吓退，仍下令作战。可是队伍却不听指挥，不但不依令前进，反而往后倒退，此时史万宝也没了主见，只好也策马向后奔逃。

刘黑闼带人乘势追击，好似泰山压顶一般。未及逃走的唐军，都白白地送了性命。

前线失败、李道玄战死的消息很快传回长安。李世民听后不禁欷歔："道玄曾经跟随我到处征战，常见我深入敌阵，如今他也不顾厉害地冒险杀敌，谁会想到竟然因此送了性命啊！"一面说着，一面流泪。

高祖也甚为淮阳王之死而难过，追赠其为左骁卫大将军。

自从李道玄败亡之后，唐任命的洺州（治今河北永年东南）州总管庐江王李瑗弃城西逃，各州县再次向刘黑闼投降归附。不到半月，刘黑闼就全部收复了失地，仍然以洺州作为都城（窦建德的夏国曾建都于此）。

此时还在山东境内的齐王元吉和淮南王李神通，均畏畏缩缩、不敢向前。高祖很想再派李世民出征，心中却又有些迟疑，事情就一天一天地延宕下去。正巧太子李建成主动请求到山东平乱，高祖顿时十分高兴，马上授他山东道行军元帅，所有河南河北各州，都受他统管。李建成领命后，高高兴兴地出发了。

原来，太子的洗马魏徵担心李世民谋求太子之位，建议李建成"主动出征以再建大功，并且结识山东豪杰"，李建成这才向高祖要求赴山东平乱，魏徵也一同随往。

李建成、李元吉一起合力对刘黑闼穷追猛打，终将刘黑闼捉住。李建成担心有人再来搭救刘黑闼，在洺州将其斩首。刘黑闼临死时想起前因后果，禁不住感叹道："我本来在家中种菜，却被高雅贤等人叫出来复仇造反，现在终于惹上杀身之祸。唉，悔之晚矣。"此时是武德六年（623年）正月。

定襄之战——三千骑兵攻取定襄城

　　隋朝末年，阿尔泰山一带的突厥逐渐强盛起来。后来，突厥内部分裂为东、西两部：西突厥居住在今新疆一带，东突厥居住在今内蒙古和山西、河北的北部。当时，各地农民纷纷起义，地方势力割据一方，东突厥族乘机向内地发展。为了争夺天下，刘武周、梁师都、李渊等都曾利用过东突厥。李渊在太原起兵时，曾派大将军刘文静联络始毕可汗，始毕可汗派人送给李渊一千多匹好马，两千多名骑兵，协助李渊作战。唐王朝建立后，东突厥自恃有功，骄恣蛮横，索取无度。李渊因忙于内政，没有力量对付突厥，只好采取退让的态度，每年送给突厥大量的钱财。颉利可汗上台之后，兵力强盛，以为唐朝软弱可欺，不断进行骚扰掠夺。

　　当时，定襄城（今大同市西北）是东突厥的大本营，隋朝灭亡以后，突厥把隋炀帝的皇后萧后及齐王之子杨政道收留在这里，并立杨政道为隋王。凡跑到突厥的汉人，都由杨政道统管，颉利可汗也在定襄城一带驻有重兵，多次对唐朝进行骚扰。

　　唐高祖武德四年（621年）四月，颉利可汗率领骑兵一万与刘武周旧部苑君璋将兵六千，联合进攻雁门郡（今代县），被唐将定襄王胡大恩击退。第二年春，突厥发生饥荒，唐朝派胡大恩与独孤晟带兵讨伐苑君璋，约定于二月会师马邑。期限已到，不见独孤晟带兵到来，胡大恩带兵驻到新城，颉利可汗派数万骑兵联合刘黑闼围攻胡大恩，唐军大败，战死数千人，胡大恩阵亡。六月，颉利可汗率领五万骑兵南下一直攻到了汾州（今汾阳）。

武德八年（625 年）七月，颉利可汗集中了十余万骑兵，大肆掠夺朔州，然后带兵南下，袭击太原，张瑾全军覆灭，只身逃走。第二年七月，突厥十余万骑兵从武功进入唐境，唐朝京城戒严。

尽管突厥多次骚扰，但唐与突厥仍还保持着友好往来的关系。贞观元年（627 年），突厥遭受雪灾，颉利可汗害怕唐朝乘机袭击，引兵进入朔州，名义上说是打猎，实际上是预防唐军的进攻。之后，突厥表面与唐和好，但又支持梁师都屡次进犯唐朝，于是，李世民加紧练兵备战，做好战争准备。

贞观三年（629 年），突厥连年遭灾，六畜多死，统治集团内部分化瓦解，互相叛离。唐代州都督张公瑾具体谈到进攻突厥的六条有利条件。"颉利纵欲逞暴，诛忠良、亲奸佞，这是第一条。薛延陀等诸部背叛，这是二。突利、拓设、欲谷设都得罪了，无所自容，这是三。塞北霜旱，粮草乏绝，这是四。颉利疏其族类，系委诸胡，胡人反复，大军一临，必生内变，这是五。我们入北，其人数众多，比闻所在啸聚，保据山险，大军出塞，自然响应，这是六"（《资治通鉴》卷一九三）。李世民听从了大臣们的意见，派遣兵部尚书李靖为定襄道行军总管、并州都督李世勣为通漠道总管，华州刺史柴绍为金河道行军总管，灵州大都督薛万彻为畅武道行军总管，率领十余万大军，向东突厥进攻。其时，定襄城由颉利可汗驻兵把守，防守严密。为了攻取定襄城，李靖没有采用大兵进行围攻，而是采取了突然袭击的战术。第二年农历正月，李靖率领精锐骑兵三千，从马邑北进，首先出其不意地占领了定襄城南的重要战略据点——恶阳岭。突厥颉利可汗没有想到唐军会如此神速到来，大为惊恐地说："你们不全部来，李靖竟敢一支军队来？"（《新唐书·李靖传》）李靖利用突厥的恐慌心理，暗中派人进入定襄城活动，说服颉利可汗手下的头领康苏密，带领萧后及杨政道一起归顺了唐朝，从而削弱了定襄城的力量，然后，在一天夜晚，李靖带领精兵突然袭击，一举攻破了定襄城。颉利可汗从定襄城逃走，退保铁山。与此同时，李世勣则率领另一路唐军出兵云中，与东突厥战于白道，也获得胜利。在唐军大兵压境、节节胜利的形势下，颉利可汗派使臣来唐朝谢罪，请求继续和好。唐太宗李世民派唐俭、安修身持节安抚，并命令李靖前往招降。李靖带兵在白道与李世勣相会后，两人商议说：颉利可汗表面请求投降，实际是想以此作为缓兵之计，等草青马壮，退到漠北再发展势力。突厥兵马还有很多，如果退到漠北，道远路阻，难于追及，就会养成后患。现在，唐俭、安修身去后，突厥防务必然放松，我军随后袭击，可以不战而胜。他俩把计策对张公瑾说后，张公瑾说：诏书已答应突厥投降，唐朝使者也去了，怎能再袭击。李靖说，这正是韩信灭齐国的计策，时机不可错过。于是，李靖带领一万精兵，二十天的干粮，从白道进军，李世勣率军随后增援。果然，不出所料，颉利可汗放松了警惕。唐军前进到距颉利驻地十五里时，才被发现。颉利仓促应战，部下纷纷溃败。结果，突厥被唐军杀死一万多人，俘虏了颉利的儿子叠罗施和突厥人民十余万口，颉利的妻子隋朝义城公主也被唐军杀死。颉利带领万余人准备逃往漠北，李世勣带领部队在碛口堵住颉利返路，又俘虏了五万多突厥人。颉利大酋长也率领部下投降了唐朝。其后，颉利投奔苏尼失部沙钵罗设，唐将张宝相率师进攻沙钵罗设，俘虏了颉利并押送到京城，苏尼失率部投降，从此恒安、定襄及漠南之地尽归唐朝。

定襄之战，给东突厥族以沉重打击，从此，东突厥灭亡。李靖也因这次战争被晋封为代国公。李世民说：李陵以步兵五千攻打匈奴，兵败投降，还被史书歌颂。李靖以三千骑兵攻取定襄城，这是从古未有的事，足可以洗掉我在渭水之战的耻辱，可见这次战争的重要性及其深远的影响。

第五章

玄武兵变，改元贞观

　　唐高祖李渊跟窦皇后共生了四个儿子，其中三子玄霸早夭，其他三位分别是长子李建成、次子李世民和四子李元吉。这三兄弟中最有才能的要算李世民。当初李渊任太原留守时，李世民就深观远察，立下建业之心，他不但自己文武双全，而且折节下士，手下召集了一大批能人志士、武将谋臣。李渊在太原树旗起兵，起用李世民为统兵大将，进军长安之前，李渊对他许下承诺："事若有成，一定立你为太子。"

　　攻陷隋都长安后，李渊即位成为唐高祖，封李世民为秦王，拜尚书令。由于当时群雄四起，天下未定，李世民必须率兵南征北讨，成就统一天下之大业；若这时立他为太子，按朝规就必须谨言守身，留在东宫韬养资望，所以形势让李渊无法当即履行他的诺言。

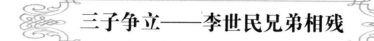

三子争立——李世民兄弟相残

　　大唐王朝的开国皇帝李渊共有二十二个儿子，其中正妻窦氏所生嫡子四人，即长子李建成、次子李世民、三子李玄霸、四子李元吉。李玄霸早夭，其余三人在李渊建唐过程中都立有功劳。当李渊在太原起兵时，李建成是左军统帅，李世民是右军统帅，李元吉是中军统帅，留守太原。

　　李渊称帝的当年便册立李建成为太子，又封李世民为秦王、李元吉为齐王。这里面本来就有早定名分、以免日后兄弟相争的意思。但是，李渊称帝的时候，天下还远远谈不上稳定。不仅群雄逐鹿，连年厮杀，而且光皇帝就有好几个，李渊只是其中之一。尽管他占据长安，有居高临下的优势，但实力也不见得最强。李唐得以逐一消灭群雄，统一天下，李世民当推首功。

　　李世民在开国后的几年里，不仅建立了功勋，树立了威望，更重要的是，他大大发展了自己的势力。他不仅网罗了尉迟敬德、秦叔宝、程知节等著名将领，又广泛结交名士，比如房玄龄、杜如晦等著名的十八学士，都成了他的谋士。所以，他的势力无人能比。李建成在太原起兵之后，也打过一些胜仗，虽然没有李世民那样雄厚的实力，但是，他有太子这个合法的身份，使得一大批皇亲国戚聚集在他的周围；而且他长期留守关中，在京城长安一带有稳固的基础，甚至宫廷的守军都在他的控制之下，他还把齐王李元吉拉拢过去。总的说来，李建成和李世民是势均力敌，旗鼓相当。

　　武德七年 (624年)，李建成、李世民兄弟双方的斗争达到了白热化

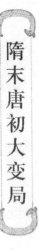

和公开化的程度。李建成预感到李世民的威胁日益严重，兄弟之间仇杀不可避免，于是决定先下手为强。他积极扩充东宫实力，以防不测。他私自招募四方骁勇之士两千人，充为东宫卫士，号称长林兵；又派心腹可达志赴幽州 (今北京市附近) 招募突厥骑兵三百余人，纳入东宫诸坊。李渊得知后，为控制事态，将可达志贬往外地，痛斥了李建成一顿。但李建成仍不死心，又暗令心腹杨文干在庆州 (今甘肃庆阳) 募兵，秘送东宫。

仁智宫变——李建成险遭废黜

是年六月，天气渐热。李渊率领文武官员前往仁智宫 (今陕西宜君县境内) 避暑，令太子李建成留守长安，秦王李世民和齐王李元吉随同前往。李建成认为有机可乘，遂与李元吉定计，谋害李世民。他派东宫郎将尔朱焕、校尉桥公山送信给杨文干，令其于庆州发动兵变，到时里应外合。

尔朱焕、桥公山深感此事非同小可，弄不好会自毁三族，于是中途反悔，直奔仁智宫告密。

李渊闻讯大怒，下令将李建成扣留起来，又令司农卿宇文颖去庆州召杨文干来见。不料宇文颖与杨文干关系不错，到庆州后即以实情相告。杨文干顿知死罪已成，遂起兵造反。李渊只得派李世民率钱九龙、杨师道等将前往庆州平叛。盛怒之下，李渊第一次向李世民说出有关废立的气话："杨文干造反的事与建成有关，恐怕响应他的人不会少，所以才派你出征。回来后，便改立你为太子。我不会像隋文帝那样，令骨肉相残。我想封建成为蜀王，让他入川。蜀兵脆弱，他日后倘若能够听从你的话，你就要保全他。如若不然，你收取他也比较容易。"听完这番话，李世民心中不胜欢喜，多少年来的政治夙愿，终于从父亲嘴里说了出来。他急切地等待这一时刻的到来，怀着激动的心情，率兵前去平叛。大军一到庆州，叛军顷刻瓦解。杨文干为部下所杀，传首京师。

李世民走后，李建成的心腹们想到，如果李建成垮台，势必牵连到自己。于是，李元吉通过同情李建成的嫔妃向李渊求情，又重金贿赂中书令封德彝劝说李渊。在嫔妃和重臣的周旋下，李渊改变了主意，又派遣李建成返回长安居守，废立之事遂告作罢。

李渊出面——三皇子互不相让

李渊看得出，如果在自己的有生之年不能稳操政柄，妥善解决兄弟之间的权力之争，朝廷必将大乱，手足之间也会生成诛杀之祸。他决定必须支持一方，稳住另一方，使双方都有所收敛，缓和斗争的尖锐程度。他权衡再三，觉得还是站在李建成一边，更有利于政局的稳定。这是由于：第一，李建成是长子，而且已经立为太子，天下臣民家喻户晓，站在李建成一边，既符合传统，也有利于现实；第二，站在李建成一边，可以使其由弱变强，增加其与李世民抗衡的政治力量，遏制李世民居功自傲的气焰；第三，站在李建成一边，不用改立皇储，拥嫡派的文武大臣不会受到政治上的冲击，可以保持大局的稳定。

李渊的决心下定以后，对几个儿子的态度更加明朗化了。他一方面向诸子宣传孝悌之道，以史为鉴，希望兄弟间能化干戈为玉帛；另一方面，仍然重用李世民，重大的政令和军事行动都听取他的意见；他对太子李建成也十分关注，注意其政治动向。同时，他还想利用齐王李元吉这张牌，来平衡李建成与李世民之间的关系。但是，李元吉则认定李世民不会甘居人下，他与李建成的仇恨由来已久，不可能重归于好；况且，李元吉也有夺宗之心。因此，李元吉采取消极的不合作的态度，这使李渊更加为难。

七月里的一天，李渊为了缓和三兄弟之间的矛盾，带着他们到长安城南打猎，并让他们驰射角胜。李建成故意让李世民骑他的一匹难以驯服的烈马。李世民刚骑上马，马就狂蹦乱跳起来。李世民急忙跳下，再骑上去。谁知刚一上去，马又蹦跳起来。这样反复了三次，李世民才降伏了这匹烈马。他骑在马上，对旁边的人说："有人想用这匹马害死我，岂不知死生有命，怎么害得了呢？"李建成听了，便抓住李世民所说的"死生有命"大做文章，通过嫔妃们向李渊告状："秦王太狂妄了，他说天命在他身上，是一定要坐天下的人，不会轻易死掉！"李渊大怒，立即召见李世民，责备他说："天子自有天命，不是你要点手段就能当得上的！我还没死，你为什么这样心急呢！"李世民再三解释，李渊就是不听，拍着桌子大发脾气。

李世民像

正在闹着，外面送来情报，说突厥又入寇北边。李渊要靠李世民出征，只得草草了结此事。

一计不成，又生一计。一天夜里，李建成请李世民赴东宫饮宴，暗中放了慢性毒药。李世民宴罢回到秦王府，呕吐腹泻不止，最后竟吐出血来。多亏他平日礼贤下士，府中聚有名医，经多方抢救，终于脱险。

这一次大难不死，李世民提高了警惕，与李建成更是水火难容了。

李世民为了在争权斗争中万无一失，派心腹温大雅去镇守洛阳，并用大量金帛作为贿赂费用，令心腹张亮去交结山东豪杰，以便长安事变一旦失手好有后路可退。李元吉得知此事，便告发张亮图谋不轨。于是，李渊下令将张亮下狱，但张亮死不认账，李渊只好又将其无罪释放。

在兄弟之间矛盾日深的情况下，李渊为了缓和他们兄弟之间的关系，想出了一个折中的办法。他对李世民说："首建大谋，削平海内，都是你的功劳。因此，我打算立你为嗣，但你执意推辞。况且建成年龄居长，又为嗣已久，没有什么大的过错，我实在不忍心废弃他。据我观察，你们兄弟之间已很难相容，如果都在京城，必然争斗不已。我想让你出镇洛阳，主持东部政务，并准许你建天子旌旗，像汉朝梁孝王那样。"

李世民深知此举是父皇对自己的宽容，同时也是对自己政治企图的侦测。而且他也知道，一旦离开长安这个政治中心，自己就很难达到夺取太子地位的目的。于是，他就以不愿离开父亲、愿在膝下尽孝为由推辞。但是，李渊还是执意要他离开长安去洛阳。他安慰李世民说："天下一家，东、西两都相距不远。我想念你的时候，就去洛阳看望你，你用不着为此悲伤。"

李建成和李元吉得知这个消息以后，认为如果让李世民去洛阳，拥有土地和甲兵，就很难控制他了。而把他留在长安，只不过是一介匹夫，取之甚易。于是，就在李世民将去洛阳赴任的前夕，他们指使数人秘密上书言事，诬告说："秦王左右听说要去洛阳，个个手舞足蹈，高兴异常，看样子秦王再也不会回到长安了。"又令心腹秘劝李渊，细说其中利害。在这种情况下，李渊又改变了主意，不再让李世民出镇洛阳。

李建成为了巩固自己的地位，走内宫路线，多方讨李渊妃嫔们的欢心。妃嫔们知道他是将来的接班人，便与他交好，在李渊的面前说他的好话。同时，也帮助他时不时地散布一些李世民坏话。而李世民也利用妻子长孙氏在父皇身边服侍的机会，加紧收买宫门守将，做先发制人的准备工作。在东宫和齐王府，他也安插了自己的耳目。

事态发展得日益严重了。在李建成、李元吉和妃嫔们的劝说下，李渊曾想废黜李世民，以确保李建成的太子地位。大臣陈叔达谏道："秦王有大功于天下，不能废黜。况且他性格刚烈，假若无故加以抑制，恐怕要发生难以预料之事。到那时陛下后悔就来不及了！"

李渊只得作罢。

李元吉早有夺宗之心，对庸懦的太子李建成，他倒不十分担心，唯一顾忌的便是秦王李世民。此时，他见有机可乘，便大胆地劝说李渊，请求除掉李世民。李渊回答说："秦王有平定天下之功，如今罪状并不显著，有什么理由除掉他？"李元吉说："平定洛阳时，秦王就已萌动夺宗之心。当时他散发钱帛，交结豪杰，私树己恩，收买人心，又违抗君命，顾望迟留，这不是造反是什么？怎能说没有理由杀掉他！秦王为臣不忠、为子不孝，留着他早晚是个祸害。望陛下三思！"一席话说得李渊怦然心动，但他无法轻易勾销父子之情，仍然不忍下手，不过也没有责罚李元吉的诛兄之心。

父皇的举动，李世民一清二楚。当他得知上述情况以后，便决定先下手为强，杀掉李建成和李元吉，逼父皇退位。

秦王府骁将谋士甚多，李建成、李元吉颇为忌惮。他们曾用重金收买尉迟敬德、段志玄等人，以便寻找刺杀李世民的机会，但都碰了钉子。尉迟敬德是李世民手下第一员猛将。他们更是放心不下，收买不成，便派刺客前去刺杀，但也没有得手。李元吉又向李渊进谗言，欲将尉迟敬德下狱治罪，多亏李世民多方相救，尉迟敬德才得以脱险。此计失败后，李建成又鼓动李渊将李世民的心腹谋士房玄龄、杜如晦逐出秦王府。

李世民深感如此下去秦王府将要被击垮，再不动手只能坐以待毙。为了试探元勋宿将的态度，他冒着危险问计于灵州大都督李靖和行军总管徐世勣，二人均不置可否。既不出主意，也不去告发，李世民心里便有了底。于是，他决定抢先动手。

矛盾激化——秦王府奇谋秘计

  武德九年 (626 年) 六月，一个决斗的机会终于来了。边防传来消息，突厥又向唐朝发动进攻。李建成推荐李元吉为帅，得到李渊同意。李元吉又请求将秦王府的战将尉迟敬德、程知节、段志玄和秦叔宝等人归他指挥，并调李世民部下精锐士兵充实自己的部队，李渊也都同意了。李渊作出这一决策，是为了改变双方的政治力量，巩固李建成的太子地位。而李建成和李元吉却想借这个机会架空李世民，然后寻机将其除掉。他们商量了具体办法：当李元吉出征时，李建成和李世民同去送行，乘其不备之时，将李世民杀死。

  在这千钧一发之际，李世民安插在东宫的耳目、率更丞王晊派人将这一消息告诉了李世民。李世民闻讯大惊，急忙召集心腹们商议。为了探得心腹们的真实态度，以防他们临阵脱逃或反悔，李世民装出一副可怜无奈的样子，故行激将之法。当妻兄长孙无忌劝他立即动手时，他叹息道："骨肉相残，古今大恶。我固然知道祸在旦夕，但还是想等待他们现行发难，然后以正义之师讨伐他们，这样不更好吗？"

  性格爽直的尉迟敬德一听这话便火了，冲着李世民嚷道："谁不爱惜自己的生命！现在众人都誓死追随大王，这真是天赐良机。祸患垂发之际，而大王却仍然晏然处之，不以为忧，实在令人难以理解。您这样不爱惜生命，甘受屠戮，对宗庙社稷又有什么好处？大王若不听我的话，我宁愿亡命江湖，也不这样坐以待毙！"

  长孙无忌也说："如今不听敬德之言，大王必败无疑。到那时不仅敬德不能再侍奉大王，无忌也要相随而去，不愿跟着大王白白送死！"

李世民见状，又装出一副可怜相："我刚才说的话，也不是全无道理，你们再想想有没有别的办法。"

尉迟敬德斥责说："大王如今处事迟疑，非智；临难不决，非勇。况且，大王平常所蓄养的八百名勇士，现在都已经入宫听命。箭在弦上，不得不发。骑虎之势已成，怎能安然了结？"

其他人也纷纷表态，一致同意立即起事。但李世民仍然假惺惺地让人占卜，以测吉凶。这一举动，激怒了幕僚张公瑾。他气冲冲地上前一把抢过占卜用的龟甲，扔在地上，大叫道："占卜是为了决疑，如今事情明明白白，无疑可言，还用占什么卜？再说，箭已上弦，卜之不吉怎么办？难道还能就此罢休吗？"

李世民终于明白了秦王府上下全都拥护自己，于是不再迟疑，命令长孙无忌密召房玄龄、杜如晦入府议定兵变部署。

政治风云，变幻莫测。头脑机敏、极富政治经验的房玄龄，在这生死存亡关头也施计探究实底。他对奉命前来的长孙无忌说："皇上已经下令，不让我再去侍奉秦王。如今倘若我私自进见秦王，必会因此丧命。请阁下转告秦王，玄龄不敢奉召。"

李世民听了长孙无忌的汇报，不禁勃然大怒。他对尉迟敬德说："房玄龄和杜如晦难道要背叛我吗？你赶快去一趟，把咱们的打算和他们讲清楚，如果他们仍无来意，就提着他们的首级来见我！"

又等了好一会儿，既不见房杜二人，又不见尉迟敬德，众人正在焦虑不安之际，忽见长孙无忌和两位头戴平顶冠、身穿青布袍的道士联袂而至。李世民定睛一看，正是房玄龄和杜如晦。原来，二人见到尉迟敬德后，知道李世民大计已定，于是便不再犹豫。为防止暴露目标，二人乔装成道士，和长孙无忌先行入府，尉迟敬德则从别道自行入府。

惊天巨变——玄武门杀兄夺位

经过一番精心谋划，杀兄夺位的计划终于商量妥当了，诸人分头准备行动。为了能把李建成和李元吉按计划引入自己的阴谋圈内，李世民恶人先告状，以难以一时说清的罪过告发李建成、李元吉淫乱后宫，以激化父皇与二人的矛盾。

李渊果然中计，大惊道："竟然有这样的事？"

李世民又道："儿臣于兄弟毫无亏负，但自从平定王世充、窦建德以来，太子多次加害于儿臣，此皆父皇所亲见。儿臣实在不解，太子对儿臣为何如此深仇大恨，莫非要为王、窦二贼报仇不成？二人若死而有知，一定会称心快意于地下！如果太子阴谋得逞，儿臣枉死以后，实在无颜面对王、窦二贼。"

说罢，伏地痛哭不已。

李渊道："你所奏之事，关系重大，明日我要亲自审问！"

当天夜里，李世民调兵遣将，准备妥当。第二天一早，便亲自率领长孙无忌等人，埋伏在玄武门附近。

与李建成有勾结的张婕妤听到了风声，马上派人报告李建成。李建成急忙找李元吉商量对策。

李元吉道："今日之事，来势不善。你我且称病不朝，将两府兵众集聚一起，静观事变。"

李建成想了想道："不好，你我不去，父皇必然以为我等畏罪躲避，倒让世民得逞了。此时你我一定得在父皇身边，可以察看动静，相机行事。况且，内有张、尹二妃照应，外有自家军队守卫玄武门，

能把我们怎么样?"

李元吉一听有理,也就不再坚持。于是二人翻身上马,一前一后,穿过通训门,直朝玄武门方向而去。

这一天,正是唐高祖武德九年 (626 年) 六月初四。

唐代宫城,建在渭水南岸龙首原高坡之上,位居长安城正北,北高南低。共分为太极宫、东宫、掖庭宫三大部分,面积极为辽阔。太极宫为其主要部分,是皇帝听政、住宿之处,仅此一处,便比今日北京故宫大了将近三倍,其气派的宏大不难想象。玄武门在太极宫正北端,居高临下,直耸云端,俯视着整个宫城,气势极为宏伟。守卫玄武门的守将名叫常何,原是李建成的心腹,但早已被李世民收买过去了,李建成对此却懵然不知。

兄弟二人并驾齐驱,不久就来到了距玄武门不远的临湖殿。李元吉突然发现今日这一带的情况与平时很不一样,没有玩耍嬉戏的宫女,没有巡视游弋的宦官,静得有点瘆人。蓦地,从前边不远处茂密的树林中,传出一两声悠长的马嘶,再仔细一看,隐隐约约似有一些人影在走动,不时还闪烁出一星半点刺眼的光斑,打过仗的人都知道,那是刀剑等利器被太阳照射后所折出的光芒。

此时伏兵四起,李建成被李世民射死,李元吉也死在尉迟敬德的箭下,史称这次政变为"玄武门之变"。

三天以后,李渊被迫宣布立秦王李世民为太子,国家大事一律由太子处理。这年八月,李渊被迫让位,自称太上皇。李世民当上了皇帝,他就是唐太宗。第二年,改年号为贞观。

"玄武门之变"以后,东宫和齐府的文武官员纷纷逃离京城。太子东宫僚属魏徵曾劝说李建成早日除掉李世民,此时又没有逃跑,因此被士兵们抓住,押到李世民面前。李世民见魏徵毫无惧色,厉声喝道:"魏徵,你知罪吗?"魏徵坦然答道:"身为臣子,为主分忧,何罪之有? 遗憾的是,太子没有听从我的话,否则,就不会有这样的结局了。"秦王府骁将程知节跳上一步吼道:"死到临头,尚说屁话,你……"魏徵微微一笑,打断程知节的话,说道:"今日来此,只求一死。"

李世民被魏徵的凛然之气感动了。他走下座位，拍着魏徵的肩膀说："过去的事就算了。我拜你为朝廷的谏议大夫，以后就跟在我的身边吧。我有很多缺点需要你这样的人指正呢！"

士为知己者死。魏徵也被李世民的大度和至诚感动了。他热泪盈眶，激动地说："殿下！只宽宥臣一人是不行的，太子和齐王的部下多着呢。"李世民当即答道："你说得很对。现在我就任你为特使，去宣布朝廷的旨意，对他们既往不咎，全部赦免。"

此时，李建成和李元吉的部下大都逃亡山东，准备起事。魏徵手捧赦旨来到，没动一刀一枪，便平定了可能发生的叛乱。

"玄武门之变"作为统治阶级的内部斗争，只是赤裸裸的权力争夺和毫无人性的血腥屠杀，本身并没有什么积极意义。然而，这场暴力争夺客观上的积极意义却是不容抹杀的。李世民踏着兄弟的尸体登上至尊的宝座之后，进行政治改革，知人善任，严格执法，轻徭薄赋，锐意经史，发展教育，完善科举，开创了中国封建社会少有的开明政治——贞观之治，从而名垂青史。而玄武门，也因此而名传千古。

渭桥之盟——大智大勇平忧患

北方的突厥主颉利可汗，虽然曾与李世民在豳州定盟，但后来依然屡屡进犯。武德九年（626 年）八月，颉利和突利再次举兵二十万，侵入唐的边境泾州（治今甘肃镇原东南）。

太宗下诏戒严，并派尉迟敬德为泾州道行军总管，带兵前去抵御。敬德到了泾州后，正好与突厥兵相遇，杀死突厥一千多人。吃了这一败仗后，颉利继续向长安进发，驻扎在渭水便桥之北，之后派遣心腹执失思力到长安面见太宗，以探虚实。

太宗召见执失思力，问他为何派兵侵犯。思力说："你们派发给我们的金币，不但没有定额，有时还干脆不给。所以我国可汗带兵百万前来请命。"

太宗毫不畏惧义正词严地说："我与你国可汗当面约定和亲，前后赠送金帛不计其数。现在你们自己首先违背盟约，带兵入侵我大唐疆土，是你没有道理。我想你们虽居戎狄地区，也应懂得人之常情，怎么能够如此背信弃义？现在，我应先将你斩首，然后再与可汗作战，看你们可汗能不能取胜我军？"

思力听了，顿感惊慌，连忙磕头谢罪。有大臣进来提醒李世民："两国相争，不斩来使，请皇上派人送还思力，以示宽容仁德。"

太宗说："我如果遣还突厥来使，反而令他更加藐视我大唐尊严，这是能够随便纵容的事么？"

又回头对思力说："我将派人把你的头颅送回去，让你看着我亲自带兵征战，究竟是谁胜谁负？"

说完指令左右将思力关押起来。然后，太宗召集宫中禁军，自己亲自披上铠甲，跨上战马，带着高士廉、房玄龄等六人，直接奔赴渭水。

当时，颉利可汗正在营中坐等执失思力回来报告情况，忽然有人匆匆进营，说是："唐天子来了。"

颉利上马出营，隔河遥望，只见对面巍然立着六位骑兵，为首的那位盔甲鲜明，果然是当年的秦王，当今主事中原的大唐天子。

颉利惊魂未定之间，对面唐天子朗声说道："颉利可汗，我与你定盟幽州，约好不再相犯，近年来你多次负约，我正要兴师问罪，你却主动带队前来了，莫非是前来送死么？"

说到这里，唐天子又扬鞭指向空中："苍天在上，我国未曾有负可汗，而可汗却负了我国。有负于我，就是有负于天，请问可汗，是否能够承担这个结果？"

那颉利听到这话，更加感到心惊。他随身带着的将士本来信鬼信神，又看唐天子高高在上，威风凛凛，不由得魂飞魄散，相继下马膜拜。忽然间，只听得锣声喧天，鼓声动地，生龙活虎的唐军陆续集结，迅速摆成了一字的长蛇阵，而太宗还在马背上昂然立着。真是声威显赫，不可小视。

大臣萧瑀担心太宗轻敌，一再坚持请求太宗还朝。

太宗悄悄对他说："你还不知道，我都已经考虑好了。突厥敢举国前来进犯，是由于我国内有难，而我又刚刚即位。我们如果表现得怯懦，只是闭城自守，他必然让部队大肆抢掠。我为此特意只带少量人员，让他看到我从容不迫；同时又大张旗鼓地集结军队，作出必然开战的阵势。他被我的正气所慑，又被我军威所震，再说毕竟是深入我腹地，心中多少也有担忧。在这种情势下，如果我们与之交战，则一定取胜；如果与之讲和，则必然长久稳固。是否制伏突厥，就在这一招了。你看着吧，他们已经无能为力了。"

果然过了片刻，就有突厥使者渡过渭水，来向太宗请求讲和了。太宗大声责骂来使，来使也只得俯首听命。最后，太宗勉强同意与之和谈，并限期次日订盟。

于是遣还来使，太宗回到宫中。第二天，又亲临城西与颉利在便桥相会。再次定盟后，双方即指挥退兵，太宗也将执失思力放了回去。

太宗后来告诉大臣，之所以与之讲和，是因为自己刚刚即位，国家还未安定，百姓还不富强，也考虑到如果交战过多，突厥必定生怨，由怨而惧，就会发愤图强，将来肯定会来报复。而现在结盟而退，今后很可能更加志骄气傲，而不再防备唐军，到那时才可以一举消灭。

这时期，唐朝境内基本安稳，只是北方的梁师都仗着突厥势力未平定。于是太宗派遣右卫大将军柴绍前去讨伐梁师都。师都连忙向突厥告急，颉利派兵相援，但很快被唐军打败。后来，由于被唐军围困的时间太长，城中食物都已耗尽，师都的弟弟将其杀死后，全城投降。至此，中原全境才真正统一。

平定边患——节节胜利助盛世

到贞观四年（630年）春，太宗接到北征军的捷报：颉利被李靖打得落荒而逃。

颉利被李靖突破后，一口气奔往碛石，正想在此重整旗鼓，将来东山再起。万万不料并州都督李世勣，不知从何处杀了出来，颉利可汗如临大敌，立即调兵作最后一搏。但是他的队伍已是不堪一击，交战不久就溃不成军。

颉利估计碛石也守不住了，又窜入铁山苟延残喘，一面命令执失思力赴唐都长安谢罪，表示情愿举国投降。

太宗于是派遣鸿胪卿唐俭和将军安修仁，一同前往安抚；又下令让李靖率兵相迎。

李靖接到命令后，对副将军张公谨说："颉利虽然失败了，但其麾下余部势力还比较强大。如果不乘胜追击，今后结局很难预料。为了不留后患，最好趁皇上派去安抚的使者到突厥时，我们即刻派兵出击。那颉利肯定不会有所防备，还来不及反抗和躲避，便能被我擒获了。"

但张公谨说："皇上已经下了诏书，同意突厥投降，如果我们再发兵袭击，虽然胜利是肯定的，但派去的使者不是要被害了？"

李靖答道："机不可失，当年韩信破齐就用的这个计策。唐俭等人有什么可惜的呢？"说罢连夜派兵进发。

这时，正好李世勣也率军前来会师，李靖把自己的意见一说，两人一拍即合。于是由李靖作先锋，李世勣为后应。沿途碰到突厥的巡逻兵，一律擒获，令其充作向导。

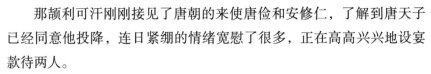

那颉利可汗刚刚接见了唐朝的来使唐俭和安修仁，了解到唐天子已经同意他投降，连日紧绷的情绪宽慰了很多，正在高高兴兴地设宴款待两人。

忽然有人进来报告颉利："唐兵已到，离这不到十里了。"

颉利一听大惊，质问唐的使者："这……这到底是什么意思？大唐天子既然允许我归附，却又出兵前来袭击，竟然这么言而无信么？"

唐俭等人急忙从座上起身说："可汗不必怀疑，我两人是从长安来的，还没有到李将军的部队去接洽，大概李将军还不知情，所以带兵来了。现在如果由我两人出去阻止，一定可以让他们撤军。可汗不必担心！"

说完，唐俭和安修仁两人携手出了突厥营帐，跃马扬鞭，很快就不见了踪影。

颉利听了唐俭的话后，认为他说的是实情。待唐俭离去后，还认为不必设防抵抗，眼巴巴地望他二人退军。

谁知营帐外的警报却是源源不断地传来，一会儿说唐军还相距七里，一会儿说只相距五里了。于是颉利亲自出门遥望，果然看见大队的唐军浩浩荡荡地开过来了。他知道这一切已经太晚，来不及部署兵力迎接战斗了，只得慌忙跨上战马自个儿逃去。主帅如此，其部下也只好抱头鼠窜。唐军闯入大营如入无人之境。

颉利可汗原来是去投奔一位叫苏尼失的部将，这苏尼失在颉利的势力逐渐衰落，其余各部大都不再买颉利的账时，依旧对颉利忠诚不贰。颉利见到苏尼失后，建议两人去投奔正在壮大的吐谷浑。苏尼失却有些犹豫不决。

正好李靖这时凯旋退军，只是命令灵州总管、任城王李道宗出兵追捕颉利。道宗于是派人送信给苏尼失，让他将颉利交出来；同时又派副总管张宝相率军进逼。可怜颉利听到这个消息后，不得不躲到荒山野外去了。

苏尼失听说唐军马上就到，而自己又无力抵御，只好到处搜寻，终于将颉利抓住。正巧唐军黑压压地到了，苏尼失将颉利献上，率领

众人出来投降。

颉利被送回长安后，太宗在顺天楼举行了盛大的召见仪式。颉利伏地请罪，太宗高声说："你借父兄遗业残害人民，自取灭亡，这是你的第一大罪；与我多次结盟又多次违背誓言，这是你第二大罪；恃强好战，不顾人民死活，这是你第三大罪；践踏我的庄稼，掠夺我的人民，这是你的第四大罪；我派遣使者招安，你却迟迟不来，这是你第五大罪。但我念你自从便桥之盟以后，总算没有再来侵犯，所以赐你不死，你不要再不知道感恩啊！"

颉利闻言，一边下泪一边连声称谢。

太宗于是命人将颉利带下去，好好款待，并加封李靖和李世勣为光禄大夫。

再后来，太宗将原来突利的地盘分为四州，颉利的地盘分为六州，左置定襄都督府，右置云中都督府，分别统率已经被唐廷降服的突厥部落；又命令突利为右卫大将军北平郡王兼任顺州都督。

而苏尼失擒获颉利有功，特封为怀德郡王，授宁州都督。

颉利在留京期间，郁郁寡欢，渐渐地形容憔悴，不久即染病而亡。苏尼失听说颉利去世，悲伤至极，也随颉利而去。

贞观八年（634 年）冬季，北方的吐谷浑举兵侵入唐的边境地区凉州（治今甘肃武威）。太宗命令李靖为西海道行军大总管，统率诸军，前去讨伐吐谷浑；另又派了兵部尚书侯君集、刑部尚书李道宗等五人为行军总管，分兵五路殊途同进，但都归李靖总管。贞观九年（公元635 年）五月，大军到了凉州后，节节胜利，穷追不舍，最后吐谷浑只得举国投降。

至此，唐朝基本消除了边境隐患，也为将来的盛世打下了坚实的基础。在这一点上，唐太宗李世民实在是中国古代皇帝中少有的明君。

第六章

纳谏如流，贞观之治

　　李渊自逐鹿中原的群雄中崛起，建立唐朝，定都长安。唐朝为胡汉融合的政权，因此对外来文化采取兼容并包的态度，是中国历史上国力强盛、经济繁荣、文化灿烂的王朝，是我国封建社会发展史上的一座高峰。

　　唐太宗即皇帝位后，为政崇尚清静，偃武修文，轻徭薄赋，宽仁慎刑，终于迎来了年丰谷贱，政治清平。历史表明，唐太宗以文治国的政治路线，是在他的大臣们协助下制定和执行的，是他"任贤能，受谏诤"的贤人政治的必然结果。

吸取教训——借鉴经验治国家

　　唐太宗李世民即位时，唐王朝虽已建立约有九年的时间，可是除去讨伐各种割据势力、统一全国的时间，唐王朝真正致力于国家治理工作不过才一两年的时间。现在，摆在李世民面前的首要问题便是寻求治术，把整个国家纳入正常的运转轨道。

　　太宗即位之初，曾与群臣讨论治理之术，并感慨：“今承大乱之后，恐斯民未易化也。”也就是说，隋乱初平，太宗担心老百姓不容易被教化。谏议大夫魏徵接着皇帝的话说："不是这样的，太平盛世的百姓容易娇贵散漫，娇贵散漫则难于教化；历经乱世的百姓深感愁苦，深感愁苦则易于教化。这就好比是'饥者易为食，渴者易为饮'。"大家觉得魏徵的分析很有道理。但右仆射封德彝站出来表达不同意见："夏、商、周三代以来，百姓渐渐浮诈，过去秦朝以法律来治理国家，汉朝则用霸道，他们大概不是不想教化好百姓，只是做不到罢了。魏徵是个书呆子，不识时务，如果相信他的虚妄之论，必定会国破家亡。"魏徵也不甘示弱："每个朝代都有各自治理国家的方法，像黄帝、颛顼、商汤、周武等人之时，都是太平盛世，难道不是大乱之后的大治吗？若说人心不古，渐致浇讹，那么发展到现在，人恐怕都变成鬼魅了，还谈什么治理百姓。"

　　这场辩论以魏徵的胜利而告终。

　　为什么唐太宗最终采纳了魏徵的意见？正是因为魏徵的意见不仅吸取了历史的教训，而且借鉴了历史的经验。

　　太宗起于戎伍之间，历经隋末动乱，深知隋炀帝乱政的教训，百姓乱中思治，唐太宗在起兵反隋朝的经历中深有体会。魏徵认为百姓乱后易于教化，魏徵的看法与太宗的经历体会相符。这就是所谓的吸取历史的教训，吸取教训并不意味着否定历史。历史上好的经验我们还是要学习。魏徵的意思是说："每个朝代都有自己的统治方法，我们唐王朝也不例外。"只要采取符合时情的统治方法，我们一定能够治理好国家。试想，此时的李世民初登帝位，正值中年，志得意满，正当希望一展身手之时，再加上战场上培养起来的自信心，哪里有连百姓都治理不好的道理？魏徵的意见与太宗的心思不谋而合。

反观封德彝的言论就没有这么高明。魏徵的意见最终得到李世民的认可，自然是情理之中了。

这次君臣讨论在贞观时代起到了至关重要的作用。这次讨论是为贞观时代"定策"，也就是说，通过这次讨论胜出的魏徵的意见成了唐王朝今后二十多年间的指导思想。

笼络人才——致安之本，唯在得人

唐太宗在他的青年时代，便以善于笼络人才而著称。晋阳起兵的前后，李世民与刘文静、裴寂等人结为密友，共谋起兵大事。攻取长安，李渊称帝后，李世民又依靠房玄龄、杜如晦、长孙无忌、程知节、尉迟敬德、秦叔宝、段志宏等一大批文武贤才，在统一天下的战争中接连取得胜利；此后又在"玄武门事变"中杀死建成、元吉，登上了皇帝的宝座。早在武德四年（621年），李世民擒窦建德、王世充，得胜回京，被授为"天策上将"时，他便开文学馆置十八学士。这一事实表明当时秦王李世民已经把以文治国引以为自己的"大任"。

李世民深知他是得助于秦王府中的智囊团为他出谋划策，又有尉迟敬德等一班武将之助，他才当上了皇帝。即皇帝位后，在如何治理国家这个问题上，他理所当然地把网罗天下人才作为安定天下、治理国家的前提条件。李世民于武德九年（626年）八月即皇帝位，九月设置弘文馆，表明他对于为政得人是何等的重视。

贞观二年（628年），唐太宗对房玄龄、杜如晦说："公为仆射，当助朕忧劳，广开耳目，求贤访哲。"唐太宗对侍臣说："朕居深宫之中，视听不能及远，所委者惟都督、刺史，此辈实理乱所系，尤须得人。"这里唐太宗把"得人"视为关系国家"理"与"乱"的关键所在。他所说的"得人"，既指朝廷中的三公九卿等宰相、大臣，也包括地方上的都督、刺史，中央与地方官员。

贞观三年（629年），唐太宗对房玄龄、杜如晦说："公为仆射，当广求贤人，随才授任，此宰相之职也。"

唐太宗把"得人"视为"致安之本"，其目的在于借此安定天下，益于百姓。正如贞观元年（627年）他对兵部员外郎杜正伦说："朕今令举行能之人，非朕独私于行能者，以其能益于百姓也。朕于宗亲及勋旧无行能者，终不任之。以卿忠直，朕今举卿，卿宜勉称所举。"

魏徵对于唐太宗初年的"求贤如渴"，亦给予充分地肯定："贞观之初，求贤如渴，善人所举，信而任之。"纵观唐太宗于在位期间，对选任贤才问题一直十分重视。直到贞观十三年（638年），他还在对侍臣说："能安天下者，惟在得用贤才。公等既不知贤，朕又不可偏识，日复一日，无得人之理。"

唐太宗求贤如渴、网罗天下贤才以致天下太平，还表现在贞观年间，先后曾五次下达求贤诏书。据《全唐文》所载，有《荐举贤能诏》、《令河北、淮南诸州举人诏》、《求访贤良限来年二月集泰山诏》、《令州县举孝廉茂才诏》（卷七）、《令天下诸州举人手诏》。这些诏书，反映了唐太宗对任贤致治的认识和重视，既表达了他求贤如渴的急切心情，亦是他为招贤才致天下太平的措施之一。唐太宗对治书侍御史权万纪所说的"与其多得数百万缗，何如得一贤才！"。在

《帝范·求贤》中，唐太宗说："黄金累千，岂如多士之隆，一贤之重"，又说："夫国之匡辅，必待忠良；任使得人，天下自治。"

选贤任能——胸怀宽阔无偏见

　　贞观年代，政通人和，国泰民安，人民安居乐业，唐代初期之所以能够取得如此辉煌的政绩，原因是多方面的，其中根本的原因是作为皇帝的唐太宗在用人问题上认识正确，政策对头，胸怀宽阔，不存偏见，真正实现了选贤任能。

　　到了贞观晚年，唐太宗在总结自己的用人经验时，曾说过一段非常深刻的话，他这样说："用人之道，尤为未易，己之所谓贤，未必尽善;众之所谓毁，未必全恶，知能不举，则为失材；知恶不黜，则为祸始，又人才有长短，不必兼通，是以公绰优于大国之老，子产善为小邦之相，绛侯木讷卒安刘氏之宗，啬夫利口不任上林之令，舍短取长，然后为美。"

　　用人首先要知人，而真正知人又不是那么容易的，正如唐太宗说的那样："己之所谓贤，未必尽善；众之所谓毁，未必全恶。"处理好知人问题上的这两个"未必"，要有辩证思想，一不能固执己见，自己可能有失察之处，二不能尽听众言，众口一言可能也有片面之词，唐太宗正是这样做的，因而他对辅佐大臣的品议无不恰当中肯。他评价长孙无忌，优点是"善避嫌疑，应对敏速"，而劣势是"总兵攻战，非所长也。"品评高士廉，长处是"涉猎古今，心术聪悟，临难既不改节，为官亦无朋党"，而所缺少的是"骨鲠规谏耳"。唐太宗还强调在使用的过程中"知"。他说："知能不举，则为失材；知恶不黜，则为祸始。"人有才能，就要举用，举用之后，发现劣迹，不得姑息，必须斥退，一个人是真贤还是假贤，是完全贤还是部分贤，只有在举用之后也就是使用中才能确切了解。对此，魏徵十分强调："知人之事，自古为难，故考绩黜陟，察其善恶。"

知人困难，而用人更难，难在善任，而要使任人各得其所，必须掌握"才有长短，不必兼通"的道理。

唐太宗即位之初，令封德彝荐举贤才，可是竟很长时间没有选荐一个人，太宗质问其原因，封德彝答道："不是我不尽心竭力，而是现在没有奇才！"太宗驳斥道："君子用人如用器物，各取其长处，古时候国家达到大治的，难道从别的时代去借人才吗？应当怪自己不能识别人才，怎么能诋诬同时代的人呢。"贞观二十一年（647年），他再次强调："人不可能全知全能，朕常常强调要扬长避短。"唐太宗在用人过程中，遵循"扬长避短"的方针是十分成功的，他任用房玄龄、杜如晦、戴胄等人，就是明证。房、杜的短处是不善于理狱与处理杂务琐事，长处是多谋善断，唐太宗扬长避短，充分发挥其相才。史载玄龄用人不求全责备，也不用自己的长处去衡量别人，总是按照才能的高低或功绩的大小来录用或奖励，不嫌弃出身低微的人，被唐太宗称为贤良的宰相。杜如晦则发挥其"剖断如流"的长处，与房玄龄默契配合，共掌朝政，中央的组织规模、法令制度、礼仪等，都由他们二人制定，深得当时人的称赞，把他二人合称为"房杜"。戴胄的短处是"无学术"，不通史，唐太宗不让他担任学馆儒林之职，根据他忠直、秉公办事的长处，一度被任为大理少卿。戴胄处世干练，案无滞留，敢于犯颜执法，能拯太宗量刑过失，使太宗发出了"法有所失，公能正之，朕何忧也"的赞语。

唐太宗即位以后，百废待举，为了克服面临的种种困难，进而人治天下，需要选拔和使用大批人才。但是，唐朝初年，士大夫经过了太多的动乱，都不愿意出来做官，致使政府官员人数不够，为此，唐太宗采取措施，广开才路，不拘一格选拔人才，唐太宗广开才路的措施归纳起来，大体有四条：

1.士庶并举。君主选拔士族地主，魏晋以来极为常见，甚至形成士族垄断政权的局面，以致成为禁锢人才发掘的一大弊政。唐太宗力拯前朝用人之失，匡正为得，采取了士庶并举的方针，他早在藩府时，就注意物色有才能的庶族地主房玄龄、张亮、侯君集等人；同时也信任士族地主高士廉、长孙无忌、杜如晦等人。即位后，罗致士庶地主的条件就更优越了，王珪、韦挺、魏徵、马周均是他们中的杰出代表。他还扩大科举制，让更多有才能的庶族地主进入仕途，同时也不排斥使用有才能的士族地主，包括山东士族地主。

2.官民同申。贞观三年（629 年）四月，唐太宗下诏说："白屋之内，闾阎之人，但有文武才能，灼然可取；或言行忠谨，堪理时务，……亦录名状与官人同申。"马周的选拔就是一个典型的例子，马周本是山东布衣。在州里教书时，屡遭地方官斥责，以至于不得不辞职；在州里游历，途中又受到县令侮辱；住在驿舍中，驿舍主事人见他衣衫褴褛瞧不起他，也把他冷落在一边。就是这样一个出身低微的人，唐太宗居然让他做了大官。那是贞观三年（629 年），唐太宗下诏让官员们议论国家大事，提出建议。这时，马周正好在中郎将常何家里做客，常何是个武将，没读过书，提不出什么建议，马周就替他写了二十条建议，唐太宗看了常何的奏章，觉得很奇怪。常何识字不多，奏章怎么能写得这样好，提的建议又这样头头是道呢？便问常何是怎么回事，常何只好如实说是他的朋友马周替他写的，唐太宗听罢，非常高兴，立刻召见马周，马周一时没到，唐太宗坐立不安，一连四次派人去催，等到和马周交谈之后，发现他的确有治理国家的才能，更加高兴，就任命他做了监察御史，后来又任命他做中书令，主持朝廷大政。

3.新故同进。唐太宗的用人标准是贤能，只要贤能，不管是故旧还是新进，都一视同仁，原秦王府的心腹，如房玄龄、杜如晦、长孙无忌、高士廉等，他是非常信任的，而对隐太子（李世民即位后，追封李建成为隐太子）李建成手中的有识之士，即所谓"昔仇"，他也加以重用，以魏徵为例。

魏徵少时孤贫落魄，出家为道士，隋末参加瓦岗起义军，李密战败后，又被窦建德俘虏，任起居舍人，窦建德失败后，入唐为太子洗马，曾献过除掉秦王的秘策，"玄武门之变"以后，魏徵成为阶下囚，唐太宗慕其出众的才华，不计私怨，出以公心，从治国的大局出发，反而日见亲重，多次让魏徵进入卧室内，询问政治得失，初授谏议大夫，后擢侍中，不到七年时间，魏徵由仇虏而位极人臣。魏徵也不负太宗厚望，频加忠谏，劝以从善，不许为非，治国才华得到最大限度发挥。唐太宗说："魏徵遇事随时规谏纠正，许多事都切中我的过失，就像明洁的镜子照见自己的形体一样，美丑都必然显见。"唐太宗对亲故也是重视贤能在上，庸才低能者不用。他常说："君主一定要大公无私，才能使天下人心服，官员不论大小，都应当选用贤才。不应按关系的远近、资格的深浅，来决定官职的大小。"唐太宗的叔父淮安王李神通对被评为一等的房玄龄、长孙无忌、杜如晦等五人很不服气，他对唐太宗说："太原起兵的时候，臣第一个响应，赴汤蹈火，不辞辛苦。房、杜二人不过舞文弄墨，从来没有冲锋陷阵，功劳却比我大，官职比我高，这实在不公平！"唐太宗听了之后，就把李神通过去怎样被窦建德打败，全军覆没，后来又败给刘黑闼，仓皇逃跑的事实，一件一件地摆了出来，说："叔父是国家的至亲，我怎么能不信任呢？但是，治理国家不能以私废公！"这么一摆，李神通不得不服气。还有一些将领，原来是唐太宗早年做秦王时的老部下。唐太宗当了皇帝，他们没能得到高升，很不满意，吵吵嚷嚷地说："我们这些人多年来鞍前马后，出生入死，今天反倒不如李建成手下的人！"唐太宗说："选拔人才，不能分新旧、先后，新人贤明，旧人愚笨，我只能用新人，不能用旧人。你们发怨言，是因为你们没有为国家着想。"

4.汉夷并用。唐太宗在用人上还有一个特点，就是既重视汉族的能臣名将，也不歧视夷族，对夷族名将也倾心信用，这是十分难得的。他根据夷将的功勋与智勇，分任朝廷高级将领与地方的都督之职。如突厥族的阿史那杜尔"以智勇闻"，深为太宗器重，贞观十四年（640年），出征高昌，太宗以他为"交河道行军总管"，战争结束以后，太宗夸奖他廉正，赐给他从高昌得来的宝刀及各色彩绸一千丈。铁勒族酋长契何力内附后，太宗授职左领军将军。贞观九年（635 年）平吐谷浑，赤水源一战，唐将薛万钧、薛万彻破围，兄弟两人均中枪，随从骑兵死伤十之六七。左领军将军契何力率数百骑前往救援，拼力厮杀，所向披靡，薛氏兄弟才得免一死。后太宗擢其为北门宿卫。

由于唐太宗广开才路，吸引和任用了不少精英，形成了唐初贤人在位众多的局面。贞观一代，真是人才济济。图画于凌烟阁的二十位功臣，就是其中的佼佼者，他们是：长孙无忌、房玄龄、杜如晦、魏徵、尉迟敬德、李孝恭、高士廉、李靖、萧瑀、段志宏、刘弘基、屈突通、殷开山、柴绍、长孙顺德、张亮、侯君集、张公谨、程知节、虞世南、刘政会、唐俭、李勣、秦叔宝等。唐太宗经常去凌烟阁观赏画像，以表示对这些英才的赏识和纪念。此外，被唐太宗器重的还有著名的文学之士如姚思廉、陆德明、孔颖达、颜师古等，有卓越的书法家和画家如欧阳询、褚遂良、阎立德、阎立本等，还有杰出的少数民族将领如阿史那杜尔、契何力、执失思力等。这些谋臣猛将、文人学士都在贞观之治中贡献了自己的才干智勇。通过广开才路，人才在得到选拔和任用以后，重要的问题就是如何充分调动他们的积极性，使他们忠心耿耿，竭其智，尽其能，毕其力。唐太宗在这方面也是做得相当成功的。

做法之一是信任贤才，"洞然不疑"。历代不少君王的一个通病，就是用人多疑，因而使君臣之间不能相互信任。唐太宗深知君王多疑的害处，吸取前人的教训，对贤臣猛将采取"洞然不疑"的态度。贞观十七年（643 年），萧瑀以自己不受重用，妒忌房玄龄，诬告房玄龄"朋党比周，无至心奉上"，还进而谗毁"此辈相与执权，有同胶漆，陛下不细谙知，但未反耳。"为此，唐太宗严厉批驳了萧瑀的诽谤。武德年间（618—626 年），李世民收降刘武周大将尉迟敬德不久，敬德手下的两个将领叛逃了。有人猜测敬德必叛，未经请示，因于军中，力劝秦王赶快杀掉。李世民非但不杀，反而把敬德放了，并且召入卧室，温语相慰，使其宽心，还赠送金宝。敬德被秦王的赤诚相见感动至深，发誓"以身图报"，后来，敬德为李唐王朝打天下，为秦王夺位立下汗马功劳。一次，有人密报长孙无忌职位过高，荣宠太过，太宗将此密报让长孙无忌看，并说："朕对你丝毫不怀疑，假如心里装着各种传闻又不明说，则君臣的想法便有所不通。"后又召集百官公开说："朕的儿子均年幼，所以待无忌如亲子一般，不是其他人所能离间的。"

做法之二是：用人司职，各负其责。唐太宗在即位之初，号召素有贤名的景州录事参军张玄素进宫，问为政之道。张玄素答道："隋朝皇帝好自作主张，独自处理日常政务，而不委任给群臣；群臣内心恐惧，只知道秉承旨意加以执行，没有人敢违命不遵。然而以一个人的智力决断天下事务，即使得失参半，乖谬失误之处已属不少，加上臣下谄谀，皇上蒙蔽，国家不灭亡更待何时！陛下如能慎择群臣而让他们各职其事，自己拱手安坐，清和静穆，考察他们的成败得失实施刑罚赏赐，国家还能治理不好？"张玄素建议的基本点是各司其职，各负其责，放手让官员去干，君主不必事事插手，要发挥大家的积极性，避免像隋朝皇帝那样的用一个脑袋去思考，成为处理天下事务的弊政。唐太宗赞赏张玄素的建议，并能够身体力行，付诸实施，这从几年以后的一次谈话可得到说明。贞观四年（630年）七月二日，唐太宗问房玄龄、萧瑀："隋文帝作为一代君主怎么样？"回答说："文帝勤于治理朝政，每次临朝听政，有时要到日落西山时，五品以上官员，围坐论事，卫士传送餐饭。虽然品性算不上仁厚，亦可称为励精图治的君主。"太宗不赞同此论，说："你们只知其一，未知其二。文帝不精明而喜欢苛察，不精明则上下不通气，苛察则对事物多有疑心，万事皆自行决定，不信任群臣。天下如此之大，日理万机，费心劳神，难道能每一事均切中道

滕王阁

理! 群臣既已知主上的意见，便只有无条件接受，即使主上出现过失，也没人敢争辩建议，所以到了第二代隋朝就灭亡了。朕则不是这样。选拔天下贤能之士，分别充任文武百官，让他们考虑天下大事，汇总到宰相处，经过宰相的深思熟虑，然后上奏到朕这里。有功则行赏，有罪即处罚，谁还敢不尽心竭力各司其职，何愁天下治理不好呢？"这一篇谈话，可以看做是唐太宗实行张玄素建议的一次总结。

做法之三：斥小人，杜谗邪。要使贤能之士尽职尽责，充分发挥聪明才智，疏远小人，不用小人是非常重要的。有一次，唐太宗对魏徵说："因官职而去选择人才，不可仓促行事。任用一位君子，则众位君子都会来到；任用一位小人，则其他小人竞相引进。"他把用小人比作"养恶草"，"养恶草则对好谷子有害"。还引用北齐、隋朝历史教训，说明恶小之徒诽谤君子、谗害贤臣给国家造成的极大危害。他说："我看前代说人坏话的邪佞小人，都是国家的害虫。他们有的人花言巧语，阿谀奉承，互相勾结，结党营私；如果国君昏庸，没有不因此被迷惑的，忠臣孝子就要为此含冤受罪了。所以，兰花正在茂盛，秋风却来败坏它；君王想要明察事理，谗言小人却去蒙蔽他。这类事记载在史籍上，不能一一列举。至于北齐、隋代时期小人谗言惑主的事，我所听到、看见的，简单地给你们说一说。斛律明月，是北齐的良将，威名震撼敌国。北周每年冬天要砸破汾河上的封冰，就是担心他率兵西渡来进攻。等到斛律明月被祖孝徵谗言构罪遭杀害以后，北周就开始有侵吞北齐的打算。斛津明月很有治理国家的才能，他帮助隋文帝完成霸业，执掌朝政20多年，天下依靠他得到安宁。隋文帝偏听妇人的话，一味排斥他。到后来他被隋炀帝杀害，隋朝的法制政令从此衰败了。另外，隋太子杨勇统率军队，代理朝政，前后20年，本来就有储君的名分。杨素欺骗文帝，残害善良的人，使他们父子之间的伦理关系一下子失去了先天的本性。叛逆祸乱的根源，从这里开始了。隋文帝已经混淆了嫡子和庶子的名分，结果自己招来杀身之祸，国家不久就覆亡了。古人说：'世道混乱，谗言得逞'，确实不是虚妄之言。我常常防微杜渐，以此禁绝谗言构罪的发生，仍然担心还没有尽心尽力，或者还不能觉察它的苗头。前代史书说："猛兽居住山林，藜藿之类野菜就无人敢去采摘；忠臣执掌朝政，奸邪小人也就停止阴谋活动。'这确实是我对你们的期望。"为了防止奸佞小人对贤能之士的损害，唐太宗决定对诽谤、诬陷者"以谗人之罪罪之"。贞观三年（629年），监察御史陈师合上《拔士论》，"毁谤"房玄龄、杜如晦"思虑有限"，想排斥房、杜的宰相职位。唐太宗对房、杜的长处和缺点都了如指掌，没有能够使陈师合的弹劾得逞，断定陈师合是"妄事毁谤"，便对他采取法律制裁，流放到岭外。贤能之士毕竟不是神，有时也会有小的失误和过失。居心叵测的人往往抓住不放，借机毁谤。对此，唐太宗态度十分明朗，总是保护贤能之士。比如，魏徵、温彦博在处理政务的过程中，曾有小的过失，一些人据此上奏太宗弹劾他们，太宗丝毫不理，对他们的信任不变，使他们安心任事，充分发挥其治国的才华。

选拔人才——惟才是举、舍短取长

李世民非常重视人才的选拔。他选拔人才的总原则是"拔人物则不私于党，负志业则咸尽其才"。具体表现在以下几个方面：

1.不计较人才来源于何种政治集团。他的手下有农民起义军将领，也有隋朝旧臣。

2.不计较思想亲疏。长孙无忌在李世民即位后曾提出辞官，但李世民坚持任用他为宰相；魏徵曾跟随李建成设计谋害他，但也得到破格任用。

3.不计出身和经历。在唐大臣中有不少小官吏，还有不少少数民族

的将领。

4.善于用人之长，不求全责备。他认为：用人如用工具一样，工具各有各的用处。古代的贤君都从当代选才，从不会从别代选才。

5.注意官员品德，防止佞臣得逞。他要求大臣们正派，他自己首先以身作则。

李世民身边最著名的谏臣是魏徵。"居安思危"、"善始克终"是魏徵要求李世民时刻不忘的座右铭。凡是影响居安思危、善始克终的言行，魏徵总是尽力谏止。

唐制，男女十八岁成丁，开始服徭役和兵役。李世民即位的当年，李世民听取封德彝的建议征兵从十六岁以上身体健壮的人中征集，但魏征坚决反对，他连举了一连串的例子说李世民说话不守信用。李世民听后不仅不恼，反而奖赏一个金瓮送给魏徵。

魏徵针对李世民怕亡国的心理，时时用隋炀帝的失败教训来提醒李世民，使他从奢侈的道路上猛醒过来。

李世民的可贵之处就在于，虽然他是一个封建皇帝，但他从来不把自己当做一个永不犯错误的圣贤。他深知，作为一国之君，一言不当就会导致万众解体，人民造反。所以他愿意常常自我反省，唯恐上不合天意，下不符民心。把"纳谏"看做关系国衰人亡的大事。由于他虚心纳谏，收到了兼听则明的效果。

贞观六年（632年），唐太宗对魏徵谈到"为官择人，不可造次即用"，"用人弥须慎择"时，魏徵曾回答说"乱代唯求其才，不顾其行；太平之时，必须才行俱兼，始可任用。"魏徵的这段话，亦表达了唐太宗选任贤才原则的前后两个阶段。

从晋阳起兵到平定天下的岁月，即是魏徵所说的"乱代"。这一期间，唐太宗为网罗文武人才，凡有所长可为己所用者，他不问其出身尊卑，也不管是否出于敌对营垒，他都重用不疑，委以重任。至于这些被任用者的德行如何，他也无从更多地过问。

为坚持"唯才是举"的用人原则，唐太宗主张要"舍短取长"。贞观元年（627年），唐太宗对封德彝说："君子用人如器，各取所长。"

直到贞观二十一年（647年），唐太宗在翠微殿仍对他的侍臣说："人之能行，不能兼备，朕常弃其所短，取其所长"。正如他在《金镜》一书中所总结的那样，用人必须"舍短取长，然后为美"。唐太宗认为，正如一种器物不能兼备各种用途一样，用人也只能是用其所长，不能求全责备。

唐太宗的"舍短取长"用人原则，其实质即是尽量发挥他所任用人才的长处，如房玄龄的能谋，杜如晦的善断，魏徵、戴胄等人的耿直与敢于直谏，如此等等。贞观年间的大臣与地方刺史，大多是个性鲜明、每人皆有长处与特点的人物，各有自己的政绩。

为贯彻"唯才是举"、"舍短取长"的原则，唐太宗不论人才的出身，除出身于世族地主的长孙无忌、高士廉、杜如晦外，他尤其注重从庶族地主中发现人才，如房玄龄、魏徵、王珪、侯君集、韦挺、马周、张亮等人，无不为贞观之治作出了重要的贡献。在选用世族地主出身的官员同时，大量地选用了庶族地主出身的贤才。

在从官员中选拔人才的同时，唐太宗又注意从民间选拔人才。贞观三年（629年）四月，他在《赐孝义高年粟帛诏》中说："白屋之内，闾阎之人，但有文武才能，灼然可取；或言行忠谨，堪理时务，……亦录名状与官人同申。"

唐太宗任用选拔官员，并不局限于心腹故旧，而是新故并用，"弃怨用才"。魏徵原为太子李建成府中的洗马，"玄武门事变"后受到太宗的信任与重用，是这方面最为典型的事例。贞观初年，房玄龄上奏说，原秦王府中的一些故旧并未委任官职，而齐王府中却有人先被录用，因此颇有怨言。唐太宗晓谕说："今所以择贤才者，盖为求百姓安也。用人但问堪否，岂以新故异情？才若不堪，亦岂以旧人而先用？今不论其能不能，而直言其怨，岂是至公之道耶？"

为贯彻"唯才是举"的用人原则，唐太宗确实做到了古人所说的"内举不避亲，外举不避仇"。他重用布衣出身的马周，委昔日仇人魏徵以重任，已如上述。对于亲戚，唐太宗亦坚持"唯才是举"的原则，不避嫌疑，不为闲言碎语所动。例如，长孙皇后的哥哥长孙无忌，身

为国舅，"博文史，性通悟，有筹略"，"常从太宗征讨"，在"玄武门事变"中亦有功劳，贞观元年（627年）被拜为尚书右仆射。贞观七年（633年），唐太宗册拜长孙无忌为司空，无忌再三辞谢，他坚持说："臣是外戚，害怕天下说陛下徇私。"唐太宗不予允许，说道："朕为官择人，唯才是与。如果不才，虽然是亲戚也不会用，襄邑王神符就是这样的人。如果有才能，虽然是仇敌也不放弃，魏徵等就是这样的。今日所说，并不是私心。"

唐太宗的内举不避亲戚，表明他确实是在实践中坚持了"唯才是与"的用人原则。

正如魏徵所说的那样，在晋阳起兵、夺取并平定天下的岁月里，唐太宗的用人原则是"唯求其才"；而平定天下后，为使天下太平，他所强调的用人原则，则是"才行俱兼"。贞观三年（629年），唐太宗对吏部尚书杜如晦说："比见吏部择人，唯取其言词刀笔，不悉其景行。数年之后，恶迹始彰，虽加刑戮，而百姓已受其弊，如何可获善人？""两汉取人，皆行著乡闾州郡，贡之然后入用，故当时号为多士。今每年选集，向数千人，厚貌饰词，不可知悉，选司但配其阶品而已，铨简之理，实所未精，所以不能得才。"（《贞观政要·择官》）杜如晦答对说。君臣的上述对话表明，唐太宗指出吏部选官只重言辞刀笔而不了解其品德操行的弊病，责令吏部尚书提出解决办法来。杜如晦主张按汉代从乡闾州郡选官、重其品德操行的办法从地方选拔官吏。唐太宗认为杜如晦的意见可取，由于当时他正在考虑分封功臣，未能立即按汉代的办法从地方上"辟召"官员。

贞观六年（632年），唐太宗对魏徵说："为官择人，不可造次。用一君子，则君子皆至；用一小人，则小人竞进矣。""然，天下未定，则专取其才，不考其行；丧乱既平，则非才行兼备不可用也。"魏徵的答对，是对唐太宗用人原则的升华。贞观以来，唐太宗在用人问题上确实坚持了"才行俱兼"的"用人弥须慎择"原则。直到贞观二十一年（647年），唐太宗在长安县翠微宫提拔司农卿李纬为户部尚书。当时，宰相房玄龄留守京师，时逢宰相府有人前来翠微宫，太宗向来人问道："授李纬户部尚书，玄龄何言?"来人答对说："玄龄闻李纬拜尚书，但云李纬美髭鬓。"太宗从房玄龄的话语中，得知李纬的"才行"不足以担任尚书一职，立即改派李纬为洛州刺史。

为坚持选才的德行标准，唐太宗在贞观十一年（637年）的《求访贤良限来年二月集泰山诏》中强调说："或识达公方，学综今古，廉洁正直，可以经国佐时；或孝悌惇笃，节义昭显，始终不移，可以敦风励俗；或儒术通明，学堪师范；或文章秀异，才足著述。并宜荐举，具以名闻。"这道求贤诏书，谈到被荐举的人必须是才行俱兼，并强调应具有"廉洁正直"、"孝悌惇笃"、"节义昭显"等"可以敦风励俗"的德行。为此，唐太宗令有关部门制定"考课之法"，用"四善"、"二十七最"来考核官员，作为官员升降、任免的依据。所谓"四善"是指"一曰德义有闻，二曰清慎明著，三曰公平可称，四曰恪勤匪懈。"所谓"二十七最"是指27个机构官员办事称职的准则。可见，"考课之法"所坚持的亦是"才行俱兼"的原则。

唐太宗采纳侍御史马周的建议，重视对地方上刺史官员的选择和考核。贞观二年（628年），他对侍臣说："朕每夜恒思百姓间事，或至夜半不寐，唯恐都督、刺史堪养百姓以否，故于屏风上录其姓名，坐卧恒看，在官如有善事，亦具列于名下。"为恪守"才行俱兼"原则，唐太宗始终不重用许敬宗。许敬宗善于文章，武德年间"召补秦府学士"。然而，许敬宗"垂三十年，位不过列朝尹，而马周、刘洎起羁旅徒步，六七年间，皆登宰执。考其行实，则高阳（许敬宗的祖先为高阳人）之文学宏奥，周、洎无以过之，然而太宗任遇相殊者，良以高阳才优而行薄故也。"（《旧唐书·许敬宗传·史臣曰》）观许敬宗本传，他确实是一个才优而德行有亏的官员，终生没有受到太宗的重用，尽管太宗东征高句丽，他于驻跸山大捷时，"立于马前受旨草诏书，词彩甚丽，深见赏"。

至公无私——天下为公享太平

626 年八月，李世民即位，次年改元"贞观"，但他面临的政治形势却并不是那么美妙。那时候，农民战争刚刚结束，政府对各地区的统治还不稳固，加之连年灾荒，生产萧条，人口流动，许多农民军的头目还隐匿在民间，仍然是战斗风暴的沃土。如何避免百姓起来暴动，仍然是当务之急，这就牵涉到对百姓的看法问题。

李世民即位后，一部隋朝的兴亡史向他提示出：百姓好比是水，国君好比是舟。水可以载舟，也可以覆舟。这是一条千真万确的道理。

李世民君臣总结隋朝灭亡的原因是：隋朝对百姓"动之也"。怎样避免百姓起来造反呢？关键是静止。李世民君臣反复强调，"静之则安，动之则死"。

李世民目睹大规模的营造给百姓带来的困苦。于是他竭力避免过多的营造。为了减轻物资运输的压力，下令不在洛阳修造宫室。贞观四年（630 年）他下令修乾阳殿。张玄素上奏说："假如动工修乾阳殿，终究不过是大乱罢了。"于是李世民下令停止所有的工程。

李世民执政的二十年中，为避免大规模巡视给百姓造成更大的负担，他的活动大都在长安、洛阳一带。

李世民对隋炀帝好大喜功的印象是极为深刻的。所以他即位以后，对外关系采取十分谨慎的态度。

贞观时代，唐朝周围有许多强大的敌手，如果处置不当，就会引起极严重后果。李世民君臣采取的总方针是"务静方内而不求辟土"，行动上就是能谈和就谈和，能和亲就和亲，但绝不屈服和投降，而且

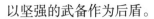

以坚强的武备作为后盾。

李世民君臣反复强调"清静"，务必使天下无事。当然，"清静"的目的和实质是自己长保富贵。

唐太宗的帝位来之不易，里面凝聚了太多文臣武将的心血。如何处理好这批功臣的封赏问题，非常棘手。

武德九年（626年）九月，也就是太宗即位后一个月，他把群臣召集起来，面定功臣的封赏爵邑，并说："大家如果觉得有什么不当的地方，尽管提出来。"太宗的叔父淮安王李神通不服气地说："想当年臣首应义旗，跟随陛下起兵反隋。现在论功行赏，却在房玄龄、杜如晦等舞刀弄笔之人之下，臣心不服。"太宗怎么会不知道叔父的大功大德，太宗于是不慌不忙地说："叔父虽然首倡举兵，可是与窦建德一役，叔父几乎全军覆没；兴讨刘黑闼之时，叔父望风而逃。房玄龄等人运筹帷幄，安邦固国，功劳自宜在叔父之上。叔父是皇亲，但我不能因为私恩就随便给您封赏。"大家一看这种情况，连自己的叔父太宗都考虑得这么公平，也就都心悦诚服、无话说了。

太宗这步棋走得漂亮。不仅顺利地解决了功臣们的封赏问题，而且通过这件事向文武百官展现了一种处理问题的姿态：至公无私。

自古帝王最难处理的便是公私问题。中国古代自夏朝以来便是一种"家天下"的局面。不管天下多大，对帝王来说，都是自己的家业。众口难调，要想让天下人都觉得你这个皇帝是公平的，实属不易。

唐太宗一直贯彻一个理念：以天下为公。他经常要求自己，作为一个君王，要以天下为公，不能对任何事情存有私心。解决功臣们的封赏问题，就是贯彻了这个理念。他先从自己身边的人入手，从皇亲国戚入手，更是让群臣无话可说。

我们说到公平、公正，往往会联想到依法办事。唐太宗不主张用严刑峻法治理百姓。比如曾有人请求用重法来禁盗。太宗不屑一顾地说："百姓之所以去偷盗，是因为赋役繁重，官吏盘剥，他们饥寒交迫，迫不得已而为之。作为君王，我应该'去奢省费，轻徭薄赋，选用廉吏'，让百姓丰衣足食，他们自然不会再当盗寇，哪里用得着什么严刑峻法!"

太宗不主张依重法治国,并不意味着他对手下纵容。应该依法办事时,太宗则能秉公办理,即便犯法对象是自己的旧友故交,也能割爱循法。贞观三年 (629 年),濮州 (今山东鄄城西北) 刺史庞相寿因贪污罪被革职,自言曾在秦王幕府供职,为太宗故旧。太宗可怜他,打算让他官复原职。魏徵以为不可,谏道:"秦王府之幕僚,中外甚多。陛下此举之后,恐怕会有很多人依恃旧恩,投机取巧,还请陛下三思而后行。"太宗转而对相寿说:"当初我为秦王,是一府之主;现在我为君王,乃一国之主,不可唯独对故人抱有私心。况且臣下据理力争,但愿你能体谅我的难处。"于是"赐帛遣之",与之挥泪而别。太宗赐庞相寿以绢帛,是出于道义上的考虑,毕竟大家故交一场。但他终不以私害法,公正地处理了这个贪污案件。

唐太宗主张:"国家纲纪,唯赏与罚。"唐代政府颁布的文书约四种:律、格、式、令,令、格、式虽有定义,但它的内容大致是政府各部门职责以及办事章程等。把国家章程和人的行为规范概括为法典化、条文化,并规定惩罚的尺度,那便是"律"。李世民即位后,根据武德时期的法律,删繁就简,将刑罚变重为轻,重新整理成新律。到其子李治统治时代,又加以详尽的解释,就是流传到今天的《唐律疏义》。

制定法律是一回事,执行法律又是另一回事,李世民深知他的亲族会钻法律的空子,于是对自己的亲族严加管束。贞观十七年（643 年），姐姐长广公主的儿子赵

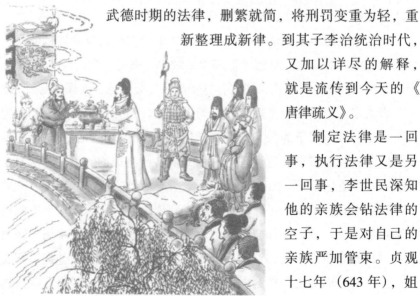

渭水之盟

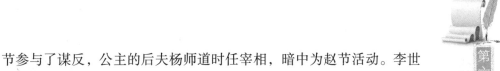

节参与了谋反，公主的后夫杨师道时任宰相，暗中为赵节活动。李世民除将赵节按律处死外，还将杨师道降为吏部尚书。

贞观二年（628年）唐太宗任命瀛洲刺史卢祖尚任交州都督，卢接受新印拜谢而出，但拒不赴任，太宗派宰相劝说仍拒不答应，唐太宗盛怒之下将卢斩首于朝堂，事后，太宗后悔不已，向群臣公开道歉。

贞观初年，国家经过十年的动乱，破坏惨重，急需一个安定的局面，让人民休养生息，以缓和矛盾，恢复生产。但专制主义的严刑峻法是与这种形势不相容的，李世民懂得要把德治贯彻到法律的推行中，他常说："人命至重，一死不能再生，用法务必要宽简，要谨慎。"他下命令：凡属死罪，都要经过中书、门下两省四品以上官员及尚书、九卿共同讨论，才能决定，这开创了后代所谓的"九卿议罪"的先例。他又主张，死刑在处决前，要经过五次呈报审议才能执行。有的案件，据法应判刑，但若有情有可原之处，也要详细上报，重新审理。李世民又深信人心是善良的，是可以改恶从善的。

由于李世民执行"赏不避仇敌，罚不庇亲戚"的原则，那些王公大臣皇亲国戚，都不得不收敛一下，不敢过分压迫佃民。曾经在贞观六年（632年）在皇帝的宴会上口骂国舅、拳打王爷的尉迟敬德，后来也关起大门，修饰楼台，弄些歌儿舞女，静享清福，不和外人来往达十六年之久，终于安然度过了他的晚年。

君主示臣下以公，臣下自然也是执法必公、处置公允。贞观六年（632年），太宗亲临大理寺监狱视察工作，对死刑犯逐一询问，皆言自己死有余辜，没受冤枉。太宗觉得他们很可怜，就对他们说：我和大家做一个约定：现在是冬天，我放你们回去；来年的秋天，你们再来这里集合受死。当年共有390名死刑犯被放回家。到了第二年，全部如期而归，无一人逃逸。这就是历史上著名的"死囚四百来归狱"的故事。

390名死刑犯无一人逃漏，其中除了太宗人格魅力的因素外，更重要的是贞观君臣公平公正地判决，使他们知道自己该死，没有被冤枉，他们死得明白。这不能不说是中国政治史上的神话。

太宗处理问题不仅公平，而且讲诚信。太宗即位不久，大臣裴矩上奏：百姓遭受突厥侵扰的，请每户给一匹绢，以表安抚之情。太宗说道：我以诚信御使天下，不会只求虚名、不讲实效地去发布一些空头命令。每家每户，规模大小不同，口数多少各异，怎么能够给相同数量的封赐！最后，太宗下令，以各户人口数为标准，加以抚恤。

太宗不仅以诚驭民，而且以诚使臣。他常以疑忌臣下的隋炀帝来告诫自己。他曾对群臣说："隋炀帝多猜忌，上朝之时，面对群臣，往往一句话都不讲。我不会这么做，我同大家'相亲如一体'。"

贞观初年，有人上书请求斥去佞臣。太宗说："我所任用之人，在我眼里皆为贤良之人，你知道谁是奸佞小人？"那人对道："臣乃一介布衣百姓，不是很清楚。还请陛下您佯怒来试探群臣，能不畏圣怒、直言进谏者是正直之人，曲顺圣情、阿谀奉承者则是奸佞之人。"太宗说道："我正要行大信于天下、不会用诈术御使臣下。你的建议虽然是出于好心，但我不能加以采纳。"

李世民即位时虽然年轻，但是多年的沙场经验让他具备了识人的本领。臣子该不该任用，任用的程度怎么样，这些问题在李世民心中都是有谱的。况且新君登基，正是他布信之时。他很清楚，只有对臣下推心置腹，才能换来臣下对自己的忠心耿耿，诚所谓"君使臣以礼，臣事君以忠"。

鼓励忠谏——政治开明，经济繁荣

唐太宗任用贤才的目的，是为了辅佐他治理天下，同时也是为了广泛听取臣下对皇帝的意见以确保治国方法的正确，为此他不厌其烦地一再鼓励臣下们"正词直谏"，要敢于"犯颜忤旨"。贞观元年（627年），唐太宗对侍臣说：朕"冀凭直言鲠议，致天下太平。"这句话，道出了唐太宗鼓励臣下"正词直谏"的目的。正是基于上述这种认识和目的，唐太宗的鼓励直谏是自觉的、至诚的，也是感人的。在这个问题上，中国封建时代的任何一位皇帝，都不能同他相比。唐太宗即位后，曾多次向臣下阐述正言直谏的道理和意义，鼓励臣下们犯颜直谏。贞观初年，唐太宗对公卿说："人欲自照，必须明镜；主欲知过，必藉忠臣。"

贞观二年（628年），唐太宗对侍臣说："人君必须忠良辅弼，乃得身安国宁。隋炀帝岂不以下无忠臣，身不闻过，恶积祸盈，灭亡斯及。若人主所行不当，臣下又无匡谏，苟在阿顺，事皆称美，则君为暗主，臣为谀臣。君暗臣谀，危亡不远。朕今志在君臣上下，各尽至公，共相切磋，以成理道。公等各宜务尽忠说，匡救朕恶，终不以直言忤意辄相责怒。"

贞观五年（631年），唐太宗对房玄龄等人说："恒欲公等尽情极谏，公等亦须受人谏语，岂得以人言不同己意，便即护短不纳。若不能受谏，安能谏人？"

贞观六年（632年），唐太宗因御史大夫韦挺、中书侍郎杜正伦、秘书少监虞世南、著作郎姚思廉等"上封事"进谏"称旨"，太宗设宴招待他们，在宴会对韦挺等人说："朕历观自古人臣立忠之事，若值明主便宜尽诚规谏。至如龙逢、比干，不免孥戮。为君不易，为臣极难。朕又闻："龙可扰而驯，然喉下有逆鳞。卿等不避犯触，各进封事，常能如此，岂虑社稷之倾败。每思卿等此意，不能暂忘，故设宴为乐。"并赐绢奖励。

战国时韩非曾经说过："谏说谈论之士，不可不察爱憎之主，而后说焉。夫龙之为虫也，柔可狎而骑也，然其喉下有逆鳞径尺，若人有撄之者，则必杀人。人主亦有逆鳞，说者能无撄人主之逆鳞，则几矣。"韩非的话，并非危言耸听，封建时代的君主，大多如此。唐太宗为消除臣下的顾虑，因而一再谈到"逆鳞"的事，并赞赏韦挺等人

"不避犯触"的精神，意在使臣下们不要从韩非的言论中吸取消极教训，不敢犯颜直谏。

贞观八年（634年），唐太宗对侍臣说："朕每闲居静坐，则自内省，恒恐上不称天心，下为百姓所怨，但思正人匡谏，令耳目外通，下无怨滞。又比见人来奏事者，多有怖慴，言语致失次第。寻常奏事，情犹如此，况欲谏诤必当畏犯逆鳞，所以每有谏者，纵不合朕心，亦不以为忤；若即责，深恐人怀战惧，岂肯更言。"

贞观十年（636年），唐太宗对群臣说："朕开直言之路，以利国也，而比来上封事者多讦人细事，自今复有为是者，朕当以谗人罪之。"

贞观十一年（637年），唐太宗手诏答魏徵说："何曾（晋武帝时任太傅）位极台司，名器崇重，当直词正谏，论道佐时，今乃退有后言，进无廷诤，以为明智，不亦谬乎……"

贞观十五年（641年），唐太宗以守天下难易问侍臣，侍中魏徵答对说："甚难！"唐太宗说："任贤受谏即可，何谓为难？"魏徵答道："观自古帝王，在于忧危之间，则任贤受谏，及至安乐……"

贞观十五年（641年），唐太宗问魏徵："比来朝臣都不论事，何也？"魏徵回答说："陛下虚心采纳，诚宜有言者……"唐太宗说："诚如卿言，朕每思之，人臣欲谏，辄惧死亡之祸，与夫赴鼎镬、冒白刃亦何异哉！故忠贞之臣非不欲竭诚，竭诚者乃是极难，所以禹拜昌言，岂不为此也。朕今开怀抱纳谏诤，卿等无劳怖惧，遂不极言。"

贞观十六年（642年），唐太宗对房玄龄等人说："人君须得匡谏之臣，举其愆过。一日万机，一人听断，虽复忧劳，安能尽善？"

贞观十七年（643年），唐太宗对褚遂良说："朕所为事，若有不当，或在其渐，或已将终，皆宜进谏。比见前史，或有人臣谏事，遂答云'业已为之'，或道'业已许之'，竟不为停改，此则危亡之祸，可反手而待也。"

唐太宗有关求谏的言论，有以下十个要点：

1. 守天下、治国家在于任贤受谏。即所谓"任贤能、受谏诤即可，何谓为难?"

2. 正词直谏,裨益政教。见于唐太宗于贞观六年(633 年)对侍臣所言。

3. 求谏的最终目的,在于致天下太平。即所谓"冀凭直言鲠议,致天下太平。"

4. 人主日理万机,过失难免。即所谓"一日万机,一人听断,虽复忧劳,安能尽善。"

5. 人主藉忠臣进谏而知过失。即所谓"人欲自照,必须明镜;主欲知过,必藉忠臣。"

6. 求谏亦有助于人主了解下情。即所谓"但思正人匡谏,令耳目外通,下无怨滞。"

7. 为开直言之路,上封事者不得"讦人细事"。否则,"朕当以谗人罪之。"

8. 鼓励犯颜直谏是区分真假纳谏的试金石。这可以从"欲谏诤必当畏犯逆鳞"中得到说明。

9. 纳谏时不得以任何借口而拒绝立即改正。即所谓"业已为之"、"业已许之","此则危亡之祸"。

10. 开怀抱纳谏诤是明君应有的雅量。即所谓"每有谏者,纵不合朕心,亦不以为忤;若即责,深恐人怀战惧,岂肯更言。""终不以犯颜忤旨,妄有诛责","朕今开怀抱纳谏诤,卿等无劳怖惧,遂不极言。"

唐太宗鼓励臣下正词直谏,对臣下的上书进谏十分重视。贞观初年,他对司空裴寂说:"比有上书奏事,条数甚多,朕总粘之屋壁,出入观省。所以孜孜不倦者,欲尽臣下之情。每一思政理,或三更方寝。亦望卿辈用心不倦,以副朕怀也。"为鼓励臣下直谏,唐太宗采取奖赏的办法,对直谏者多所赐予,其事例不胜枚举。

有一次,他问大臣魏徵,君主怎样才能"明",怎样才是"暗",魏徵回答说:"兼听则明,偏信则暗。"他非常赞成这个见解。因为他知道,自己并不是无所不知,无所不能。古时候,把统治者听取不同

意见，判断是非，然后采纳正确的意见，叫做"纳谏"。

唐太宗很注意纳谏，他曾经对大臣萧瑀说："我少年时就喜爱弓箭，得到几十张好弓，以为再也不会有更好的弓了。不久前，拿给制弓的师傅看，他们却说，都不是好弓。我问什么缘故。他们说，木心不直，自然脉理都邪，弓虽然硬，发箭却不能直。我才知道自己过去鉴别的不精。我用弓箭定天下，还不能真正识别弓箭的好坏，何况天下的事情，我怎么能都懂得呢？"

贞观四年（630 年），唐太宗下令修复洛阳宫，准备自己到洛阳游玩的时候使用。张玄素上书反对，他说："修复洛阳宫并不是当前最紧要的事情。当年，隋炀帝修建洛阳宫，大兴土木，用 2000 人拉一根大柱，从几千里以外运到洛阳，劳民伤财，给百姓造成多么大的苦难。如今，战争刚刚结束，财力不如隋朝，人民的元气还没恢复，陛下却先修缮洛阳宫，这不是比隋炀帝还残暴吗？"唐太宗听了很不高兴，说："你认为我不如隋炀帝，那么我比桀、纣如何呢？"张玄素说："如果这个工程不停止，陛下一定会得到和隋炀帝、夏桀、殷纣一样的下场。"尽管这番不客气的批评听起来很不舒服，但是唐太宗还是进行了认真的考虑，觉得张玄素的话有道理。他感叹地说："我考虑不周到，你说的很对。"于是立即下令停工，并且赏赐张玄素 200 匹彩缎。

唐太宗还鼓励各级官吏有什么说什么，不要因为怕得罪皇帝而隐瞒真相。有一次，他询问监修国史的房玄龄："自古以来撰修国史都不让本朝的君主看，这是为什么呢？"房玄龄回答说："一个正直的史官，他撰写的国史一定会如实地记下君主的功过。君主看到里面记载着自己的过错，一定会发怒，所以国史都不让本朝的君主看。"唐太宗说："有什么写什么，怎么会得罪君主呢？我很想看看国史上怎样写的，把以前的错误，作为今后的鉴戒，有什么不好呢？"房玄龄把有关高祖，太宗的两部分历史材料整理好，送给唐太宗看。唐太宗看到武德九年（626 年）六月四日下面记载的有关"玄武门之变"杀死李建成、李元吉的情形叙述得十分含糊，便把编写国史的史官叫来，细致地讲了一遍当时的情况，并说诛杀李建成、李元吉一事不必隐讳，因

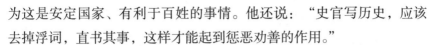

为这是安定国家、有利于百姓的事情。他还说："史官写历史，应该去掉浮词，直书其事，这样才能起到惩恶劝善的作用。"

在唐太宗的倡导下，大臣们都敢于直言，甚至连一个小地方官也敢于说出自己的意见。栎阳县丞刘仁轨是个小小的八品官，他反对唐太宗在秋收大忙季节出去打猎，要求改在冬闲的时候进行。唐太宗不但采纳了他的意见，还提升了他的官职，以示鼓励。

有一年，唐太宗派人征兵。封德彝大臣建议："不满18岁的男子，只要身材高大，也可以征。唐太宗同意了。但是诏书却被魏徵扣住不发。唐太宗催了几次，魏徵还是扣住不发。唐太宗大发雷霆，派人把魏徵叫来，训斥道："那些个头高大的男子，自己说不到18岁，其实可能是故意隐瞒年龄，逃避征兵。我已发布诏书，你为什么扣住？"魏徵不慌不忙地说："我听说，把湖水弄干捉鱼，虽能得到鱼，但是到明年湖中就无鱼可捞了；把树林烧光捉野兽，也会捉到野兽，但是到明年就无兽可捉了。如果把那些身强力壮，不到18岁的男子都征来当兵，以后还从哪里征兵呢？国家的租税杂役，又由谁来负担呢？"唐太宗觉得魏徵说得有道理，可还是不服气。魏徵接着说："陛下的诏书上清清楚楚地写着征召18岁以上的男子当兵，现在不到18岁的男子也得应征，这不是说话不讲信用吗？"唐太宗吃惊地问："我什么时候不讲信用？"魏徵说："陛下刚即位的时候，曾经下诏：拖欠官府东西的，一律免除，可是官吏们照样催收，这是不是说话不算数，陛下曾明令规定：关中百姓免收租赋两年，关外百姓免除劳役一年。如今已经服了劳役或交了租赋的又被征当兵，这是不是说话不算数，陛下一向说要以诚信待人，为什么征兵的时候怀疑百姓作假无缘无故怀疑人，这能算讲信用吗"魏徵的一席话，说得唐太宗哑口无言。好半天，唐太宗才说："我过去总以为你固执，不通情达理，今天听你议论国家大事，才知道我的过错很大啊！"于是，又重新下了一道诏书，免征不到18岁的男子。从这以后，唐太宗更加信任魏徵了，并且提升他担任了太子太师这样高级的官职。

有一次，唐太宗从长安到洛阳，中途在昭仁宫（现在的河南省寿安县) 休息，因为对他的用膳安排不周而大发脾气。魏徵当面批评唐太宗说："隋炀帝就是因为常常责怪百姓不献食物，或者嫌进献的食物不精美，遭到百姓反对，灭亡了。陛下应该从中吸取教训，兢兢业业，小心谨慎。如能知足，今天这样的食物陛下就应该满足了，如果贪得无厌，即使食物好一万倍，也不会满足。"唐太宗听后不觉一惊，说："若不是你，我就听不到这样中肯的话了。"

贞观中期以后，唐朝经济更加繁荣，政治也很安定，朝廷大臣都尽力歌颂太平盛世。只有魏徵不忘过去的艰苦，给唐太宗上了一道奏章，指出他在十个方面的缺点，希望他警惕，保持贞观初年的好作风。唐太宗把这个奏章写在屏风上，早晚阅读，引为诫鉴。他对魏徵说："我现在知道我的过错了，我愿意改正，否则，我还有什么脸面和你相见！"

由于魏徵处处为国家的利益着想，对皇帝的批评毫不留情，唐太宗对他既尊敬又畏惧。一天，唐太宗正在逗弄一只小鹞，看见魏徵走进来，怕魏徵责怪，急忙将鹞藏在怀中。魏徵假装没看见，向唐太宗奏事，故意拖延时间，等他离开的时候，鹞已经闷死了。有一次，唐太宗退朝回到宫中，怒气冲冲地说："总有一天，我要杀死这个乡下佬！"长孙皇后问他杀谁。唐太宗说："魏徵常常当众顶撞我，使我下不了台，真可恶！"长孙皇后退了出去。过了一会儿，只见她穿着礼服，恭恭敬敬地向唐太宗道贺。唐太宗很奇怪，问她贺什么。长孙皇后说："我听说，君主圣明，臣子才敢直言进谏；今天魏徵敢直言，就是因为陛下圣明，我怎么能不向陛下道贺呢？"唐太宗听了皇后委婉的批评，马上心平气和了。唐太宗说过这样一句名言："以铜为镜，可以正衣冠；以史为镜，可以见兴替；以人为镜，可以知得失。"意思是说，人们用铜镜照自己，可以看到穿戴是否整齐；用历史做借鉴，可以知道历代兴衰和更替的原因；看别人的成功和失败，可以汲取经验和教训。正因为唐太宗能纳谏，大臣们都敢于直言进谏，所以他在位期间，唐朝的政治比较开明，经济繁荣。

太宗一镜——犯颜直谏独魏徵

　　贞观年间，唐太宗任贤纳谏，臣下们直言纳谏，其事例不胜枚举。其中，最敢于犯颜直谏，对唐太宗制定政策、治理国家影响最大的，莫过于魏徵。魏徵字玄城，巨鹿曲城人，"少孤贫，落拓有大志，不事生业，出家为道士，好读书，多所通涉，见天下渐乱，尤属意纵横之说。"隋末参加李密所领导的瓦岗军，又曾任窦建德的起居舍人。窦建德失败后，投奔唐担任太子洗马。"玄武门事变"后，历任谏议大夫、尚书左丞、秘书监、侍中等职，先后向太宗进谏、陈事数百条，劝太宗以隋亡为鉴，偃武修文，居安思危，兼听广纳，明德省刑，轻徭薄赋，躬行节俭，使百姓得以安宁。他的进谏，对唐太宗治国的方针政策影响甚大，被太宗称为是自己的一面镜子。这里，仅列举魏徵向太宗所谏十几件事，就以见一斑。

　　太宗即位，励精求治，多次将魏徵引入卧室，访问得失。"徵雅有经国之才，性又抗直，无所屈挠，太宗与之言，未尝不欣然纳受。徵亦喜逢知己之主，思竭其用，知无不言。太宗尝劳之曰：'卿所陈谏，前后二百余事，非卿至诚奉国，何能若是？'这一年，迁尚书左丞。"

　　贞观二年（628年），魏徵迁秘书监，参与朝政。太宗幸九成宫，因有宫人还京，憩于沣川县官舍。不久，右仆射李靖、侍中王珪相继到来，沣川县官员移宫人于别所，而令李靖等居于官舍。

　　太宗闻知此事后大怒说："威福之柄，岂由靖等？何为礼靖而轻我宫人！"下令立案审查沣川官员及李靖等人。为此，魏徵进谏说：

"靖等，陛下心膂大臣；宫人，皇后扫除之隶。论其委付，事理不同。又，靖等出外，官吏访朝廷法式，归来，陛下问人间疾苦，靖等自当与官吏相见，官吏亦不可不谒也。至于宫人，供食之外，不合参承。若以此罪责县吏，恐不宜德音，徒骇天下耳目。"唐太宗认为魏徵讲得很对，"乃释官吏之罪，李靖等亦寝而不问。"

贞观二年（628年），隋通事舍人郑仁基女年十六七，容色绝姝，长孙皇后亲自拜访才求得，请备嫔御，太宗聘为充华（充华为九嫔之一），诏书已出，策使未发。魏徵得知此女已许嫁陆氏，急忙向太宗进谏说："陛下为民父母，抚爱百姓，当忧其所忧，乐其所乐。……今郑氏之女已许人，陛下取之不疑，无所顾问，播之四海，岂为民父母之道乎？臣传闻或未的，然恐亏圣德，情不敢隐，君举必书，所愿特留神虑。"太宗闻知郑氏女已许配陆氏，大惊，立即以手诏回答魏徵，"深自克责"，于是令策使停止，使令郑氏女归还旧夫。然而，左仆射房玄龄、中书令温彦博、礼部尚书王珪、御史大夫韦挺等人却说："女适陆氏无显然之状，大礼既行，不可中止。"太宗犹豫不决，询问魏徵，魏徵坚持原议，太宗出敕书说："今闻郑氏之女，先已受人礼聘，前出文书之日，事不详审，此乃朕之不是，亦为有司之过，授充华者宜停。"唐太宗终于接受魏徵的进谏，时人莫不为之赞叹。

贞观五年（631年），权万纪与侍御史李仁发，一起以告讦有宠于皇上，诸大臣因此而很多人被责备。为此，魏徵进谏说："万纪等小人，不识大体，以讦为直，以谗为忠。陛下非不知其无堪，盖取其无所避忌，欲以警策群臣耳。而万纪等挟恩依势，逞其奸谋，凡所弹射，皆非有罪。陛下纵未能举善以厉俗，奈何昵奸以自损乎！"唐太宗闻谏默然无语，赐给魏徵绢五百匹。

贞观六年（632年），文武官员再次请太宗去泰山封禅，太宗不以为然。然而，群臣还是请求不止，太宗也想要听从，唯独魏徵以为不可。唐太宗问："公不欲朕封禅者，以功未高邪？"答："高矣！"问："德未厚邪？"答："厚矣。"问："中国未安邪？"答："安矣！"问："四夷未服邪？"答："服矣！"问："年谷未丰邪？"答："丰矣！"问：

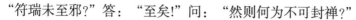

"符瑞未至邪？"答："至矣！"问："然则何为不可封禅？"

魏徵答对说："陛下虽有此六者，然承隋末大乱之后，户口未复，仓廪尚虚，而车驾东巡，千乘万骑，其供顿劳费，未易任也。且陛下封禅，则万国咸集，远夷君长，皆当扈从；今自伊、洛以东至于海、岱，烟火尚希，灌莽极目，此乃引戎狄入腹中，示之以虚弱也。况赏赍不赀，未厌远人之望；给复连年，不偿百姓之劳；崇虚名而受实害，陛下将焉用之！"太宗闻言称善，议封禅一事因此而中止。

唐太宗多次提倡臣下"上封事"，为上书者所言事实保密。一次，太宗"嫌上封者众，不近事实，欲加黜责。"魏徵为此进谏说："古者立诽谤之木，欲闻己过，今之封事，谤木之流也。陛下思闻得失，祇可恣其陈道。若所言衷，则有益于陛下；若不衷，无损于国家。"唐太宗闻谏后说："此言是也。"

贞观十年（636年），侍中魏徵屡次以"目疾"为由请求担任散官，辞去原有职务，唐太宗不得已以魏徵为特进，仍知门下事，朝章国典，参议得失，徒流以上罪，详事闻奏；其禄赐、吏卒并同职事。退位后，魏徵又接连四次上《论时政疏》，陈述治国的方针大计的得失，上疏原文见于《旧唐书·魏徵传》的记载。

魏徵虽然因目疾辞去侍中职务，依然经常向太宗直言进谏。贞观十年（636年），有人说三品以上官员对魏王李泰多有轻视，而魏王又被皇上所宠爱，太宗为此发怒，召集三品以上官员，声色俱厉地谴责道："隋文帝时，一品以下皆为诸王所颠踬，彼岂非天子儿邪！朕但不听诸子纵横耳，闻三品以上皆轻之，我若纵之，岂不能折辱公辈乎！"宰相房玄龄等一班文武大臣，闻听皇上谴责，"皆惶惧流汗拜谢"，唯独有魏徵严肃地进谏说："臣窃计当今群臣，必无敢轻魏王者。在礼：臣、子一也。《春秋》，王人虽微，序于诸侯之上。三品以上皆公卿，陛下所尊礼。若纪纲大坏，固所不论；圣明在上，魏王必无顿辱群臣之理。隋文帝骄其诸子，使多行无礼，卒皆夷灭，又足法乎！"

唐太宗闻谏后喜悦地说："理到之语，不得不服。朕以私爱忘公义，以前很生气，自认为没有什么可生气的地方，及闻徵言，方知理屈。人主发言何得容易乎!"

贞观十一年（637年），唐太宗修建洛阳飞山宫，特进魏徵上书说："炀帝恃其富强，不虞后患，穷奢极欲，使百姓困穷，以至身死人手，社稷为墟。陛下拨乱反正，宜思隋之所以失，我之所以得，撤其峻宇，安于卑宫；若因基而增广，袭旧而加饰，此则以乱易乱，殃咎必至，难得易失，可不念哉!"

贞观十一年（637年），唐太宗临幸隋炀帝所建造的显仁宫，当地官员因宫内储备有缺而被谴责。魏徵闻知后进谏说："陛下以储遣官吏，臣恐承风相扇，异日民不聊生，殆非行幸之本意也。昔炀帝讽郡县献食，视其丰俭以为赏罚，故海内叛之。此陛下所亲见，奈何欲效之乎!"唐太宗闻谏后惊觉，说道："非公不闻此言。"同时又对长孙无忌等人说："朕昔过此，买饭而食，僦舍而宿，今供顿如此，岂得嫌不足乎!"

贞观十一年（637年）四月，魏徵向唐太宗上《十思疏》，《疏》文曰："人主善始者多，克终者寡，岂取之易而守之难乎？人主诚能见可欲则思知足，将兴缮则思知止，处高危则思谦冲，临满盈则思挹损，遇逸乐则思撙节，在宴安则思后患，防壅蔽则思延纳，疾谗邪则思正己，行爵赏则思因喜而僭，施刑罚则思因怒而滥，兼是十思，而选贤任能，固可以无为而治，何必劳神苦思以代百司之任哉!"

贞观十二年（638年），礼部尚书王珪上奏："三品以上遇亲王于路皆降乘，非礼。"太宗说："卿辈苟自尊贵，轻我诸子。"特进魏徵说："诸王位次三公，今三品皆九卿、八座，为王降乘，诚非所宜当。"太宗说："人生寿夭难期，万一太子不幸，安知诸王他日不为公辈之主，何得轻之!"魏徵答对说："自周以来，皆子孙相继，不立兄弟，所以绝庶孽之窥窬，塞祸乱之原本，此为国者所深戒也。"

贞观十四年（639年），魏徵就唐太宗用人所存在着的倾向性问题，进行劝谏。他说："在朝群臣，身居要职者，任之虽重，没有得到足够的信任，是以人或自疑，心怀苟且。陛下宽于大事，急于小罪，临时责怒，未免爱憎。夫委大臣以大体，责小臣以小事，为治之道也。

今委之以职，则重大臣而轻小臣；至于有事，则信小臣而疑大臣。信其所轻，疑其所重，将以求治，其可得乎！若任以大官，求其细过，刀笔之吏，顺旨成风，舞文弄法，曲成其罪。自陈也，则以为心不伏辜；不言也，则以为所犯皆实；进退维谷，莫能自明，则苟求免祸，矫伪成俗矣！"魏徵的这一中肯进谏，被唐太宗所采纳。

以犯颜直谏而著称的魏徵，有时也颇为讲究进谏的艺术。长孙皇后病逝后，太宗思念不已，于苑中筑起高台层观，遥望长孙皇后的陵墓昭陵。贞观十年（636年），太宗令魏徵同登层观，使令魏徵遥望昭陵，魏徵四顾观望，故意说道："臣老眼昏花，没有望见什么。"太宗没有明白魏徵这句话的用意，用手指示方向，令魏徵观看，魏徵说："臣以为陛下望献陵（唐高祖李渊陵墓），若昭陵，则臣固见之矣。"太宗立即意识到魏徵是以这种方式责怪他不遥望父亲陵墓而整日思念已故皇后，为此而拆毁层观，怆然泣下。贞观六年（632年），太宗在丹霄殿宴请宰相大臣们时所说的"人言魏徵举止疏慢，我视之更觉妩媚"，即是说魏徵不仅敢于犯颜直谏，而且又善于直谏，讲求方式方法和客观效果。

金开元

在魏徵面前，太宗很注意约束自己的言行。每当魏徵犯颜苦谏时，有时遇上皇帝很生气，魏徵仍然神色不移，正词直谏，太宗也不得不收敛怒容。史载魏徵"尝谒告上冢，还，言于上曰：'人言陛下欲幸南山，外皆严装已毕，而竟不行，何也？'上笑曰：'初实有此心，畏卿，故中辍耳。'上尝得佳鹞，自臂之，望见徵来，匿怀中；徵奏事固久不已，鹞竟死怀中。"

唐太宗对魏徵的犯颜直谏，曾给予很高的评价。他对侍臣们说："贞观以前，从我平定天下，周旋艰险，玄龄之功，无所与让。贞观以后，尽心于我，献纳忠说，安国利民，犯颜正谏，匡朕之违者，唯魏徵而已。古之名臣何以加也。"语毕，太宗亲解佩刀赐给房、魏二人。

《旧唐书·魏徵传》"史臣曰"中有如下一段话："臣尝闻'魏公故事'，与文皇讨论政术，往复应对，凡数十万言。其匡过弼违，能近取譬，博约连类，皆前代诤臣之不至者。"《贞观政要·直谏》载太宗对魏徵之语，"尔谏正我数百条"。可见，魏徵为国事向太宗进谏，可谓呕尽了他后半生的全部心血。

贞观十七年 (643 年)，魏徵病逝。送葬时，太宗"登苑西楼，望哭尽哀。上自制碑文，并为书石。上思徵不已，谓侍臣曰：'人以铜为镜，可以正衣冠；以古为镜，可以见兴替；以人为镜，可以知得失。魏徵没，朕亡一镜矣!'"

依法反贪——反腐败决不手软

一般说来，专制政体因为缺乏监督机制，官员腐败问题比较突出。因此，怎样反腐败也就成了中国历代皇帝的重要课题。但是，贞观时期政治清明，纲纪整肃，官员谨慎，贪赃枉法之事虽有发生。但并没有成为困扰最高当局的社会问题，没有形成不可遏止之势。

那么，唐太宗到底有哪些反腐举措呢?

首先，依法反贪，法不容情。

唐太宗主持制定的《贞观律》，明确了赏罚制度，长孙无忌又和其他人为其作注，这就是后来所说的《唐律疏议》，是古代成就最高的法典，而一直保存下来。

《唐律》第三卷是关于官员职务犯罪的法律条文，共 59 条。其中

"受人财物代为请求"、"收临主司受财而枉法"、"凭官职威势讨要财物"等条，都是惩处受贿罪或索贿罪的法律条文。如《监临主司受财而枉法》条规定：凡监临主司官员（指对所处置的事情据有管辖、审核、主办权力的官员）接受贿赂后作枉法处理的，受贿值绢1尺处杖打100，每多1匹加一等，满15匹处绞刑。受贿后未作枉法处理的，值绢1尺杖打90，每多2匹加一等，30匹加处役流。跟明太祖时期制定的《明律》相比，《唐律》从总体上讲，对官员职务犯罪的惩处要宽一些。明律规定：官员贪污银子60两以上者，枭首示众，"剥皮实草"。受贿枉法者，1贯以下杖70，每多5贯加一等；20贯杖60，徒1年；45贯杖100，流2000里；满80贯处绞刑。监守自盗，1贯以下杖80；7贯500文杖60，徒1年120贯杖1肋，流2000里；满40贯处斩。又规定：官吏外出，如乘坐官府的车、船、马等，携带私人物品不得超过一定数量。如乘官船、官车，私载物不得超过30斤，违者治罪。轻则笞10下，重则杖70。

唐太宗不仅要求臣民们严格守法，而且他本人也能自觉地以国家法律约束自己。这里有一个著名的"罪己诏"的历史故事。

有一次，有一个叫党仁弘的大将，他做广州都督时，贪污了大量的钱财。这件事被告发后，主管司法的大理寺将他依法判处死刑，可是唐太宗以往很器重党仁弘。认为他是一个非常难得的人才，舍不得杀他，于是便下了一道圣旨，取消大理寺的判决，改为撤销职务、流放边疆的处分。

处理之后，唐太宗心里很不安，感到自己出于个人感情，置国家法律于不顾，做得很不应该。于是他把大臣们召到金銮殿，心情沉重地向大臣检讨说："国家的法律，皇帝应该带头执行，而不能有私念，不受法律制约。失信于民。我袒护党仁弘，实在是以私心乱国法啊。"

于是，唐太宗写了一道《罪己诏》，唐太宗在《罪己诏》中检讨说："我在处理党仁弘这件事上，有三大过错：一是知人不明，错用了党仁弘；二是以私徇法，包庇了党仁弘；三是奖罚不明，处理得不公正。"唐太宗向大臣宣读后，立即下令将他的《罪己诏》向全国的百姓认错。

其次，强调德治，加强对官员的教育。

唐代史官吴兢编纂的《贞观政要》，是一部记录太宗朝"政事之要"的史书。其中有一篇题为《贪鄙》，篇幅很短，共 6 章 (段)，很是精彩。其内容用现代语言讲，为唐太宗对大臣们进行"反腐教育"。通篇循循善诱，言简意深，没有官话，没有说教，没有皇上对臣下的训诫口气。

有一段写道：贞观二年 (公元 628 年)，太宗对左右大臣说，我曾讲过，贪官们无不爱财，其实他们并不见得怎样爱财。就拿五品以上京官和地方官来说吧，俸禄都很优厚，一年所得，数量很大。若受人贿赂，不过数万，一旦败露，官职、俸禄全被剥夺。这岂是懂得爱财？合算吗？

唐太宗又说，春秋时代鲁国有个宰相名叫公仪休，他有爱吃鱼这种嗜好，但从不接受别人馈赠的鱼。他认为只有这样他才能长久吃到鱼。

不接受别人的贿赂，不用担心有一天蹲大牢而吃不上鱼。无论君主，还是官员，都不能贪婪。如果君主贪婪，必定导致亡国；如果官员贪婪，必定招致身败。唐太宗告诫官员，站得正，才能立得稳。如果有贪污，倒霉的就不仅是贪者个人；主贪丧国，臣贪亡身。"贪者败类"，贪者一人，会贻害很多人。从大处讲，会殃及一国；从小处而言，会殃及家庭、家族。

唐太宗还给大臣们讲了两个故事。

第一个故事载于《水经注·两水》，说的是战国时代秦惠王想攻打蜀国，苦于不知道到蜀国的路怎么走。于是他就想出一条计策，命人刻五头石牛，在石牛的屁股后面挂着黄金。蜀国的人见了，以为牛拉屎能拉出黄金。蜀国国主贪图黄金，乃派出 5 位大力士，将石牛拉到蜀国。这一来，就开辟了一条由秦国到蜀国的通道，这正是秦惠王所希望的。秦国的车队随后而至，攻打蜀国，蜀国很快被灭亡了。

第二个故事载于班固《汉书·酷吏传·田延年传》，说的是汉代担任大司农职务的田延年，征用民间牛车 3 万辆，用来租赁生利。每辆车租金原先为 1000 钱，田延年用欺诈手法增加至 2000 钱，共得 6000 万钱，并将其中的一半即 3000 万私自吞没。他在做这件事情时，其冤家对头眼睛正盯着他，秘密地搜集其违法乱纪的材料，使他的一举一动都在冤家对头的掌握之中。于是田延年贪污 3000 万钱的事很快被揭发出来。

大将军霍光说："先把他关到牢里，然后交由大臣们公议处置他的办法。"田延年自知罪孽深重，又害怕受到惩处，说道："我何面目入牢狱"，遂自责而死。

讲完了这两个故事，唐太宗感慨颇深，叹道：像蜀国国主和田延年这样的人，在历史上真是数不胜数啊，如今我要以蜀王为借鉴，你们也应当以田延年为前车之鉴，不学他们的样子。

唐太宗用历史上的这两件事，有力地印证了主贪丧国、臣贪亡身的道理。

健全制度——尊重谏官广开言路

唐太宗为确保广泛听取臣下进谏有制度上的保证，健全了封驳制度。在中书省和门下省之间的关系上，中书省制敕诏命草成后，由中书侍郎、中书令审查，然后交门下省 (给事中、黄门侍郎) 封驳，议论其得失，然后由宰相作出决断，再交皇帝裁决，裁决后交付尚书省执行。然而这一制度上的规定，往往不被有关部门及其官员认真地付诸执行。贞观三年 (629 年)，唐太宗对一些大臣"奉旨顺情，唯唯苟过，遂无一言谏诤"的状况甚为不满，再次强调："中书、门下，机要之司。擢才而居，委任实重。诏敕如有不稳便，皆须执论。比来惟觉阿旨顺情，唯唯苟过，遂无一言谏诤者，岂是道理？若唯署诏敕行文书而已，人谁不堪，何烦简择，以相委付。自今诏敕疑有不稳便，必须执言，无得妄有畏惧，知而寝默。"

在健全封驳制度的同时，唐太宗又重视发挥谏官的作用，注意谏官的选择。"玄武门事变"后，李世民当即起用原东宫府中的王珪、韦挺、魏徵为谏议大夫。规定"中书、门下三品以上入阁议事，皆命谏官随之，有失辄谏。"唐初的谏官包括左右散骑常侍4人 (掌规讽过失，侍从顾问)，左右谏议大夫8人 (掌谏谕得失，侍从赞相)，左右补阙12人 (掌供奉讽谏，大事廷议，小事上封事)，左右拾遗12人 (掌同补阙)。例如王珪、魏徵，均由谏议大夫最后被提拔担任侍中职务，掌管对中书省起草的诏令进行议论封驳。贞观后期崭露头角的褚遂良，亦是最初任谏议大夫，经黄门侍郎而最终被任命为中书令，负责掌管诏令的起草，是继魏徵、王珪之后又一位以直谏著名而又握有重要权力的大臣。

在鼓励臣下直谏的政策下，有人在进谏时难免有夸大其词的地方。贞观八年（634年），中牟县县丞皇甫德参在上书中说："修洛阳宫，劳人；收地租，厚敛；俗好高髻，盖宫中所化。"太宗阅后大怒，对房玄龄等人说："德参欲国家不役一人，不收斗租，宫人皆无发，乃可其意邪！"想要对皇甫德参以"谤讪"论罪。魏徵闻知后，进谏说："贾谊当汉文帝时上书，云'可谓痛哭者一，可为流涕者二'，自古上书不激切，不能动人主之心，所谓狂夫之言，圣人择焉，惟陛下裁察。"太宗闻谏后，也意识到："朕罪斯人，则谁敢复言！"同时，赐绢20匹。至于乘广开言路之机诬陷他人者，如本书前引陈师合诬陷杜如晦，结果被流放到岭外；有人诬告魏徵谋反，结果诬告者被依照诬告反坐法律处以死刑。可见，唐太宗鼓励直谏的同时注意划清言词"激切"与有意"讪谤"的界限；对于诬陷他人以及以直谏为名"讦人细事"，则依法论罪。这一切，都是为了广开言路，以利于国。

一代贤后——助夫成功传美名

唐太宗李世民的皇后长孙氏是历史上有名的贤后，她是长安人，祖先为北魏拓跋氏，父亲长孙晟隋时官至右骁卫将军。长孙皇后自幼喜读诗书，通情达理，十三岁时就嫁给了唐国公李渊的次子李世民，并在李世民升储登基以后被立为皇后。她高尚的情操和贤德的品行得到了上自皇帝、下到满朝文武的由衷敬佩，在其后的历朝历代都被视为皇后的楷模。

武德九年（626年）秋天，太子李世民登上皇位，太子妃长孙氏顺理成章地被封为一国之母，成为赫赫有名的长孙皇后。贵为国母的长孙皇后没有因为身份地位的改变而变得骄纵跋扈，而是依然贤明勤俭，恪守本分。

太上皇李渊在世的时候，长孙皇后每天都坚持早晚前去问安，而

三彩镇墓兽

且她不但自己细心周到地服侍公公，还时常吩咐李渊身边的侍女要尽心照料太上皇的饮食起居。

在对后宫嫔妃的态度上，长孙皇后也表现得十分大度，她不但自己不争宠吃醋，还经常提醒李世民要平等对待每一位后妃妃嫔，因此，在她的管理下的后宫非常太平，嫔妃之间很少产生矛盾摩擦，这在历史上是十分少见的。

唐太宗对长孙皇后的品行十分赞赏，时常在上殿议事之后向长孙皇后提及朝中大事和相关的一些细枝末节。而长孙皇后却总是刻意回避，因为她虽贵为皇后，却不想干涉朝廷政务。从小恪守礼法的她认为无论男女，都有自己的本职，所以都应当安守本分，不应该私越雷池。

因此，她只要寻找到合适的时机，就对太宗说："母鸡唱晓是不合情理的事情，女人干涉朝政也是不合乎礼法的。"但太宗并不介意，执意让她说出自己的建议。

长孙皇后考虑再三，只说了"居安思危，任贤纳谏"八个字。当然，这也只是提醒太宗做事要讲原则，而并未涉及具体政务，因为她知道，朝中人才济济，根本不用她去操心。

纵观历朝历代，大多数皇后都会为了巩固地位而极力培植自己的族人入朝为官，而长孙皇后却恰恰相反。

长孙皇后的哥哥长孙无忌跟唐太宗交情很深，他不但在建立唐朝时立下过战功，而且还在"玄武门事变"中出过力，所以深得太宗的赏识。

当太宗有意拜他为相时，长孙皇后立刻出面阻拦，并对唐太宗说："我现在已经贵为一国之母了，不想再让家人占据高位。鉴于前朝吕后、霍光的教训，恳请皇上另择高人吧。"由于长孙皇后言辞恳切，太宗只得重新打算。

长孙皇后不但严格约束自己的族人，对子女的管教也十分严厉。

太宗非常疼爱长孙皇后的亲生女儿长乐公主，所以为长乐公主准备了十分丰盛的嫁妆，甚至比长公主的嫁妆还要丰厚。魏徵知道后，当庭指出这种做法欠妥。

退朝后，太宗把这件事情告诉了长孙皇后，皇后听后，十分欣慰地说："我虽然早知道魏徵深得皇上的信任，却一直不知道原因，今天听说此事，才恍然大悟。朝中有这样忠肝义胆、敢于直谏的良臣，如果皇上以后处理政务时能够充分理解和接纳他们的不同意见，就是最大的幸事了。"

有一年春天，太宗准备去郊外打猎。当他带着一队护卫臣子准备出发时，恰好遇见魏徵，魏徵得知太宗要去打猎，连忙规劝道："现在草木新荣，正是飞禽走兽繁衍后代的季节，不适合打猎，请皇上择日再去吧。"但太宗不听劝告，仍旧打算立刻出发。耿直倔强的魏徵也不肯让步。坚决挡在驾前。太宗见难以成行，一气之下弃马回宫。回到后宫，太宗怒气冲冲地对长孙皇后说："这个扫兴的匹夫，我一定杀之而后快！"

长孙皇后问清了事情的前因后果，立刻转身回到寝宫更衣，然后穿着隆重的正装出来叩拜太宗，嘴里还念道："恭贺皇上！"太宗被长孙皇后的举动搞得一头雾水，惊诧地问："皇后为什么行此大礼？"

长孙皇后郑重其事地回答："我曾听说过'主明臣直'，今日听闻魏徵如此耿直，可见他在内心深处确信皇上是一位圣明君主。皇上平日里的所作所为已经赢得了臣子如此的信任，因此向皇上道贺。"

太宗觉得皇后的话很有道理，便转而大喜，还特地嘉奖了魏徵的耿直。

贞观八年（634年）夏天，长孙皇后在九成宫（今陕西麟游）避暑，其间突患重病，尽管请遍了名医、吃尽了良药，情况却一直不见好转，反而愈加严重。情急之下，太子承乾想到了大赦天下和度化向道，想用行大善、积大德的方式来乞求神灵庇佑，但是，长孙皇后却坚决反对。

长孙皇后语重心长地对太子说："自古以来大赦天下都关乎国事，佛家道家也都有自己的门规，怎么能随意特赦罪犯和劝人入教呢？那样肯定会扰乱政局的，而且这两件事情都是皇上现在不想做的，怎么能因为我一个人而乱了国家的法度呢？"

听了母后的这番话，太子很惭愧，没敢把这件事情直接禀告唐太宗，而是先告诉了房玄龄，由房玄龄转奏给太宗。太宗得知皇后的微言大义，感动得热泪盈眶。

贞观十年（636年）夏天，长孙皇后病危，她推心置腹地对太宗说："我们长孙家原本没有什么功德才能，只是因为有幸跟皇族结亲，门楣才得以光耀。为了保持长孙家的清誉，请皇上答应我以后不再封赏长孙氏家族了。我有生之年并没有对国家作过什么贡献，所以死后也不要大操大办了，不要建坟修棺浪费财力，只简单埋葬就可以了。请求皇上一切从俭，权当是对我的纪念吧。"此后不久，一代贤后病薨宫中，并于当年冬天埋葬在昭陵。高居后宫之首，长孙皇后却从不滥用职权，反而以身作则，凭借自己高尚的情操和贤德的品行，得到了全天下人的敬佩和尊重，成为后人的楷模。唐高宗登基后，尊奉长孙皇后为文德顺圣皇后。

联姻西藏——稳定周边立大功

正当唐朝繁荣发展的时候，在西部边境，一个少数民族的王朝吐蕃日益强大起来。

吐蕃人是藏族的祖先，生活在青藏高原上，过着农耕和游牧的生活。吐蕃人勇敢善战，他们认为战死是光荣的，谁要是临阵逃跑，大家就拿一个狐狸尾巴挂在他的帽子上，嘲笑他像狐狸一样胆小。吐蕃人的首领称为"赞普"，意思是雄壮强悍的男子。

大约在公元629年，吐蕃赞普松赞干布的父亲论赞弄囊统一了西藏各个部落。不到十年，论赞弄囊就被大贵族毒死了，吐蕃发生了内乱。松赞干布当时年纪还小，他依靠中小贵族，平定了叛乱，维护了吐蕃王朝的统一。他做了赞普，把都城迁到逻些（今西藏自治区拉萨市），制定了官制和法律，建立了强大的奴隶制政权。

这时候，正是唐太宗贞观年间。松赞干布非常羡慕唐朝的文化，要和唐朝建立友好关系。

贞观八年（634年），他第一次派遣使臣前往长安访问。唐太宗很快就派使臣回访。从此，汉藏两族的关系越来越密切了。

不久，松赞干布派使臣，带着丰盛的礼物，到唐朝向唐朝皇室求婚。唐太宗没有同意。使臣回到吐蕃，怕受到惩罚，编了一通假话，说："刚到唐朝的时候，他们对我的欢迎非常隆重，同意将公主嫁给大王。后来吐谷浑王也去求婚，唐朝天子又不同意了。看来一定是吐谷浑在中间说了坏话。"松赞干布听了以后非常生气，马上发兵攻打吐谷浑。吐谷浑力量弱小，哪里是吐蕃的对手？刚一交锋，就被打败了。于是，松赞干布又派使臣带着厚礼去长安，并且扬言："我们是来接公主的，如果不把公主嫁给我们赞普，我们的军队随后就到！"

唐太宗派吏部尚书侯君集带兵讨伐吐蕃。松赞干布骄傲轻敌，结果被打得大败，收兵退回逻些。

松赞干布看到唐朝这样强大，既害怕又佩服。贞观十四年（640年），他派大相禄东赞带着黄金5000两、珍宝数百件，再一次去长安求婚。

唐太宗有21个女儿，但年龄大的已经出嫁，年龄适宜的又不愿意去，因为吐蕃地处偏远，气候寒冷，又不是一个民族，生活习惯不一样。唐太宗有些犯难，他不愿意强逼女儿远嫁吐蕃。一天，他对江夏王李道宗说："吐蕃国王来求婚，可我的女儿们却不愿去，他们不明白，这桩婚姻能抵十万雄兵。"

李道宗回府后把唐太宗的话告诉了自己的女儿，令人意想不到的是，他的女儿说道："既然这桩婚姻如此重要，女儿去怎么样？"李道宗没想到女儿会主动要求去，他舍不得她去，但以国事为重，还是禀报了唐太宗，唐太宗听了后非常感动，封李道宗的女儿为文成公主。

　　传说当时，到长安求婚的有五个国家的使臣，他们都带着贵重的礼物，想要娶唐朝的公主。究竟把公主嫁给谁呢？唐太宗决定出几个难题，考一考这些使臣，看谁聪明能干，再作决定。

　　唐太宗把各位使臣请到宫里，拿出一颗九曲明珠和一束丝线，对他们说："你们当中谁能把丝线穿过明珠中间的孔，就将公主嫁给谁的国王。"原来，这颗明珠有两个相通的珠孔，一个在旁边，一个在正中。中间的孔道弯弯曲曲，所以叫九曲明珠。要想用一根软软的丝线穿过去，非常困难。几位使臣拿着丝线直发愁。禄东赞很快就想出一个办法，他找到一只蚂蚁，用一条马尾鬃拴在蚂蚁的腰上，把蚂蚁放在九曲明珠的孔内，然后不断向孔里吹气。一会儿，这只蚂蚁便拖着马尾鬃从另一端的孔中钻了出来。禄东赞再把丝线接在马尾鬃上，轻轻一拉，丝线就穿过了九曲明珠。唐太宗见禄东赞这样聪明，很高兴。

　　接着，唐太宗又出了第二个难题。他让人把使臣们带到御马场。御马场左右两个大圈，一边是一百匹母马，一边是一百匹马驹。唐太宗要求使臣把它们的母子关系辨认出来。其他几个使臣束手无策，只有禄东赞想出了办法。他运用吐蕃人民在游牧方面的丰富经验，让人暂时不给马驹吃草和饮水。过了一天，他把母马和马驹同时放了出来。只见母马嘶叫，马驹哀鸣，小马驹一个个跑向自己的母亲去吃奶，它们的母子关系就这样被禄东赞辨认出来了。禄东赞说："马的母子关系已经辨清，请陛下将公主嫁给我们的赞普。"唐太宗说："还要再考一次，然后决定。"

　　当天夜里，宫里钟鼓齐鸣，皇帝传召各国使臣入宫。其他几位使臣急忙穿戴整齐赶到宫里。只有禄东赞想得周到，他因为初来长安，路途不熟，怕回来的时候找不到路，就让随从带着红颜料，在去皇宫途中的十字路口都做了记号。原来唐太宗是请各国使臣到宫里看戏。看完戏，唐太宗说："你们各寻归路吧，谁能最先回到住处，就把公主许给谁的国王。"禄东赞有记号指引，很快就回到了住处。其他使臣由于不熟悉路途，摸来摸去，直到天亮以后才找到住处。

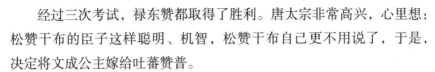

经过三次考试，禄东赞都取得了胜利。唐太宗非常高兴，心里想：松赞干布的臣子这样聪明、机智，松赞干布自己更不用说了，于是，决定将文成公主嫁给吐蕃赞普。

这就是传说中的"三难婚使"的故事，虽然不一定是历史事实，但是从中可以看出藏族人民的智慧。

文成公主是唐朝皇族的女儿，她聪明、美丽，读书很多，很有才华。唐太宗李世民把文成公主的婚姻当做一桩大事，首先在边境建造一座行宫，届时作为文成公主一行休整所用，并为公主准备了丰厚的嫁妆，还有一尊释迦牟尼的佛像。此外还包括图书、作物种子、生活用品、各类工匠等。贞观十五年（641年）正月，礼部尚书李道宗（文成公主父亲）为送亲特使，率3000名御林军护送文成公主离开长安，普通百姓主动相送，送行队伍有20多里长。

文成公主一行路过百南（今青海省玉树县南部），见当地居民不会种庄稼，公主便让随行的农民教他们种大麦、燕麦；让石匠在河上安装水磨，百姓们非常感激，给文成公主立了一尊石像作纪念。

一路上，随行的工匠还教会了各族人民栽桑养蚕、制作酥油等技术，走到哪里，便受到哪里人民的欢迎。藏王松赞干布领军队到很远的地方迎接文成公主。他见文成公主举止文雅、容貌俊美，高兴得难以言表；文成公主见松赞干布英俊潇洒、剽悍威武，也十分喜欢，两人可谓一见如故，真是天成地配之姻缘。

松赞干布陪同文成公主进入国都逻些（今西藏拉萨）时，万人空巷，夹道欢迎。松赞干布感到十分自豪和激动，为文成公主专门修建了小昭寺，将公主带来的释迦牟尼像供奉其中，一直保存至1300多年后的今天。

松赞干布以唐皇帝女婿的身份拜见了前来的江夏王李道宗，对唐太宗表示感谢。在逻些，吐蕃人民穿着节日的服装，热烈欢迎远道而来的赞蒙（藏语王后的意思）。松赞干布高兴地说："我的先辈没有和上国通婚的，今天我能娶大唐公主，实在荣幸。我要为公主建一座城，作为纪念，让子孙万代都知道。"他按照唐朝建筑的风格，在逻些为文成公主修建了城郭和宫室。

在文成公主进入吐蕃的道路上，吐蕃的很多地名与文成公主都有联系。民间传说：当年，文成公主远嫁吐蕃，唐太宗为了宽慰她，用黄金制作了一面日月宝镜，据说可以通过宝镜看到长安城的景色和家中的亲人。和亲队伍行至赤岭，即将离开唐朝国境时，公主站在山巅，东望是良田千顷，杨柳成行，炊烟缥缈；西望茫茫草原，牛羊点缀，天高云淡，引起思乡之情。她让人拿出宝镜观看，镜中的长安，街市繁华、宫殿巍峨，亲人历历在目，不禁愁思万缕。猛然想到自己联姻通好的重任，看到和亲队伍中人们投来的企盼的目光，公主潸然泪下。于是狠心摔碎了宝镜，并向天神祈祷，毅然将日月宝镜抛下山谷，天神显灵，把破碎的镜片变成了现在的青海湖，把倒流的泪水变成了现在的倒淌河，由东向西汇入碧波万顷的青海湖。后人怀念、敬仰文成公主，把赤岭叫做日月山。

文成公主入藏的时候，带去了许多经书、诗书、佛经、佛像和有关医药、生产、工艺等方面的书籍，还带去了大量的粮食、蔬菜种子和生产工具。那时候，吐蕃没有历法，以麦熟为一年，文成公主帮助吐蕃人推行历法。她还教吐蕃妇女纺织、刺绣。她带去的水磨，深受吐蕃人民的欢迎，使他们学会了利用水力资源。

当时藏族没有文字，记事用绳子打结或以木刻画记号来表示。在文成公主的主张下，松赞干布派人进行专门研究，创造了30个藏文字母和拼音造句文法，结束了藏人没有文字的历史，从此汉文书籍可以译成藏文，对藏族文化的发展起了促进作用。西藏过去无完整的历法，以麦收的季节（约为夏历三月）作为一年的开始。文成公主入藏后推行夏历制，大大便利了藏族历史文化的纪年和著录。文成公主带去的宫廷乐队，丰富和繁荣了藏族的民间音乐、提高了藏民的文化生活水平。她带去的许多工匠使藏人深得其利，从此藏民掌握了汉族的先进工艺技术，推广了汉族的农业生产工具，大大发展了藏族的农业生产力。文成公主带去的各种植物种子，也在西藏土地上生根、开花、结实，改变了藏民的饮食结构，丰富了藏民的食物品种。

文成公主信佛，松赞干布在她的影响下，大力提倡佛教，还特地在拉萨修了大昭寺，这对西藏人的精神生活影响之大，的确难以估量。在文成公主的倡导下，松赞干布不断派人到长安留学，学习汉族优秀的文化和先进的生产技术，还聘请汉人到西藏掌握文书，传授知识。此后唐朝又不断送去蚕种，帮助发展养蚕事业。送去酒曲，派人帮助发展酿酒事业。还有碾磨、造纸、造墨等等，也派专人传授。文成公主本人还亲自传授了刺绣、纺织的技术。

据《吐蕃王朝世袭明鉴》等书记载，文成公主出嫁队伍非常庞大，唐太宗给公主的嫁妆非常丰厚。有"释迦佛像、珍宝、金玉书橱、360卷经典、各种金玉饰物，又有很多烹饪食物，各类饮料，各种花纹图案的锦缎垫被，卜筮经典300种，用以分别善与恶的明鉴，营造与工技著作60种，治404种病的医方100种，医学论著4种，诊断法5种，医疗器械6种。此外还带了大量谷物和芜菁种子等。松赞干布于河源迎亲，对唐行子婿之礼，还专建宫室供文成公主居住。文成公主还带去了各种工匠，这一队伍成为传播中原先进的农业、手工业、文化科学技术的使者。

唐太宗去世以后，唐朝和吐蕃继续保持着频繁的来往和密切的关系。

唐高宗永隆元年（680年），文成公主在逻些城病逝，唐廷特派使者前往祭奠。而文成公主受到吐蕃官民的敬仰并不因与唐朝关系疏远而稍减，她的死引起了所有吐蕃人的哀痛。文成公主死后，吐蕃人到处为她立庙设祠，以志纪念。一些随她前来的文士工匠也一直受到丰厚的礼遇，他们死后，也纷纷陪葬在文成公主墓的两侧。至今文成公主和这些友好使者，仍被西藏人视为神明。文成公主在吐蕃总共生活了40年。吐蕃人民为了纪念她，特地规定了两个纪念日。一个是10月15日，据说是文成公主的生日。这一天，吐蕃境内男女老少都到寺庙里祈福。另一个是5月7日，女孩子们化妆跳舞，歌唱文成公主的事迹。直到现在，拉萨市的布达拉宫和大昭寺里，还供奉着松赞干布和文成公主的塑像，在布达拉宫里还保存着他们结婚洞房的遗迹。

中国历史上，有不少以公主或宗室女下嫁番邦国王和亲的事例，就其态势而言不外乎两种情况：一种是国力衰弱，以和亲委曲求全，以结好番邦；另一种则是国力强盛，威震四海，以和亲安抚边远之邦，有赐婚的意味。前者是持卑微之姿，利用女性的美貌和柔媚，来缓和战场上的冲突；后者却是趾高气扬，宣展大国之姿，用亲戚关系来笼络感化疆外野民。唐太宗时期，文成公主远嫁吐蕃，就是后一种和亲情况的典范。

文成公主入藏，在中国历史上是一件值得称颂的举动，她主动请求入藏的勇气值得人们钦佩，她是中国历史上一个伟大的女性，也可以说是中国早期的女外交家之一。她对汉藏文化的交流发展作出了卓越的贡献。帮助藏族人民发展经济、开垦土地、兴办教育、创立文字……大大促进了吐蕃经济文化的发展与进步。后来，松赞干布又接受了唐朝赐予他的官职与封爵。文成公主入藏奠定了汉藏密切交往的基础。

文成公主入藏，安定了边疆少数民族。使唐王朝在建立初期有了一个稳定的周边政治环境，对唐王朝日后的强盛和发达起到了不可忽视的重要作用。

人才济济——凌烟阁"二十四功臣"

唐太宗的任贤纳谏，使得贞观年间涌现出了一大批具有治国才能的杰出人才。唐太宗正是依靠这批人才，尽心竭力，从而迎来了"贞观之治"的盛世。

长安宫殿中有座三清殿，在三清殿的侧面，矗立着一座引人注目的凌烟阁。这凌烟阁的引人注目，它的巍峨气象是个原因，然而更重要的，是它的里面挂有二十四功臣的画像。

贞观十七年（643年），唐太宗命人图画二十四位功臣相貌于凌烟阁，这二十四位功臣依次是赵公长孙无忌、赵郡元王孝恭、蔡成公杜如晦、郑文贞公魏徵、梁公房玄龄、申公高士廉、鄂公尉迟敬德、卫公李靖、宋公萧瑀、褒忠壮公段志世宏、夔公刘弘基、蒋忠公屈突通、郧节公殷开山、谯襄公柴绍、邳襄公长孙顺德、郧公张亮、陈公侯君集、郯襄公张公谨、卢公程知节、永兴文懿公虞世南、邢国公刘政会、莒公唐俭、英公李世勣、胡国公秦叔宝等。

凌烟阁二十四功臣，皆为开国元勋。

第一名　贵戚豪族，英冠人杰——赵公长孙无忌

长孙无忌（？－659），字辅机，河南洛阳人。先世乃鲜卑族拓跋氏，北魏皇族支系，后改为长孙氏。是唐太宗李世民的内兄，文德顺圣皇后的哥哥。

长孙无忌非常好学，"博文史"。隋朝义宁元年（617年），李渊起兵太原。无忌觐见，渊爱其才略，授任渭北行军典签。自此辅佐李世民，建立了唐朝政权，是唐朝的开国功臣，以功第一，封齐国公，后徙赵国公。武德九年（626年），参与发动"玄武门之变"，帮助李世民夺取帝位。历任尚书仆射、司空。为人谨慎，改任司徒。贞观十一年（637年）奉命与房玄龄等修《贞观律》。贞观十七年（643年），图功臣二十四人于凌烟阁，长孙无忌居第一。唐高宗即位，册封太尉，同中书门下三品。永徽二年（651年）奉命与律学士对唐律逐条解释，撰成《律疏》（宋以后称《唐律疏议》）30卷。因反对高宗立武则天为皇后，为许敬宗诬构，削爵流黔州（今贵州），自缢死。

在李世民晚期，原本储君乃长子李承乾，后李承乾因荒淫无道，被废掉储君之位。当时，李世民举棋不定，比较喜爱另一子李泰，但长孙无忌推荐九子李治（即后来唐高宗），协助他成为储君。唐高宗时期，长孙无忌由于反对武则天擅权，与武氏结怨。后武氏以谋反罪名诬陷，全宗族或杀或流放，长孙无忌本人遭流放至黔州，不久被迫自杀。

第二名　宗室名王，独称军功——河间王李孝恭

李孝恭（591—640），高祖的侄子，父亲是李蔚。李渊自太原起兵，负责经略巴蜀。武德四年（621年）任夔州总管，大造战舰，练习水军，得李靖之助，灭萧铣。武德七年（624年）灭辅公祏，追除杜伏威，籍没其妻、子，其后长江以南均受其统领。"玄武门之变"后，逐渐退出权力核心，晚年以歌舞美人自娱。贞观十四年（640年），暴病身亡。

第三名　贤辅谋深，遭逢明主——莱公杜如晦

杜如晦（585—630），字克明，京兆杜陵（今西安市长安区）人，唐朝初期大臣。他是李世民夺取政权、开创"贞观之治"的主要谋臣之一，深受李世民的重用。

其祖父杜果官至隋朝工部尚书，其父杜咤为隋朝昌州长史。杜如晦自少聪悟，好谈文史，是个典型的彬彬书生。秦王李世民平定京城时，引为秦王府兵曹参军。当时的太子李建成对杜如晦非常忌惮，他对齐王李元吉说："秦王府中可惮之人，惟杜如晦与房玄龄耳。"被外调出秦王府。

"玄武门之变"后，被拜为兵部尚书，进封蔡国公。贞观四年（630年）病重而死，年仅四十六。赠司空，徙封莱国公，谥曰成。

第四名　智者尽言，青史美臣——郑公魏徵

魏徵（580-643），字玄成。唐巨鹿曲城（今河北晋州市，又说河北馆陶市）人，唐朝政治家。曾任谏议大夫、左光禄大夫，封郑国公，以直谏敢言著称。

少时贫困，隋朝末投奔瓦岗军，兵败，归唐。后为窦建德俘获，念才而收之。窦建德兵败，复归唐。官至太子洗马，乃李建成近臣。"玄武门之变"后李建成死，唐太宗以其耿直，升谏议大夫，后迁秘书监、侍中等职。犯颜直谏太宗二百余次。卒时，太宗悲恸之极，谓侍臣："人以铜为镜，可以正衣冠，以古为镜，可以见兴替，以人为镜，可以知得失。魏徵没，朕亡一镜矣！"（《资治通鉴》卷一九六）。

著有《隋书》序论，《梁书》、《陈书》、《齐书》的总论等。其

言论多见《贞观政要》。魏徵死后，唐太宗亲自赋诗一首，追忆故人。

第五名　命世之才，善建嘉谋——梁公房玄龄

房玄龄（579—648），名乔，字玄龄。齐州临淄（今山东济南）人。唐朝初年名相。

房玄龄18岁时本州举进士，授羽骑尉。房玄龄在渭北投秦王李世民后，为秦王参谋划策，典管书记，是秦王得力的谋士之一。武德九年（626年），他参与"玄武门之变"，与杜如晦、长孙无忌、尉迟敬德、侯君集五人并功第一。唐太宗李世民即位后，房玄龄为中书令；贞观三年（629年）二月为尚书左仆射；十一年（637年）封梁国公；十六年（642年）七月进位司空，仍总理朝政。贞观二十二年（648年），房玄龄病逝。

因房玄龄善谋但有些优柔寡断，而杜如晦处世果断不善谋略，因此人称"房谋杜断"。后世以他和杜如晦皆为良相的典范，合称"房杜"。

第六名　才高望重，社稷之臣——申公高士廉

高士廉（575—647），山西太原仗义村人。唐代开国功臣。

长孙皇后的舅父，官至尚书右仆射。唐太宗称他"涉猎古今，心术明达，临难不改节，当官无朋党；所乏者骨鲠规谏"，贞观十二年（627年）与黄门侍郎韦挺、礼部侍郎令狐德棻、中书侍郎岑文本撰编《士族志》一百三十卷。

第七名　夺槊陷阵，智勇双全——鄂公尉迟敬德

尉迟恭（585—658），隋末唐初名将，名恭，字敬德，朔州善阳（今山西朔城区）人。唐朝大将，凌烟阁二十四功臣之一。传说其面如黑炭。尉迟恭与秦琼为两位传统门神。

第八名　南平吴会，北定沙漠——卫公李靖

李靖（571—649），字药师，是唐朝初期最著名的将领，雍州三原（今陕西三原县东北）人。其兄李端，字药王，隋将。其舅韩擒虎为隋朝名将。封卫国公，世称李卫公。他善于用兵，长于谋略，著有数种兵书，惜多亡佚。

第九名　骨鲠大儒，直言不隐——宋公萧瑀

隋炀帝的皇后萧氏的弟弟，后来归顺唐朝，擅长行政，被李渊重用。李世民登基以后和房玄龄杜、如晦不和，多次遭到排挤。

第十名　临危不惧，真正将军——褒公段志玄

段志玄（？—642），唐初齐州临淄（今淄博市）人。其父段偃师为太原书佐。李渊起兵时，授右领大都督府军头，隋大业十三年（617年），于潼关之战击败隋将屈突通，后以功授乐游府骠骑将军。武德九年（626年）"玄武门之变"中，与尉迟敬德等诛杀李建成和李元吉。贞观十一年（637年），被改封为褒国公，贞观十二年（638年），拜右卫大将军，贞观十四年（640年），加镇军大将军。贞观十六年（642年）病卒，赠辅国大将军、扬州都督。谥号"庄肃"。

第十一名　开国猛将，入京首功——夔公刘弘基

刘弘基（582—650），雍州池阳人。父刘升是隋代河州刺史，弘基以父荫为右勋侍。大业末年，从炀帝征辽东，后私宰耕牛，故意犯罪，被县令关进监狱来躲兵役。自太原起事便追随李渊父子，与李世民友善，进攻长安时任先锋，擒隋主将屈突通。"玄武门之变"拥立有功。贞观年间因多次贪污被弹劾，李世民不忍治罪，只是将他贬官。太宗征伐高句丽，刘弘基又为前军大总管，力战有功。高宗永徽元年（650年）病死，年六十九，赠开府仪同三司，谥曰襄，陪葬昭陵。刘弘基临死前，遗命只留给诸子每人奴婢各十五人，良田五顷。认为子孙"若贤，固不藉多财；不贤，守此可以免饥冻。"

第十二名　隋室贵臣，唐朝义夫——蒋公屈突通

屈突通（557—628），复姓屈突，先世为库莫奚种人，依附鲜卑慕容氏，父亲屈突长卿，北周时任邛州刺史。雍州长安人。

第十三名　参与谋略，秦府能臣——勋公殷开山

李渊旧部，太原起兵时投奔李渊，参与进攻长安。进攻薛举时，在浅水原大败，与刘文静一同被追究责任，贬为庶民。后随李世民灭薛氏有功，得以重被任用。参加李世民历次战役，在进攻刘黑闼时，得病身亡，是凌烟阁功臣中最先去世的一个。

第十四名 驸马英雄，临危不惧——谯公柴绍

李渊女婿，少有侠名，娶平阳公主，参与了统一战争中的大部分战役，立下大功，曾率兵消灭最后一个反王梁师都，李世民登基后，也立下不少功劳。

第十五名 太原从龙，晚节不终——邳公长孙顺德

长孙皇后的叔叔，太原起兵时和刘弘基一起招募兵马。攻打长安时任先锋，抓获屈突通。参加"玄武门之变"，后因贪污被贬官。

第十六名 出身寒贱，外恭内诡——勋公张亮

原为李密部下，隶属李世责力，随李一同降唐。得房玄龄、李世责力推荐入李世民幕府。李世民兄弟相争时，派其到洛阳招募私党，被李元吉告发而下狱，张亮拒不招供掩护了李世民，因而有功。贞观年间，因善于行政而颇得信任，又揭发侯君集谋反、随征高句丽而立功。但其后因好巫术而逐渐名声败坏，贞观二十年（646年）被告谋反，受诛。

第十七名 摧凶克敌，恃宠矜功——陈公侯君集

李世民心腹，常年担任其幕僚。玄武门之变的主要策划人。贞观年间，担任李靖副将击败吐谷浑，又任主将击灭高昌。回朝后因私吞高昌战利品而被弹劾，为此怀恨在心。李世民诸子争当太子的斗争中，依附太子李承乾，图谋杀李世民拥立承乾，事泄被杀。

第十八名 助定奇策，英年早逝——郯公张公瑾

原为王世充部下，后投降唐朝，受李靖推荐进入李世民幕府。因参与"玄武门之变"的谋划而得到赏识，又在事变时立功，功劳很大。李世民登基后，以其为李靖副将抵御突厥，协助李靖灭亡突厥。次年病故，仅三十九岁。

第十九名 骁勇虎臣，义气将军——卢公程知节（程咬金）

本名程咬金，原为瓦岗军勇将，李密失败后降王世充，因不满王的为人，与秦叔宝一同降唐，分配到李世民帐下。参加李世民历次战役。"玄武门之变"中立功。唐高宗时出征贺鲁，屠杀已投降的平民，因此免官，后病故。

第二十名　德行淳备，良谏纯臣——永兴公虞世南

隋朝名臣虞世基之弟，自幼以文学著称。宇文化及江都兵变后被裹胁北返，宇文被灭后归窦建德，窦死后入李世民幕府。此后尽心辅佐李世民，被评价为德行、忠直、博学、文辞、书翰五绝。贞观十二年（638年）病故。

第二十一名　高祖旧臣，举义殊功——邢公刘政会

李渊任太原留守时的老部下，随李渊起兵，首义功臣。此后负责留守太原，刘武周进攻时被俘。忠心不屈，还找机会打探刘武周军情密报李渊。刘武周灭亡后获救。曾担任刑部尚书，贞观九年（634年）病故。

第二十二名　忠纯不二，心存唐朝——莒公唐俭

唐家与李家均为北齐大臣，有世交之谊，唐俭亦与李渊为友。参与李渊太原起兵的策划，为首义功臣。最大功劳是揭发独孤怀恩谋反，被特赐免死罪一次。贞观初年负责与突厥外交事宜，被李靖"谋害"，竟奇迹般逃生。后来任民部尚书，因怠于政事贬官。唐高宗年间病故。

第二十三名　国家长城，义名天下——英公李勣

原为瓦岗军大将，少年从翟让起兵，翟让死后跟随李密。李密降唐后成为独立势力，但仍坚持以李密部下的身份降唐以示不忘故主，被李渊称为"纯臣"。遭窦建德进攻后，因父亲被窦擒为人质不得已投降。密谋暗杀窦重归唐朝，但未能成功，侥幸逃走。随李世民灭王世充、窦建德、刘黑闼，又担任主将灭徐圆朗，随李孝恭灭辅公祏。拒绝李世民的拉拢，未参加"玄武门之变"。贞观年间与李靖一起灭亡突厥，此后十六年负责唐朝北边防御，多次击败薛延陀势力，又随李世民进攻高句丽。李世民死后辅佐唐高宗，被委以军事，担任主将再次出征高句丽，终于将高句丽灭亡。唐高宗重画其形象于凌烟阁，灭高句丽后次年病逝。

第二十四名　马槊英雄，勇武绝伦——胡公秦叔宝

秦琼（？—638），字叔宝，中国唐朝齐州历城（今山东济南）人。唐朝开国将领，凌烟阁二十四功臣之一，与尉迟恭为传统门神。济南五龙潭有其故居。

历史上的秦琼以勇猛彪悍著称。最初是隋将来护儿部将，后随张须陀讨伐李密。兵败，张须陀战死，秦叔宝归裴仁基部下，又随裴投降李密，得到重用，被任用为帐内骠骑。李密失败后，投降王世充，因不满王的为人，于唐高祖武德二年（619 年）同程知节等人一起投唐，被分配到秦王李世民帐下。参加了李世民的历次征战，每战必先，常于万军之中取敌将首级。武德九年（626 年），参与"玄武门之变"，事后被封为左武卫大将军。秦琼晚年因历次作战负伤太多而疾病缠身，常对人说："吾少长戎马，所经二百余阵，屡中重疮。计吾前后出血亦数斛矣，安得不病乎？"贞观十二年（638 年），在任徐州都督时去世，陪葬昭陵。贞观十三年（639 年），秦琼被追封为胡国公。贞观十七年（643 年），秦琼与长孙无忌等人被图画凌烟阁，封为唐开国二十四功臣之一。

唐太宗对他臣下的长短了如指掌，贞观十八年（644 年）八月，唐太宗对司徒长孙无忌等人说："长孙无忌善避嫌疑，应物敏速，决断事理，古人不过；而总兵攻战，非其所长。高士廉涉猎古今，心术明达，临难不改节，当官无朋党；所乏者骨鲠规谏耳。唐俭言辞辩捷，善和解人；事朕三十年，遂无言及于献替。杨师道性行纯和，自无愆违；而情实怯懦，缓急不可得力。岑文本性质敦厚，文章华赡；而持论恒据经远，自当不负于物。刘洎性最坚贞，有利益，然其意尚然诺，私于朋友。马周做事敏速，性甚贞正，论量人物，直道而言，朕比任使，多能称意。褚遂良学问稍长，性亦坚正，每写忠诚，亲附于朕，譬如飞鸟依人，人自怜之。"上述八人除长孙无忌、高士廉、唐俭名列凌烟阁外，杨师道、岑文本、刘洎、马周、褚遂良等人，亦是唐太宗所欣赏和倚重的大臣。所谓贞观之治，显然是同贞观年间的人才济济联系在一起的。

贞观之治——大治天下，享誉千载

　　唐太宗之所以能享誉千载，关键在于他有个非同寻常的政绩，即唐朝两大治之一的"贞观之治"。

　　大治天下，是每个雄才大略的君主梦寐以求的理想。然而要实现这个理想，却又谈何容易。这不仅需要君主不是停于空想、停于空谈，而是要有脚踏实地不懈地追求的精神；需要一大批臣子不是安于享乐、安于现状，而是有同心同德为之奋斗的襟怀；更需要百废待兴、人心思治的社会条件。

　　唐太宗有这种精神，他的臣子有这种襟怀，他的国家有这种条件，万物皆备于他，从而才促成了"贞观之治"的实现。

　　教化民众，首先得让民众能安居乐业，不要断了他们的生计，使他们被迫为盗。故而，唐太宗反对用重刑来"止盗"，而是提出了去奢省费、轻徭薄赋、选用廉吏、使百姓衣食有余的方法，改善朝廷律法。改善的方法是有效的，"自是数年之后，海内升平，路不拾遗，外户不闭，商旅野宿。"

　　唐太宗深知，凡事都有"本"，即根本之处，治国应从根本入手。他说："凡事皆须务本。国以人为本，人以衣食为本，凡营衣食，以不失时为本。"

　　国以人为本，是大政；人以衣食为本，是实事。唐太宗以大政指导实事，全面推出了提高民众生活质量的措施。他根据战乱之后人口稀少，无主荒地大量存在的情况，重新制定了均田制，尽可能使人人有田，同时鼓励农民开垦荒地，在均田制的基础上，他又制定了减轻

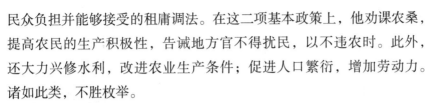

民众负担并能够接受的租庸调法。在这二项基本政策上，他劝课农桑，提高农民的生产积极性，告诫地方官不得扰民，以不违农时。此外，还大力兴修水利，改进农业生产条件；促进人口繁衍，增加劳动力。诸如此类，不胜枚举。

在唐太宗的一系列利农政策出台后，不仅使自隋末以来的残破凋弊现象得到了改变，且迎来了许多年的大丰收景象，迎来了政清国晏的局面。

贞观四年（630年）"至八年、九年，频至丰稳，米斗四五钱，马牛布野，外户动辄数月不闭。至十五年，米每斗值二钱。"（《通典》卷七）

米价是反映民众实际生活最直接的指标，米价稳定地大幅度持续下跌，是唐太宗大治天下最有力的证明。

唐太宗求治的政策是成功的，他对民族关系的处理也是辉煌的。这辉煌的取得，也有魏徵的一份功劳在内。唐太宗登位伊始，关于如何处理民族关系，也曾引发过一场大争论。许多大臣，根据唐太宗打天下的赫赫战功，主张"震耀威武，征讨四夷"。唯有魏徵持不同意见，他劝唐太宗"偃武修文，中国既安，四夷自服"。唐太宗最终采纳了魏徵的意见。

国家的大治，极大地增强了国力。唐太宗尽量避免大型战争，只是用强大的国力来进行慑服。然避免战争并非排斥战争，在迫不得已的情况下，他还是发动了战争这架机器。他先击破东突厥，擒住了颉利可汗；继而，平定了吐谷浑；接着，统一了高昌国；最后，沉重打击了西突厥。

唐太宗"和"的杰作，是将文成公主嫁给吐蕃的松赞干布，从而消除了来自青藏高原的战争。这个和亲故事，成了民族和睦的佳话，载入了史册。

以和为贵，以战辅和，这一有效的战略，使唐太宗的威望直线上升，如日中天。各族酋长络绎不绝地前来长安，朝见唐太宗。贞观四年（630年），在颉利可汗被擒之后，西北各族一致给唐太宗上了个尊

号："天可汗"。

天可汗即万国之主。得了这尊号的唐太宗，意味着他执了东方的牛耳。

取得"贞观之治"的唐太宗，在得了"天可汗"尊号的当年，还留下了一段趣话。他说："今颉利成擒，各酋长给朕带刀宿卫，各部落改易中国衣冠，此都是魏徵之力。唯一的遗憾，就是封德彝没能活到今日，以目睹这成就。"

对于后世称颂的"贞观之治"，与促成大治实现的唐太宗，以及承前启后的唐初诸帝，史学家吕思勉先生提出了与众不同的见解。他说："汉、唐并称中国盛世。贞观、永徽之治，论者以比汉之文、景，武功尤远过之；然非其时之君臣，

描金石刻武士俑

实有过人之才智也。唐太宗不过中材，论其恭俭之德，及优深思远之资，实尚不如宋文帝，更无论梁武帝；其武略亦不如梁武帝，更无论宋武帝、陈武帝矣。若高祖与高宗，则尤不足道。其能致三十余年之治平强盛，承季汉、魏、晋、南北朝久乱之后，宇内乍归统一，生民幸获休息，塞外亦无强部，皆时会为之，非尽由人力也。

其实，大乱之后可致大治的时势，使得唐太宗由"中材"一跃成了"大材"，成了历代雄主难以企及的"大材"；"贞观之治"成了大治，成了历代各种大治中最脍炙人口的大治。